DEVENIR MODÉLISTE
BECOME A PATTERN DRAFTER

La GRADATION du vêtement féminin
GRADING women's garments

Les bases d'évolutions de taille en taille ■ Basic size evolutions

Conception, réalisation et écriture / Concept and composition: Nathalie COPPIN
Traduction / Translation: Carol LIPTON

TABLE DES MATIÈRES

Liste de fournitures	3
Processus de collection / Gradation manuelle	5
Processus de collection / CAO	6
Processus de collection / Barèmes d'évolutions	7
Méthodes générales de gradation	8
Différentes évolutions de gradation - Méthode manuelle	13
Tableaux de mesures	16
Procédure de travail sur la souche de la jupe - Méthode manuelle	24
Procédure de travail sur la souche du corsage à pinces - Méthode informatique	26
Jupe de base	28
Jupe à 6 panneaux	32
Jupe en forme	34
Jupe à plis - Pris dans un empiècement	36
Pièces utilitaires	37
Différentes ceintures	38
Modèle : Jupe droite avec poche	**40**
Modèle : Jupe à découpes avec tassement	**42**
Modèle : Jupe à 8 panneaux	**44**
Corsage à pinces sans tassement - Méthode manuelle	46
Corsage à pinces avec tassement - Méthode manuelle	50
Corsage à pinces avec tassement Méthode informatique	56
Corsage à pinces avec tassement - Méthode informatique	60
Corsage de base maille	62
Découpe bretelle avec tassement	64
Découpe princesse avec et sans tassement	68
Tailleur avec petit côté	70
Modèle : T-shirt manche courte avec patte de boutonnage	**72**
Modèle : T-shirt manche longue avec capuche	**74**
Manche de base	76
Manche chemisier avec poignet	78
Manche basse avec poignet	80
Manche tailleur	82
Manche raglan sans tassement - Méthode 1	84
Manche raglan avec tassement - Méthode 2	88
Manche kimono gousset à même	92
Cols officier / chemisier / rond	96
Col tailleur	98
Col châle	100
Pantalon jeans	102
Modèle : Pantalon jeans	**104**
Pantalon plat de ville	106
Modèle : Pantalon à pinces	**108**
Modèle : Chemisier à empiècement devant et dos avec et sans couture d'épaule	**110**
Modèle : Tailleur avec découpes bretelles	**112**
Modèle : Tailleur avec pinces côtés	**114**
Modèle : Tailleur avec découpe princesse devant	**118**
Modèle : Blouson jeans	**122**
Modèle : Blouson teddy avec manche raglan	**126**

TABLE OF CONTENTS

Supplies	3
Collection process / Manual grading	5
Collection process / CAD	6
Collection process / Evolution scales	7
General grading methods	8
Different evolutions for grading - Manual method	13
Measurement chart	16
Work method on skirt stack - Manual method	24
Work method on stack for darted bodice - Computer method	26
Basic skirt	28
6-Panel skirt	32
Shaped skirt	34
Pleated skirt - Caught in a yoke	36
Functional pieces	37
Different waistbands	38
Model: Straight skirt with pocket	**40**
Model: Skirt with seams with stacking	**42**
Model: 8-Panel skirt	**44**
Darted bodice without stacking - Manual method	46
Darted bodice with stacking - Manual method	50
Darted bodice with stacking - Computer method	56
Darted bodice with stacking - Computer method	60
Knit bodice block	62
Strap cut with stacking	64
Princess cut with and without stacking	68
Small side suit	70
Model: Short sleeve T-shirt with polo placket	**72**
Model: Long sleeve T-shirt with hood	**74**
Basic sleeve	76
Shirt sleeve with cuff	78
Low sleeve with cuff	80
Suit sleeve	82
Raglan sleeve without stacking - Method 1	84
Raglan sleeve with stacking - Method 2	88
Kimono sleeve with self-gusset	92
Mandarin / shirt / round collars	96
Suit collar	98
Shawl collar	100
Jean trousers	102
Model: Jean trousers	**104**
Flat city trousers	106
Model: Flat city trousers	**108**
Model: Shirt with front and back yoke with or without shoulder seam	**110**
Model: Suit with strap cut	**112**
Model: Suit jacket with side darts	**114**
Model: Suit with front and back princess seams	**118**
Model: Jean blouson	**122**
Model: Teddy blouson with raglan sleeve	**126**

LISTE DE FOURNITURES / SUPPLIES

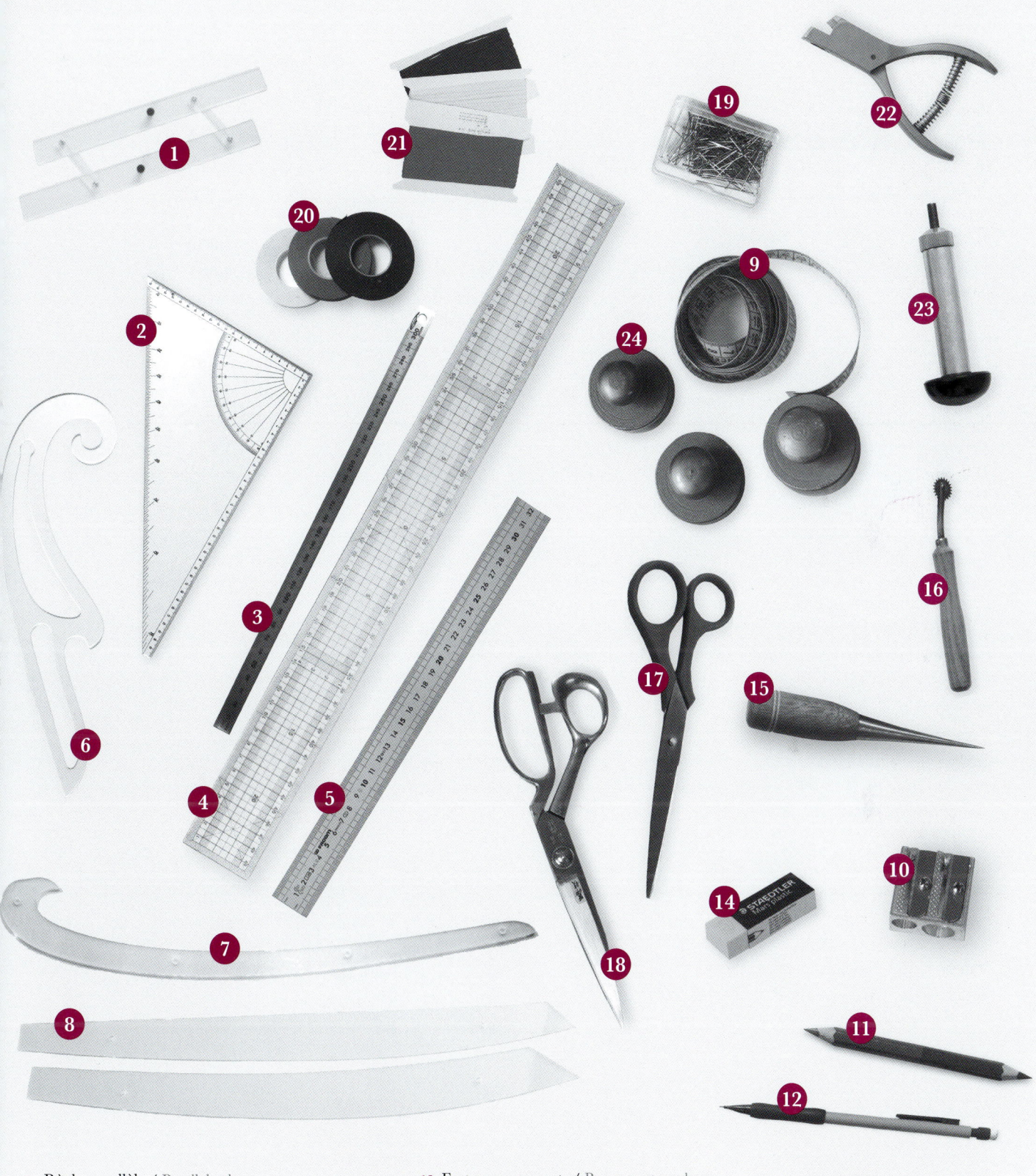

1. Règle parallèle / Parallel ruler
2. Équerre / L-square
3. Réglet de 30 cm / Flexible ruler 30 cm
4. Règle japonnaise 50 cm / Japanese flexible ruler 50 cm
5. Règle métallique 1 mètre / Metal ruler 1 meter
6. Pistolet / French curve
7. Perroquet / French curve
8. Courbe tailleur / Tailor curve
9. Centimètre souple / Measuring tape
10. Taille crayon / Pencil sharpener
11. Crayon rouge et bleu / Red and blue pencil
12. Crayon noir à papier / Black pencil
13. Feutres permanents / Permanent markers
14. Gomme / Eraser
15. Poinçon / Awl
16. Roulette à patron / Tracing wheel
17. Ciseaux à papier / Scissors for paper cutting
18. Ciseaux pour tissus / Fabric scissors
19. Épingles / Pins
20. Bolduc autocollant / Self-adhesive, thin ribbons
21. Bolduc / Thin ribbons
22. Cranteur / Notcher
23. Emporte-pièce / Puncher
24. Poids / Pattern weights

PROCESSUS DE COLLECTION

COLLECTION PROCESS

Les processus de travail expliqués dans les pages suivantes présentent l'organisation des différents acteurs de la filière de création d'une collection, notamment le positionnement du ou de la patronnier(ière)-gradeur(euse) au sein de celle-ci.
Ces processus diffèrent selon l'organisation de l'entreprise et son implantation.
Nous avons ici schématisé trois exemples qui permettent de mieux comprendre les différents types de gradation actuellement travaillés dans les entreprises.
- La gradation par projection dite «gradation manuelle», utilisée dans les entreprises qui ne sont pas équipées informatiquement, sert de base de conception à toutes les autres méthodes employées. Il est donc indispensable de la connaître.
- La gradation par CAO (conception assistée par ordinateur) a considérablement amélioré la précision des tracés et la rapidité du travail du ou de la patronnier(ière)-gradeur(euse). Elle s'effectue soit dans le bureau des modèles de l'entreprise, soit dans le bureau d'études des fournisseurs.
- La gradation par barèmes d'évolutions demande au ou à la patronnier(ière)-gradeur(euse) la même qualification mais le processus de travail diffère. En effet, il ou elle ne fera que la conception de l'évolution de ses modèles, la réalisation de la gradation et des patronnages étant réalisée selon ses directives par le bureau d'études du fournisseur.

The work processes explained in the following three pages present the organization of the different roles in the industry for creating a collection, notably the position of the pattern-maker-grader within the production process.
The processes differ depending on the company's organization and set-up.
We have schematized three examples which allow for a better understanding of the different types of grading currently used in companies.
- Grading by projection, referred to as « manual grading », is used in companies which are not computer-equipped and serves as a base for conception of the other methods used. It is thus essential to know.
- Grading by CAD (computer assisted design) has considerably improved the precision of tracings and the rapidity of the patternmaker-grader's work. It is done either in the company's patternmaking office or in the manufacturer's planning department.
- Grading by evolution scales requires the patternmaker-grader to have the same qualifications, but the work process differs. In this case, he or she will only conceive the evolution of the models, the grading and patterns wil be done according to his instructions by the manufacturer's planning department.

PROCESSUS DE COLLECTION / GRADATION MANUELLE
COLLECTION PROCESS / MANUAL GRADING

STYLISTE / *DESIGNER*
Conçoit et dessine la collection.
Conceives and draws collection.

MODÉLISTE ou TOILISTE
Matérialise et réalise les modèles.
PATTERNMAKER OR DRAPER
Concretizes and realizes models.

①

CHEF DE PRODUIT / *PRODUCT MANAGER*
Gère la production / *Manages production.*

③

②

ESSAYAGES
Correction - Analyse des prototypes en toile.
Modifications par la modéliste ou la toiliste.
FITTINGS
Corrections - Analysis of muslin prototypes.
Modifications by Patternmaker or draper.

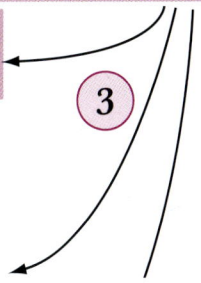

Échanges de données techniques.
Exchanges of technical data.

④

PATRONNIÈRE-GRADEUSE
Met au point le patronnage industriel dans la Taille de Base.
PATTERNMAKER-GRADER
Fine-tunes production pattern in Base Size.

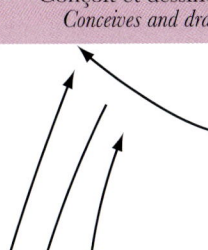

⑥ Validation et corrections par l'équipe styliste-modéliste et chef de produit.
Validation and corrections by the designer-patternmaker / product manager team.

⑤ Étude des détails de fabrication et rectifications en fonction de cette étude.
Study of manufacturing details and corrections based on this study.

MÉCANICIENNE MODÈLE
Réalise le prototype en tissu dans la Taille de Base.
MODEL SEAMSTRESS
Realizes fabric prototype in Base Size.

⑦

PATRONNIÈRE-GRADEUSE
Réalise la gradation du modèle et vérifie la mise au point de la tête de série (3 tailles - inférieure, base, supérieure).
PATTERNMAKER-GRADER
Grades model, finalizing it with a size run
(3 sizes - smallest, base, largest)..

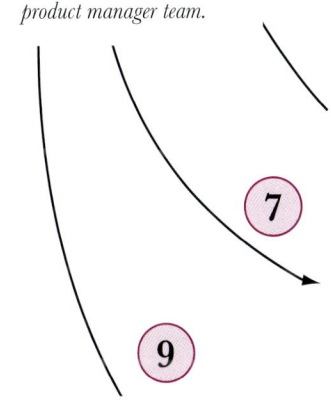

⑨ Mise au point finale par l'équipe styliste-modéliste et chef de produit.
Finalization by the designer-patternmaker / product manager team.

⑧

MÉCANICIENNE MODÈLE ou BUREAU D'ÉTUDES
Fabrication de la tête de série afin de vérifier la bonne conformité des tailles et l'allure du modèle gradé.
MODEL SEAMSTRESS* or *STUDY OFFICE
Manufactures size run to verify size conformity and look of graded model.

⑩ **BUREAU DES MÉTHODES**
Placement de coupe, modes opératoires et implantation de la fabrication.
SYSTEMS OFFICE
Decides cutting placement, operational methods and chooses manufacturing location.

⑪ **UNITÉ DE FABRICATION**
Fabrication sur chaîne ou groupes de fabrication.
MANUFACTURING SITE
Manufacturing on a production line or manufacturing in groups.

⑫ **CONTRÔLE QUALITÉ**
en fonction de la charte du produit (dossier technique).
QUALITY CONTROL
in following production plan (technical file).

⑬ **LIVRAISON DES PRODUITS CONDITIONNÉS**
DELIVERY OF PACKAGED PRODUCTS

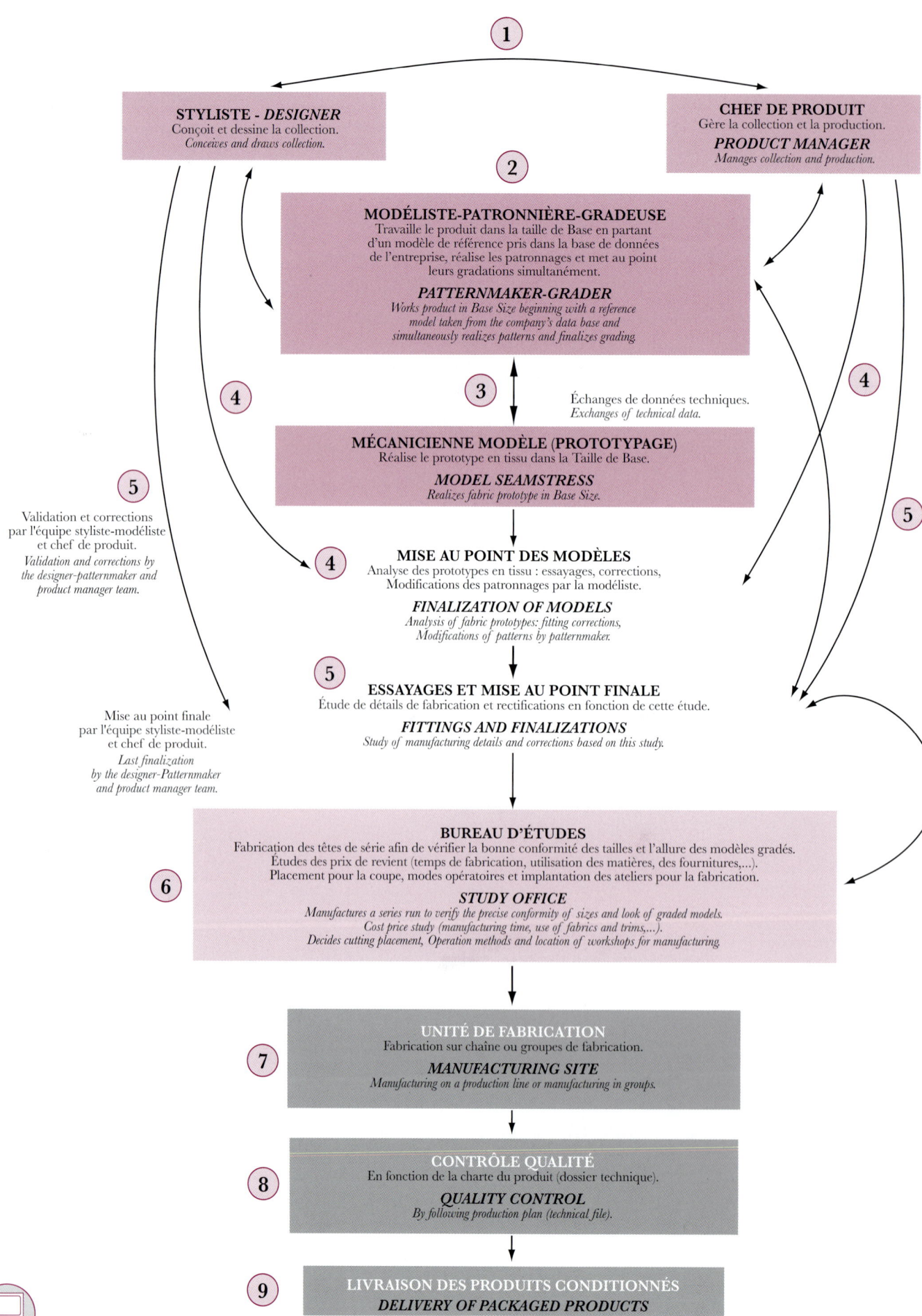

PROCESSUS DE COLLECTION / CAO (CONCEPTION ASSISTÉE PAR ORDINATEUR)
COLLECTION PROCESS / CAD (COMPUTER ASSISTED DESIGN)

(1)

STYLISTE - *DESIGNER*
Conçoit et dessine la collection.
Conceives and draws collection.

CHEF DE PRODUIT
Gère la collection et la production.
PRODUCT MANAGER
Manages collection and production.

(2)

MODÉLISTE-PATRONNIÈRE-GRADEUSE
Travaille le produit dans la taille de Base en partant d'un modèle de référence pris dans la base de données de l'entreprise, réalise les patronages et met au point leurs gradations simultanément.
PATTERNMAKER-GRADER
Works product in Base Size beginning with a reference model taken from the company's data base and simultaneously realizes patterns and finalizes grading.

(3) Échanges de données techniques.
Exchanges of technical data.

MÉCANICIENNE MODÈLE (PROTOTYPAGE)
Réalise le prototype en tissu dans la Taille de Base.
MODEL SEAMSTRESS
Realizes fabric prototype in Base Size.

(4)

MISE AU POINT DES MODÈLES
Analyse des prototypes en tissu : essayages, corrections, Modifications des patronages par la modéliste.
FINALIZATION OF MODELS
Analysis of fabric prototypes: fitting corrections, Modifications of patterns by patternmaker.

Validation et corrections par l'équipe styliste-modéliste et chef de produit.
Validation and corrections by the designer-patternmaker and product manager team.

(5)

ESSAYAGES ET MISE AU POINT FINALE
Étude de détails de fabrication et rectifications en fonction de cette étude.
FITTINGS AND FINALIZATIONS
Study of manufacturing details and corrections based on this study.

Mise au point finale par l'équipe styliste-modéliste et chef de produit.
Last finalization by the designer-Patternmaker and product manager team.

(6)

BUREAU D'ÉTUDES
Fabrication des têtes de série afin de vérifier la bonne conformité des tailles et l'allure des modèles gradés.
Études des prix de revient (temps de fabrication, utilisation des matières, des fournitures,...).
Placement pour la coupe, modes opératoires et implantation des ateliers pour la fabrication.
STUDY OFFICE
Manufactures a series run to verify the precise conformity of sizes and look of graded models.
Cost price study (manufacturing time, use of fabrics and trims,...).
Decides cutting placement, Operation methods and location of workshops for manufacturing.

(7)

UNITÉ DE FABRICATION
Fabrication sur chaîne ou groupes de fabrication.
MANUFACTURING SITE
Manufacturing on a production line or manufacturing in groups.

(8)

CONTRÔLE QUALITÉ
En fonction de la charte du produit (dossier technique).
QUALITY CONTROL
By following production plan (technical file).

(9)

LIVRAISON DES PRODUITS CONDITIONNÉS
DELIVERY OF PACKAGED PRODUCTS

PROCESSUS DE COLLECTION / BARÈMES D'ÉVOLUTIONS
COLLECTION PROCESS / EVOLUTION SCALES

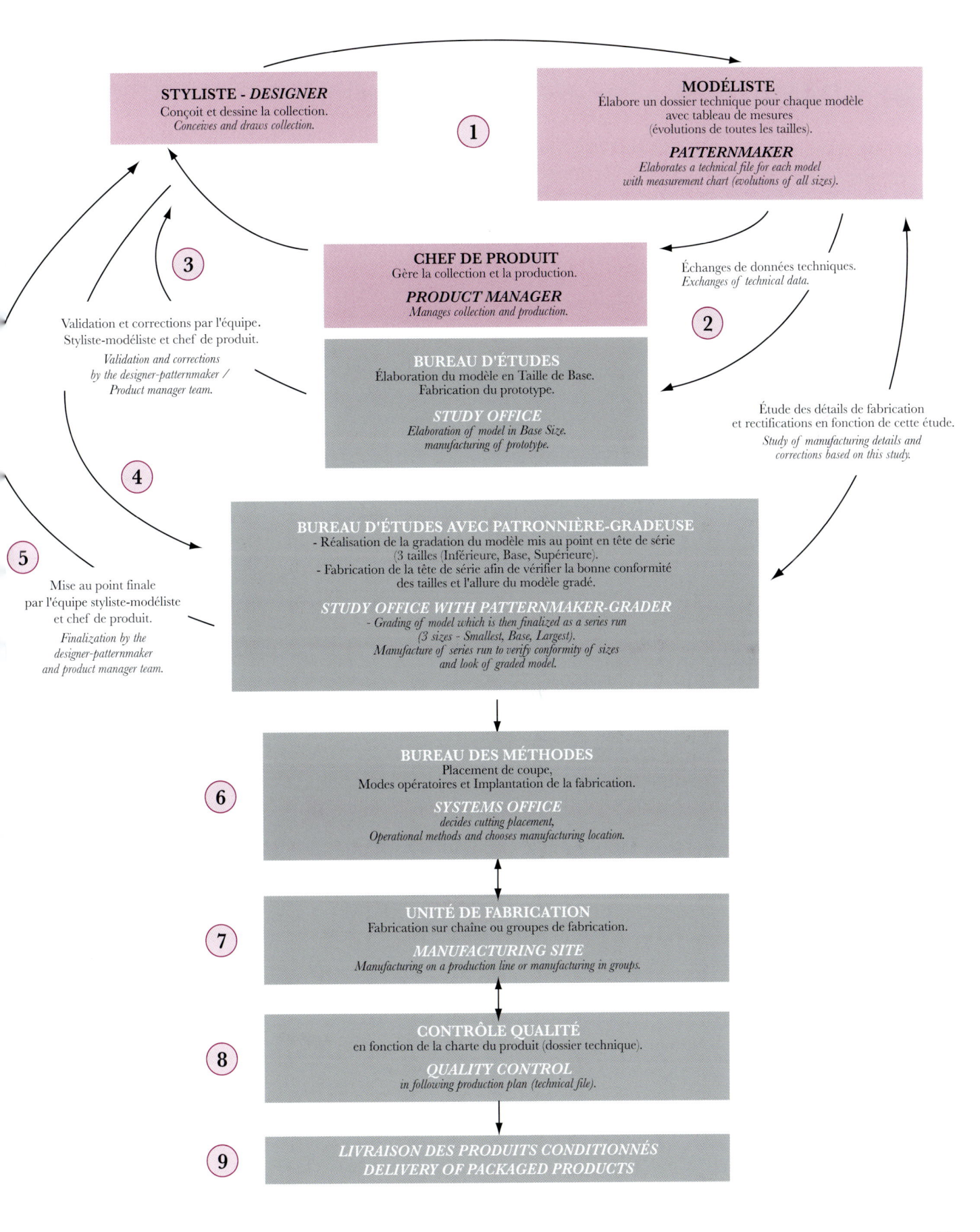

STYLISTE - *DESIGNER*
Conçoit et dessine la collection.
Conceives and draws collection.

① MODÉLISTE
Élabore un dossier technique pour chaque modèle avec tableau de mesures (évolutions de toutes les tailles).
PATTERNMAKER
Elaborates a technical file for each model with measurement chart (evolutions of all sizes).

CHEF DE PRODUIT
Gère la collection et la production.
PRODUCT MANAGER
Manages collection and production.

② Échanges de données techniques.
Exchanges of technical data.

BUREAU D'ÉTUDES
Élaboration du modèle en Taille de Base.
Fabrication du prototype.
STUDY OFFICE
*Elaboration of model in Base Size.
manufacturing of prototype.*

Étude des détails de fabrication et rectifications en fonction de cette étude.
Study of manufacturing details and corrections based on this study.

③ Validation et corrections par l'équipe. Styliste-modéliste et chef de produit.
Validation and corrections by the designer-patternmaker / Product manager team.

④

BUREAU D'ÉTUDES AVEC PATRONNIÈRE-GRADEUSE
- Réalisation de la gradation du modèle mis au point en tête de série (3 tailles (Inférieure, Base, Supérieure).
- Fabrication de la tête de série afin de vérifier la bonne conformité des tailles et l'allure du modèle gradé.
STUDY OFFICE WITH PATTERNMAKER-GRADER
*- Grading of model which is then finalized as a series run (3 sizes - Smallest, Base, Largest).
Manufacture of series run to verify conformity of sizes and look of graded model.*

⑤ Mise au point finale par l'équipe styliste-modéliste et chef de produit.
Finalization by the designer-patternmaker and product manager team.

⑥ **BUREAU DES MÉTHODES**
Placement de coupe,
Modes opératoires et Implantation de la fabrication.
SYSTEMS OFFICE
*decides cutting placement,
Operational methods and chooses manufacturing location.*

⑦ **UNITÉ DE FABRICATION**
Fabrication sur chaîne ou groupes de fabrication.
MANUFACTURING SITE
Manufacturing on a production line or manufacturing in groups.

⑧ **CONTRÔLE QUALITÉ**
en fonction de la charte du produit (dossier technique).
QUALITY CONTROL
in following production plan (technical file).

⑨ ***LIVRAISON DES PRODUITS CONDITIONNÉS
DELIVERY OF PACKAGED PRODUCTS***

7

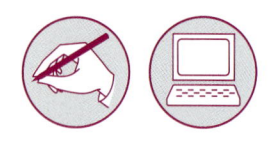

MÉTHODES GÉNÉRALES DE GRADATION

Introduction

La manière de réaliser les gradations d'un modèle, c'est-à-dire l'évolution de son volume de taille en taille, a beaucoup évolué dans ces dernières années. Habituellement gradés manuellement par la patronnière dans les petites et moyennes entreprises (*Processus de collection - gradation manuelle*, cf. p. 4), les modèles sont de plus en plus travaillés informatiquement dans toutes les entreprises comme on le faisait, il y a quelques années seulement dans l'industrie (*Processus de collection - gradation informatique*, cf. p. 6).
Cette évolution offre un gain de temps important et une précision inégalable.
Toutefois, toutes les entreprises ne pouvant s'équiper de ce matériel et les étapes de fabrication devant être de plus en plus écourtées, les modélistes organisent leur travail de façon différente, en préparant des tableaux de barêmes d'évolutions (*Processus de de collection - gradation informatique par barêmes d'évolutions*, cf. p. 7) qu'ils ou elles envoient à l'usine qui, équipée informatiquement, graduera et fabriquera le modèle selon les désirs du ou de la modéliste.

Ce sont ces trois méthodes de gradation (manuelle, informatique ou par barêmes) que nous nous proposons de vous expliquer dans cet ouvrage.
Les procédés de gradation resteront les mêmes quelle que soit la méthode employée :
- Connaître les règles d'évolutions de taille.
- Y ajouter ou diminuer la progression du type d'élargissement choisi pour le modèle.
- Faire évoluer les détails (découpes, poches, etc.) selon leur emplacement dans le volume compte tenu de la progression de taille et de volume (ex. : un empiècement à mi-hauteur de l'emmanchure montera ou descendra de la moitié de la progression de taille et de volume de celle-ci).

Généralités

La gradation du vêtement féminin est des plus délicates.
- Il faut en effet tenir compte non seulement de l'évolution du corps, mais aussi de la progression d'un même type d'élargissement sur ce corps.
- Il est donc recommandé de contrôler cette gradation en essayant plusieurs tailles (tête de série).

GENERAL GRADING METHODS

Introduction

The way to grade a model, meaning, the evolution of its volume from size to size, has evolved considerably in recent years. Usually graded manually by the patternmaker in small and mid-sized companies (see *Collection process - Manual grading*, see p. 4), models are increasingly worked on the computer in all companies as they were done, just a few years ago, only in big industrial set-ups (*Collection process - Computer grading process*, see p. 6).
This evolution saves time and offers unequaled precision. However, all companies cannot afford this equipment, since manufacturing deadlines have become much shorter. Today, patternmakers must organize their work differently by preparing evolution scale charts (*Collection process - Computer grading process by evolution scales*, see p. 7) which they send to a computer-equipped factory to grade and manufacture the model based on the patternmaker's specifications.

It is these three grading methods (manual, computer or in using scales) that we will explain in this book.
Grading procedures remain the same no matter which method is used:
- Know the rules for size evolution.
- Add or diminish the amount for the type of enlargement chosen for a model.
- Evolve details (seams, pockets, etc.) depending on their location in the garment, taking into account size and volume amount (ex: a yoke seam at the halfway point of an armhole will be raised or lowered half the variation in relation to its size and volume).

Generalities

Grading women's garment is particularly delicate.
- It is necessary to take into account not only the body's evolution, but also the increase of the same type of enlargement on a body.
- It is thus recommended to verify this grading by making different sizes (size run).

Most often, the sizes verified are extreme sizes (Ex.: S.34 and S.46), but they can differ depending on the Brand's product range. Grading rules for this method thus offer an enlargement increase which corresponds to our cutting method for children's garments.

Le plus souvent, les tailles contrôlées sont les tailles extrêmes (ex. : 34 et 46) mais elles peuvent différer selon la gamme de produits de la marque.
Les règles de gradation de cette méthode répondent donc à une progression d'élargissement correspondant à nos méthodes de coupe pour le vêtement féminin.

PRISES ET TABLEAUX DE MESURES

Dans les pages suivantes, on trouvera un tableau de mesures s'étalant de la taille 34 à la taille 46.
- La première colonne du tableau indique la progression du corps entre chaque taille pour chaque mesure (évolution de taille). Cette progression est exprimée en millimètre.
- Les mesures du corps sont exprimées en centimètre.

APLOMBS

Pour grader, utiliser toujours les axes : DF Chaîne, DF Trame.
La gradation porte sur les lignes de Droit Fil (DF) :
a) Chaîne (verticale) : milieu devant, milieu dos, côté.
b) Trame (horizontale) : carrure, poitrine, dessous de bras, taille, hanches, bas du vêtement.

Méthodes de gradation

L'évolution du matériel, notamment informatique, amène le (la) patronnier(ière)-gradeur(euse) à adopter, selon les capacités de l'entreprise, une méthode de travail manuelle ou informatique.

MÉTHODE DE TRAVAIL MANUELLE

a) Recopier fidèlement et avec précision le tracé du modèle de base en marquant bien les intersections des lignes (ex. : sur un corsage : emmanchure-épaule, épaule-encolure, etc.).

b) Faire apparaître les points déterminants sur la planche de gradation : les évolutions des tailles se feront à partir des points principaux déterminés en fonction des vêtements.
Exemple sur la jupe : milieu devant taille, côté taille, hauteur des hanches sur le côté… (cf. *Différentes évolutions de gradation*, p. 13).
Pour cette raison, il faudra marquer les différents points (carrure, dessous de bras, taille…) sur le contour des tracés.

c) Utiliser le document « planche » en référence au modèle que l'on souhaite grader. Les valeurs indiquées sont à appliquer parallèlement et perpendiculairement au Droit Fil de la Taille de Base à la Taille Supérieure. Pour la Taille Inférieure, procéder de la manière inverse.
Interprétation d'une planche de gradation : chaque point important de la pièce aura (ou n'aura pas) une évolution. Celle-ci sera indiquée sur le tracé. Cette valeur, exprimée en **millimètre** sera précédée d'une flèche (←→↑↓).
Attention : il faudra impérativement tenir compte de sa direction au risque de se retrouver avec une gradation inversée (Le volume de la taille supérieure portera le nom de la taille inférieure et vice et versa). Certaines des valeurs indiquées sur les planches sont au 1/100ᵉ de millimètre (précision apportée pour la méthode informatique).

d) Deux méthodes de travail s'offrent alors à la (ou au) modéliste: la 1ʳᵉ méthode dite par « **projection** » : consiste à donner des valeurs d'évolution de taille (T < et/ou T >) à partir d'un

TAKING MEASUREMENTS AND MEASUREMENT TABLES

In the following pages, we show a measurement chart which is from size 34 to size 46.
- The first column of the measurement chart indicates the increase of body measurements between each size for each measurement (size evolution). This progression is shown in millimeters.
- Body measurements are indicated in centimeters.

PLUMB LINES

In grading, always use the axes: Straight Grain (SG) - warp, Straight grain (SG) - weft.
Grading is done on Straight Grain lines:
a) Warp (vertical): center front, center back, side.
b) Weft (horizontal): shoulder width, bust, underarm, waist, hips, bottom of garment.

Grading methods

The evolution of equipment, especially for computers, requires the patternmaker-grader to adopt a manual or computer-based working method depending on his company's particular capacities.

WORK METHOD (MANUAL)

a) Precisely copy basic pattern block outline by clearly marking where lines intersect (Ex.: on a bodice: armhole-shoulder, shoulder-neckline, etc.)

b) Indicate all the garment's defining points on main grading page: size evolution will be done from key points which are determined for each garment.
Example for skirt: center front waist, side waist, wide hip line at side… (see *Different evolutions for grading*, p. 13).
For this reason, it is necessary to mark each different point (shoulder width, underarm, waist, …) on the contour line.

c) Use the "main page" document as a reference for the model you wish to grade. The amounts indicated are to be applied in parallel, perpendicularly to Straight Grain from Basic Size to Largest Size. For the Smallest Size, proceed in the opposite direction.
Interpreting a grading page: each of the garment's important points will have (or not have) an evolution. This will be indicated on the line. The amount, given in millimeters, will be preceded by an arrow (←→↑↓).
Attention: it is important to take direction into account so as not to risk doing a reversed grading (giving the name of the largest size to the smallest and vice versa). Certain amounts indicated on the boards are 1/100th of a millimeter (precision used for computer method).

d) Two work methods are offered to the patternmaker: the 1st method, called « projection » consists of giving size evolution values (S < and/or S >) beginning with a point on the base shape (see *Different evolutions for grading*, p. 13). In practice, this means tracing each piece of each size following the previously drawn board, respecting the tracing exactly, size by size.

But patternmakers, to speed up the process, use a method known as "pushing" which consists of moving the industrial cardboard

point sur la forme de base (cf. *Différentes évolutions de gradation*, p. 13). En pratique, relever chaque morceau de chaque taille d'après la planche dessinée précédemment en suivant avec précision le tracé taille par taille.

Les modélistes pour gagner en vitesse utilisent la méthode dite à la « **poussette** » qui consiste à déplacer à l'horizontale et à la verticale le carton industriel du prototype de base en respectant les valeurs nécessaires à l'évolution de la forme. Cela permet avec rapidité de retracer notamment les courbes en prenant en lignes de base celles adoptées dans le patron.

MÉTHODE DE TRAVAIL INFORMATIQUE

a) Ouvrir le modèle à grader.

b) Importer le fichier taille.

c) Utiliser le document « planche » en référence au modèle que l'on souhaite grader. Les valeurs indiquées sont à appliquer parallèlement et perpendiculairement au Droit Fil de la Taille Inférieure à la Taille Supérieure.
Chaque pièce étant présentée avec le Droit Fil à l'horizontal, on en tiendra compte au moment de grader les points. La gradation évolue en « X » (axe horizontal, parallèle au DF) et en « Y » (axe vertical, perpendiculaire au DF).
On portera la gradation sur chaque point dans le tableau d'évolutions prévu à cet effet.

Vocabulaire

Grader : consiste en une succession de tailles énumérées allant par progression croissante ou décroissante en terme de volume.

Graduer : diviser par degrés d'égales longueurs.

Taille de Base (TB) : taille définie par l'entreprise correspondant à la taille du prototype (mise au point du volume, des proportions).

Taille Supérieure (T >) : la plus grande taille dans la gamme de taille décidée par la Marque.

Taille Inférieure (T <) : la plus petite taille dans la gamme de taille décidée par la Marque.

Tailles extrêmes : taille supérieure et taille inférieure.

Entre-tailles (ou tailles intermédiaires) : tailles comprises entre les tailles supérieures et inférieures en passant par la taille de base.

Taille de rupture : taille marquant un changement de rythme dans l'évolution de la gradation.

Groupement de tailles : superposition de plusieurs tailles sur une taille donnée en vue de garder une bonne proportion ou/ et par souci d'économie.

Évolution d'un point : déplacement du point d'une valeur donnée pour permettre d'augmenter ou de réduire la proportion du patron sur ce point précis.

Souche : tracé de toutes les tailles du patron sur une seule feuille, en plans successifs.

Planche : reproduction d'un patron dans la taille de base, sur une feuille, avec comme indication, les évolutions des points et leur sens de déplacement.

of the base prototype horizontally and vertically while respecting any necessary amounts for the shape's evolution. This allows the patternmaker to rapidly retrace the curves using the original lines adopted in the Base Pattern.

WORK METHOD (BY COMPUTER)

a) Open model to be graded.

b) Import the size file.

c) Use the "main page" document as a reference for the model you wish to grade. The amounts indicated are to be applied in parallel, perpendicularly to Straight Grain from Smallest Size to Largest Size.
Since each piece is presented with the Straight Grain horizontally, we will take this into account when points are graded. Grading evolves as "X" (horizontal axis, parallel to Straight Grain) and "Y" (vertical axis, perpendicular to Straight Grain). We will grade each point using the evolution chart set up for it.

Vocabulary

Grade: a succession of enumerated sizes that progressively increase or decrease, following the original shape.

Graduate: divide equal lengths by degrees.

Basic Size (BS): size defined by a company corresponding to their prototype size (finalized shape and proportions).

Largest Size (S >): largest size in size range as determined by the Brand.

Smallest Size (S <): smallest size in size range.

Extreme sizes: largest Size and Smallest Size.

Intermediate sizes: sizes between largest and smallest sizes, not counting Base Size.

Break size: size marking a change in the rhythm of grading evolution.

Size Grouping: layering a few sizes on a given size to keep a good proportion and/or for reasons of economy.

Point evolution: moving a point a given amount to increase or reduce pattern proportion at this precise point.

Stack: tracing all a pattern's sizes on a single page, in successive diagrams (plans).

Main page: reproduction of a pattern in the Base Size, on one page, indicating evolution of points and the direction they should be moved.

Compressing sizes on one line: layering all sizes on one line in relation to a point.

Size run: the realization of one model in each size. Ex.: T.34, T.38, T.46 = size run. This allows us to verify size conformity and the look of each model when graded.

Tassement de tailles sur une ligne : superposition de toutes les tailles sur une ligne par rapport à un point.

Tête de série : réalisation d'un modèle dans chaque taille. Ex. : T.34, T.38, T.46 = tête de série. Cette réalisation permet de vérifier la bonne conformité des tailles et l'allure des modèles gradés.

Principes de gradation manuelle et informatique

MÉTHODE MANUELLE

Le travail de gradation est effectué après le réglage du prototype et à partir de son patronnage. La gradation sera créée sur papier puis reportée sur carton. Ce travail laborieux requiert beaucoup de temps et demande soin et vigilance particulièrement dans la phase de contrôle.
* Contrôle des lignes d'assemblages (exemple sur le corsage : lignes de côtés, d'épaules, lignes d'encolures avec le col…).
* Contrôle de l'esthétique des courbes (exemple : galbes de côtés, courbes emmanchures, lignes de cols…).
* Contrôle des évolutions (cf. *Tableau de Mesures* avec les évolutions, p. 17).

Les mesures sont données par rapport à la Taille de Base (ex : T.38), l'unité est le millimètre.
La gradation se fait sur la moitié du vêtement, côté droit du patronnage.

TRAVAIL SUR UNE SOUCHE DE GRADATION
- Le patronnage est relevé sur une feuille de papier (papier de coupe, calque, millimétré) qui servira de support à la souche. La Taille de Base sera tracée au feutre, mine fine, dans la couleur établie pour cette taille.
- Prévoir autour de chaque morceau assez d'espace pour la progression des tailles.
- Disposer les différents éléments de façon à ce que cette planche soit bien lisible (exemple sur une découpe bretelle : devant milieu avec le devant côté).
- Placer les lignes de poitrine, de taille, de grandes hanches sur un même plan (voir la planche).
- Tracer les lignes d'aplomb horizontales et verticales sur toutes les pièces (milieux devant et dos, carrure, poitrine, taille, hanches…) ainsi que les Droit Fil.
- Réinscrire la Taille de Base sur tous les tracés.
- Le nombre de taille suivra la demande de l'entreprise (de 1 à 7 tailles par souche. ex : du 34 au 46).
- Rechercher les points à grader : se reporter aux tableaux de mesures, en tenant compte des évolutions par taille (exemple : taille/côté, hanches, carrures…)
- Établir la gradation en respectant les axes qui sont généralement parallèles ou perpendiculaires au Droit Fil.
- Tracer les lignes au fur et à mesure de votre avancée dans la gradation et noter le nom des tailles sur chaque pièce. On peut commencer par tracer les tailles extrêmes et seulement pointer les tailles intermédiaires. Une fois la gamme de tailles relevée, montée en tissu et validée, on peut terminer le tracé des tailles intermédiaires (cf. *Différentes évolutions de gradation*, p. 13).
- Les pinces et les crans suivent le même principe que les 2 axes de gradation cités ci-dessus.
- Le Droit Fil peut se grader ; il suit l'évolution du patron dans

Grading principles manual and by computer

MANUAL METHOD

Grading is done after adjusting the prototype and uses the final pattern as a base. Grading will be done first on paper and then on cardboard. This laborious work takes time and requires care and vigilance, especially in the final verification phase.
* Verifying construction lines (example on bodice: side and shoulder lines and necklines with collar, …).
* Verifying each curve's esthetic (example: side curves, armhole curves, collar lines,…).
* Verifying evolutions (see *Measurement chart with evolutions*, p. 17).

Measurements are given in relation to Base size (Size 38), the unit is the millimeter.
Grading is done on one half of garment, the right side of pattern.

WORK ON A GRADING STACK
- The pattern is traced on a sheet of paper (cutting paper, tracing paper, millimeter paper) which will serve as a base for the stack. The Base Size will be traced in a thin, felt-tipped pen in a color defined for this size.
- Leave enough space around each piece for size increments.
- Place the different pieces so that this main page will be easily readable (example on a strap cut: center front with side front).
- Place bustline, waistline, wide hip lines at same height (see board).
- Trace horizontal and vertical plumb lines on all pieces (center front and back, shoulder width, bust, waist, hips, …) as well as Straight Grain line.
- Re-draw Base Size on all lines.
- The number of sizes will follow the company's request (1 to 7 sizes per stack. ex: from 34 to 46).
- Find the points to be graded: refer to the "Ready-to-wear" measurement table, taking into account size evolutions (example: waist/side, hips, shoulder width, …)
- Establish the grading by respecting axes, generally either parallel or perpendicular to Straight Grain.
- Trace all lines successively as you advance in the grading and mark the size name on each pattern piece. Begin by tracing the extreme sizes and indicating intermediary sizes by points. Once the size range has been traced, constructed in fabric and verified, we can draw the intermediary sizes (see *Different evolutions for grading*, p. 13).
- Darts and notches follow the same principal as the 2 grading axes mentioned above.
- The Straight Grain can be graded ; it follows the pattern's evolution in height. It may happen that, when piling up seams and darts, we grade this line horizontally the same amount as the piece's evolution.

FINAL VERIFICATION PHASE OF GRADING
- Verify the evolutions of each point graded.
- Determine amount of evolution between each size. For example: measure 1/2 the front and back neckline of each size, it must progress 5 mm, the amount given in the *Measurement table*, p. 17.
- Verify assembly lines together by measuring them. Ex.: front shoulder with back shoulder, Front side line with back side line, seams together, etc.

The main page must be worked **carefully and precisely** to avoid errors or spaces in measurements during grading verification.
Once grading is completed, separately trace all the model's pieces on pattern cardboard.

sa hauteur. Il arrive de même, lors d'un tassement sur des découpes et des pinces, de grader à l'horizontal cette ligne de la même valeur que l'évolution de la pièce.

PHASE DU CONTRÔLE FINAL DE LA GRADATION
- Vérifier les évolutions sur chaque point gradé.
- Déterminer la valeur d'évolution entre chaque taille. Par exemple : mesurer la 1/2 encolure devant et dos sur chaque taille, elle doit progresser de 5 mm, valeur donnée dans le *Tableau de mesures*, p. 17.
- Vérifier les lignes d'assemblage entre elles en les mesurant. Ex. : épaule devant avec épaule dos, ligne de côté devant avec celle du dos, les découpes entre elles, etc.

La planche doit être travaillée avec **beaucoup de soin et de minutie** pour éviter, lors du contrôle de la gradation, des erreurs ou des écarts dans les mesures.

Une fois la gradation terminée, relever séparément sur du carton à patron tous les morceaux du modèle.

MÉTHODE INFORMATIQUE

Le travail de gradation sur informatique suit le même principe que le travail de gradation manuelle (préparation du prototype et réglage du patronnage) excepté le fait que cette méthode est beaucoup plus rapide : on travaille directement avec les pièces (morceaux de patron) sans passer par la phase reproduction sur une feuille.

Cette méthode est également plus précise que la méthode manuelle : on peut travailler au $1/100^e$ de millimètre. C'est pourquoi, les valeurs de progression qui sont données sur les planches (sur certains points) sont aussi précises.

Les entreprises françaises du secteur de la mode sont obligées de s'adapter à la concurrence internationale croissante, à la demande des consommateurs adeptes d'un renouveau constant. Ces nouveaux phénomènes poussent les entreprises à accélérer leurs moyens de processus de mises au point des modèles et à se tourner vers les dernières avancées en matière de Conception Assistée par Ordinateur (CAO). Ainsi beaucoup de sociétés s'équipent de logiciels de modélisme, entre autres de Modaris ExpertPro (logiciel développé par la société LECTRA). Les modélistes patronniers(ières)-gradeurs(euses) créent et modifient des patronnages directement à l'écran et travaillent la gradation. Elles peuvent simultanément créer, modifier et grader un modèle. Ce qui leur permettra de réduire la durée du temps dans le développement des produits.

En gagnant du temps et de la précision avec cet outil qu'est Modaris ExpertPro, on peut mieux gérer l'augmentation constante des collections et des modèles (phénomène « fastfashion »).

Comme pour la méthode manuelle, les modélistes, patronniers(ières)-gradeurs(euses) utiliseront un « Tableau de Mesures » avec les évolutions de tailles.

Dans beaucoup d'entreprises françaises, les modélistes-patronnières-gradeuses travaillent avec MODARIS, développé par la société LECTRA. Ce logiciel est une référence dans le secteur de l'habillement pour la création des modèles ; il assure le développement des patrons ainsi que leurs gradations.

La société LECTRA est une référence sur le marché français mais également mondial.

COMPUTER METHOD

Computer grading follows the same principle as manual grading (preparation of prototype and adjustment of pattern) except that the method is much quicker: we work directly with pattern pieces without doing the reproduction phase on a sheet of paper. This method is more precise than the manual method: we can work up to 1/100th of a millimeter in definition. This is why the increases indicated on the boards (at certain points) are so precise. French companies in the fashion industry are obliged to adapt to growing international competition, thanks to a continual renewal of consumer expectations. This new phenomenon requires companies to accelerate their methods to fine-tune processes and take advantage of the most recent advances in Computer Assisted Design (CAD). Many companies equip themselves with patternmaking software like Modaris ExpertPro (developed by LECTRA). Designers and patternmaker-graders create and modify patterns directly on the screen and grade them immediately. They can simultaneously create, modify and grade a model. This allows them to save time when developing products.

By saving time and gaining in precision with Modaris ExpertPro, we can better handle the continual growth of the number of collections and models (the "Fast Fashion" phenomenon).

As with the manual method, designers and patternmaker-graders use a "Measurement Chart" for the size evolution.

In many French companies, designers and patternmaker-graders work with MODARIS, developed by LECTRA. This software is a reference in the clothing industry for creating models in France and internationally, since it both develops and grades patterns.

DIFFÉRENTES ÉVOLUTIONS DE GRADATION
MÉTHODE MANUELLE

DIFFERENT EVOLUTIONS FOR GRADING
MANUAL METHOD

Exemple **GRADATION HORIZONTALE**
Example of **HORIZONTAL GRADING**

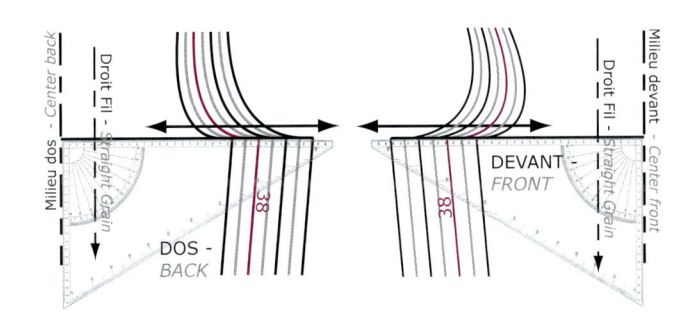

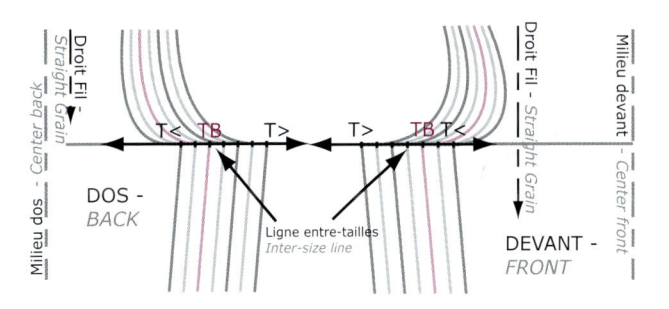

GRADATION HORIZONTALE

- Tracer des lignes perpendiculaires aux lignes d'aplomb DEVANT et DOS (ex. : dessous de bras devant et dos,...).

Procédure : (ex. : dessous de bras devant et dos,...)
- Poser l'équerre sur la ligne milieu dos et tracer une ligne horizontale passant par le point dessous de bras.
- Idem pour le devant.

Exemple GRADATION HORIZONTALE
Évolution dessous de poitrine : 10 mm par taille
Nombre de tailles supérieures à la Taille de Base : 4
Nombre de tailles inférieures à la Taille de Base : 2
Calcul : 10 x 4 = 40 mm (TB vers la T >)
Calcul : 10 x 2 = 20 mm (TB vers la T <)
- Reporter ces 2 valeurs sur la ligne horizontale à partir du point de la TB (faire attention au sens de l'évolution de la gradation !)
- Diviser l'intervalle entre la TB et T > par le nombre de tailles désirées pour obtenir les tailles intermédiaires (/4).
- Même travail entre la TB et T < (/2).

HORIZONTAL GRADING

- Trace perpendicular lines to the FRONT and BACK plumb lines (ex.: front and back underarm…).

Procedure: (ex.: front and back underarm…)
- Place the L-square on center back line and trace a horizontal line, passing by underarm point.
- Do same for front.

Example of HORIZONTAL GRADING
Evolution under bust: 10 mm per size.
Number of sizes greater than Base Size: 4
Number of sizes smaller than Base Size: 2
Calculation: 10 x 4 = 40 mm (BS towards S >)
Calculation: 10 x 2 = 20 mm (BS towards S <)
- Bring these 2 amounts on horizontal line starting from BS point (be careful to go in correct direction for grading evolution!)
- Divide the interval between BS and S > by the number of sizes desired to obtain intermediary sizes (/4).
- Do the same thing between BS and S < (/2).

Exemple **GRADATION VERTICALE**
Example of **VERTICAL GRADING**

GRADATION VERTICALE
- Tracer des lignes parallèles aux lignes d'aplomb DEVANT et DOS (ex. : travail sur l'encolure milieu devant et dos…)

Procédure (ex. : travail sur l'encolure milieu dos, milieu devant) :
- Placer la règle sur la ligne milieu dos et prolonger cette ligne de part et d'autre du point de base.
- Idem pour le devant.

Exemple GRADATION VERTICALE :
Évolution milieu dos-encolure : 3 mm par taille
Évolution milieu devant-encolure : 4 mm par taille
Nombre de tailles supérieures à la Taille de Base : 4
Nombre de tailles inférieures à la Taille de Base : 2
Calcul : 3 x 4 = 12 mm (TB vers la T >)
Calcul : 3 x 2 = 6 mm (TB vers la T <)
- Reporter ces 2 valeurs sur la ligne verticale à partir du point de la TB (Faire attention au sens de l'évolution de la gradation !).
- Diviser l'intervalle entre la TB et T > par le nombre de tailles désirées pour obtenir les tailles intermédiaires (/4).
- Même travail entre la TB et T < (/2).

VERTICAL GRADING
- Trace parallel lines at FRONT and BACK plumb lines (ex.: work on center front and back neckline…)

Procedure (ex: work on the center front, center back neckline):
- Place ruler on center back line and continue this line on both sides of base point.
- Same thing for front.

Example of VERTICAL GRADING:
Center back-neckline evolution: 3 mm per size.
Center front-neckline evolution: 4 mm per size.
Number of sizes greater than Base Size: 4
Number of sizes smaller than Base Size: 2
Calculation: 3 x 4 = 12 mm (BS towards S >)
Calculation: 3 x 2 = 6 mm (BS towards S <)
- Bring these 2 amounts on the vertical line from BS point (Be careful to go in the correct direction for grading evolution!)
- Divide the interval between BS and S > by the number of sizes desired to obtain the intermediary sizes (/4).
- Do the same thing between BS and S < (/2).

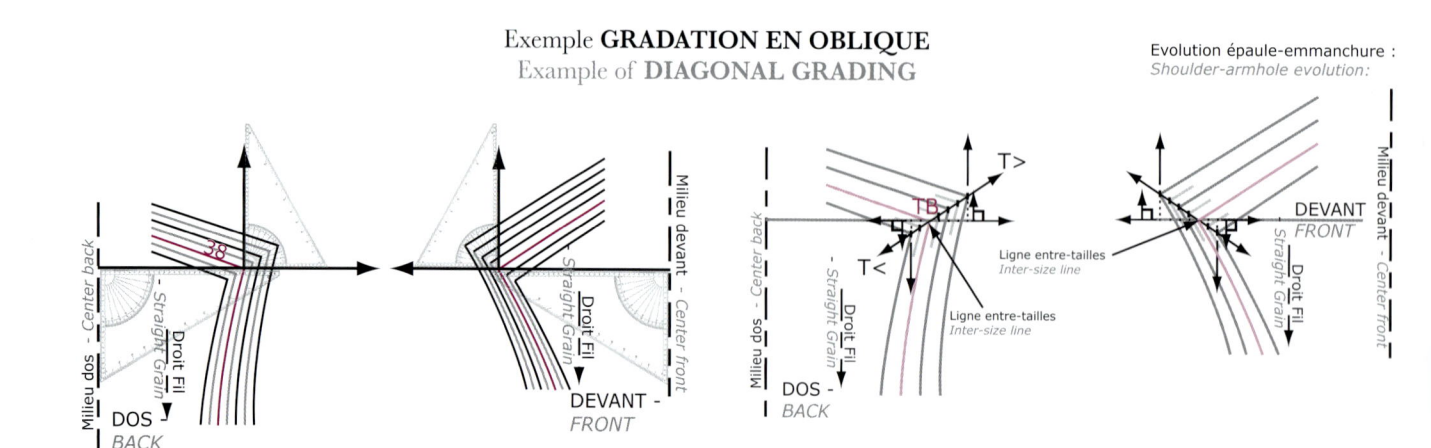

Exemple **GRADATION EN OBLIQUE**
Example of **DIAGONAL GRADING**

GRADATION EN OBLIQUE (HORIZONTALE ET VERTICALE)
- Tracer des lignes perpendiculaires et parallèles aux lignes d'aplomb DEVANT et DOS.

Procédure : (ex. : épaule-emmanchure, encolure-épaule,…)
- Poser l'équerre sur la ligne milieu dos et tracer une ligne horizontale en passant par le point épaule-emmanchure.

DIAGONAL GRADING (HORIZONTAL AND VERTICAL)
- Trace lines perpendicular and parallel to FRONT and BACK plumb lines.

Procedure: (ex.: shoulder-armhole, neckline-shoulder,…)
- Place the L-square on center back line and trace a horizontal line in passing by shoulder-armhole point.

- Calculer l'évolution de la Taille Supérieure et Inférieure et la reporter sur la ligne horizontale à partir du point de la Taille de Base.
- Poser l'équerre à la verticale de la ligne horizontale créée précédemment, sur les points des T > et T < et porter sur cette verticale l'évolution des 2 tailles à partir de la TB.

Exemple GRADATION en OBLIQUE :
Sur l'axe horizontal : 5 (évolution) x 4 (nombre de tailles) = 20 mm
Sur l'axe vertical : 3.5 (évolution) x 4 (nombre de tailles) = 14 mm
- Tracer d'abord les tailles extrêmes (T < et T >).
- Puis, tracer l'oblique de la T < à la T > en passant par la TB.
- Pointer les entretailles en divisant l'oblique par le nombre de tailles souhaitées (ex. : 4).

- Calculate the evolution of the Largest and Smallest Sizes and place them on horizontal line from point of Base Size.
- Place the L-square vertically on the horizontal line already created, at points S > and S < and place on this line the evolution of the 2 sizes from BS.

Example of DIAGONAL GRADING:
On horizontal axis: 5 (evolution) x 4 (number of sizes) = 20 mm
On vertical axis: 3.5 (evolution) x 4 (number of sizes) = 14 mm
- First trace the extreme sizes (S < and S >).
- Then, trace a diagonal from S < to S > in passing by the BS.
- Mark intermediary sizes by dividing the diagonal line by the number of sizes desired (ex.: 4).

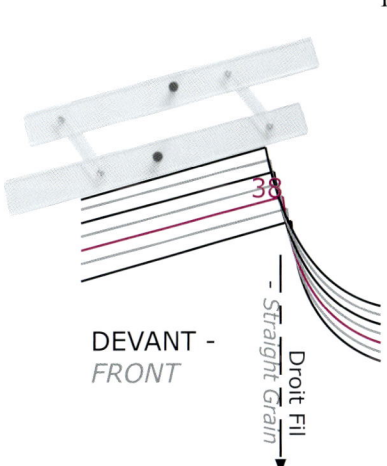

Exemple **GRADATION PARALLELE**
Example of **PARALLEL GRADING**

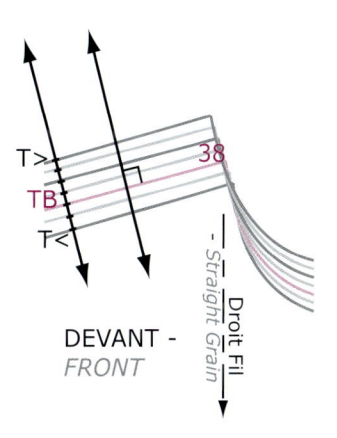

GRADATION PARALLÈLE
- Tracer des lignes parallèles au tracé.

Procédure : (ex. : travail sur la ligne d'épaule)
- Poser la règle parallèle sur la ligne puis faire glisser l'outil jusqu'au point à grader ou utiliser l'équerre en reportant à la perpendiculaire la valeur d'évolution des entretailles.

Exemple GRADATION PARALLELE:
(Ex. : travail sur la ligne d'épaule)
- Donner l'évolution en oblique du point encolure - épaule.
- Pointer la Taille Supérieure (T >) ainsi que la Taille Inférieure (T <).
- Sur la ligne d'épaule de Base, poser la règle parallèle et la faire glisser jusqu'au point encolure-épaule de la Taille Supérieure.
- Mesurer la distance entre la ligne et le point.
- Déplacer la règle parallèle vers l'emmanchure et reporter la mesure trouvée.
- Rejoindre les 2 points par une droite.
- Diviser l'intervalle entre la TB et T > par le nombre de tailles désirées pour obtenir les tailles intermédiaires (/4).
- Même travail entre la TB et T < (/2).

PARALLEL GRADING
- Trace lines parallel to outline.

Procedure: (ex.: work on shoulder line)
- Place ruler parallel to line, then slide it all the way to the point to be graded or use L-square to perpendicularly mark the evolution amount of intermediary sizes.

Example of PARALLEL GRADING :
(Ex.: work on shoulder line)
- Give the diagonal evolution of neckline-shoulder point.
- Mark a point for Largest Size (S >) and Smallest Size (S <).
- On Base Size shoulder line, place the parallel ruler and slide it all the way to the neckline-shoulder point of Largest Size.
- Measure distance between the line and point.
- Move the parallel ruler towards the armhole and add the resulting amount.
- Join the 2 points by a straight line.
- Divide the interval between the BS and S > by the number of sizes desired to obtain intermediary sizes (/4).
- Do the same thing between the BS and S < (/2).

TABLEAU DE MESURES - mannequin prêt-à-porter
EUROPE (français - anglais)

MEASUREMENT CHART - ready-to-wear model
EUROPE (french - English)

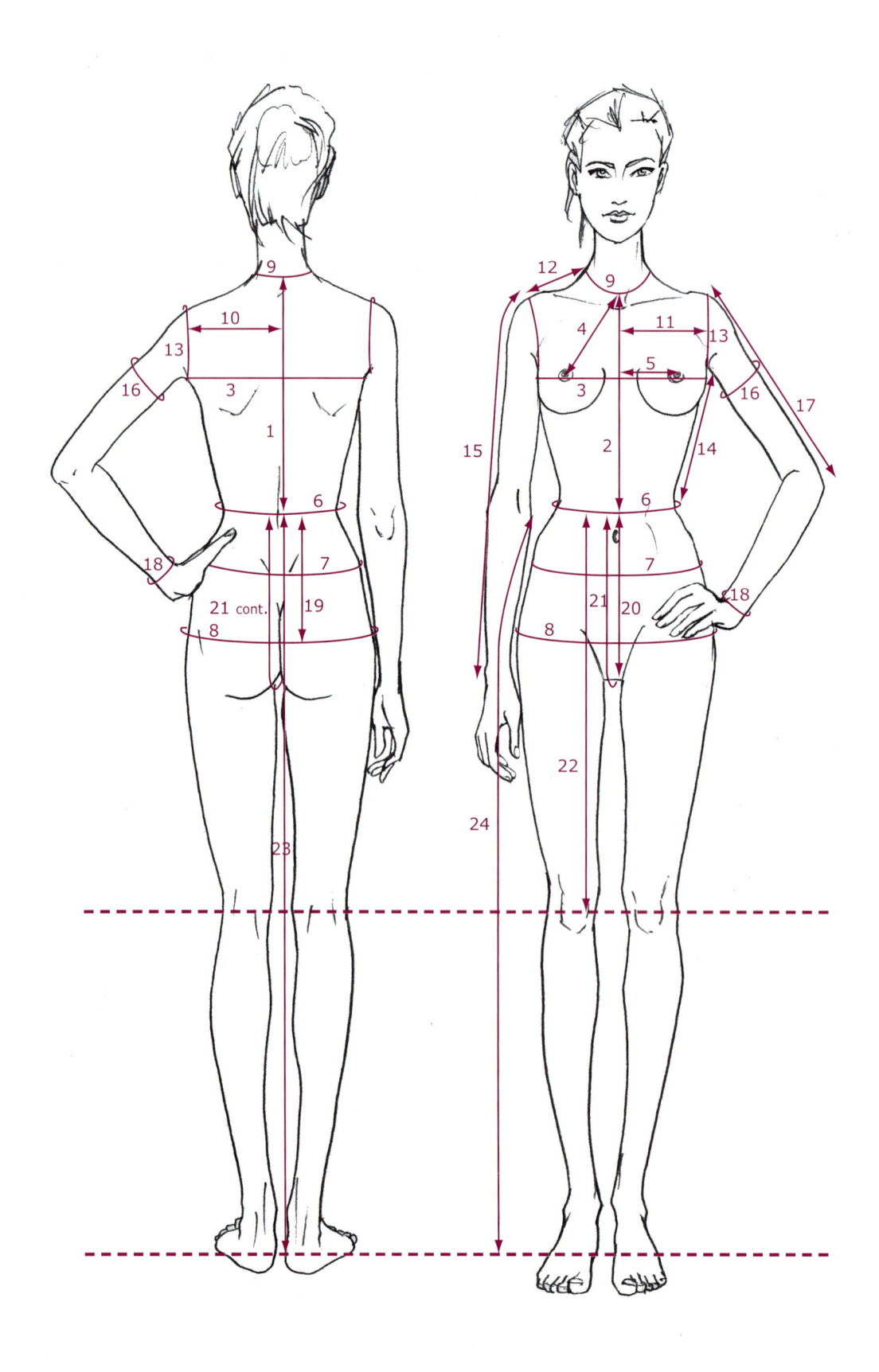

Tailles internationales / International sizes			1	2	3	4	5		
Tailles anglo-saxonnes / English sizes			XS	S	M		L		XL
Tailles françaises / French sizes			34	36	38	40	42	44	46
Évolutions de tailles (en mm) / Size evolutions (in mm)			Mesures (en cm) / Measurements (in cm)						
1	Longueur taille dos - Back waist length	5	40	40,5	41	41,5	42	42,5	43
2	Longueur taille devant - Front waist length	5	36	36,5	37	37,5	38	38,5	39
3	Tour de poitrine - Bust measurement	40	80	84	88	92	96	100	104
4	Hauteur de poitrine - Bust length	5	21	21,5	22	22,5	23	23,5	24
5	1/2 écart de poitrine - 1/2 bust point spread	2,5	8,75	9	9,25	9,5	9,75	10	10,25
6	Tour de taille - Waist measurement	40	60	64	68	72	76	80	84
7	Tour des petites hanches - Small hip measurement	40	77	81	85	89	93	97	101
8	Tour de grandes hanches - Full hip measurement	40	86	90	94	98	102	106	110
9	1/2 tour d'encolure - 1/2 neckline measurement	5	17	17,5	18	18,5	19	19,5	20
10	1/2 Carrure dos - 1/2 Cross-back measurement	2,5	17	17,25	17,5	17,75	18	18,25	18,5
11	1/2 Carrure devant - 1/2 Cross-front measurement	2,5	16	16,25	16,5	16,75	17	17,25	17,5
12	Longueur d'épaule - Shoulder length	4	11,2	11,6	12	12,4	12,8	13,2	13,6
13	Tour d'emmanchure - Armhole circumference	10	37,5	38,5	39,5	40,5	41,5	42,5	43,5
14	Hauteur dessous de bras - Waist to underarm length	2,5	21	21,25	21,5	21,75	22	22,25	22,5
15	Longueur de bras - Arm length	0	60	60	60	60	60	60	60
16	Grosseur de bras - Arm circumference	10	24	25	26	27	28	29	30
17	Hauteur coude - Elbow length	0	35	35	35	35	35	35	35
18	Tour de poignet - Wrist circumference	2,5	15,5	15,75	16	16,25	16,5	16,75	17
19	Hauteur taille-hanches - Waist to hip length	0	22	22	22	22	22	22	22
20	Hauteur de montant - Riser measurement	5	25,5	26	26,5	27	27,5	28	28,5
21	Enfourchure - Crotch measurement	20	56	58	60	62	64	66	68
22	Hauteur taille au genou - Waist to knee	10	56	57	58	59	60	61	62
23	Hauteur taille à terre - Waist to floor	10	104	105	105	106	106	107	108
24	Hauteur taille côté à terre - Side to floor	10	104,5	105,5	105,5	106,5	106,5	107,5	108,5

TABLEAU DE MESURES - mannequin prêt-à-porter
EUROPE (allemand - espagnol - japonais)

MEASUREMENT CHART - ready-to-wear model
EUROPE (German - Spanish - Japanese)

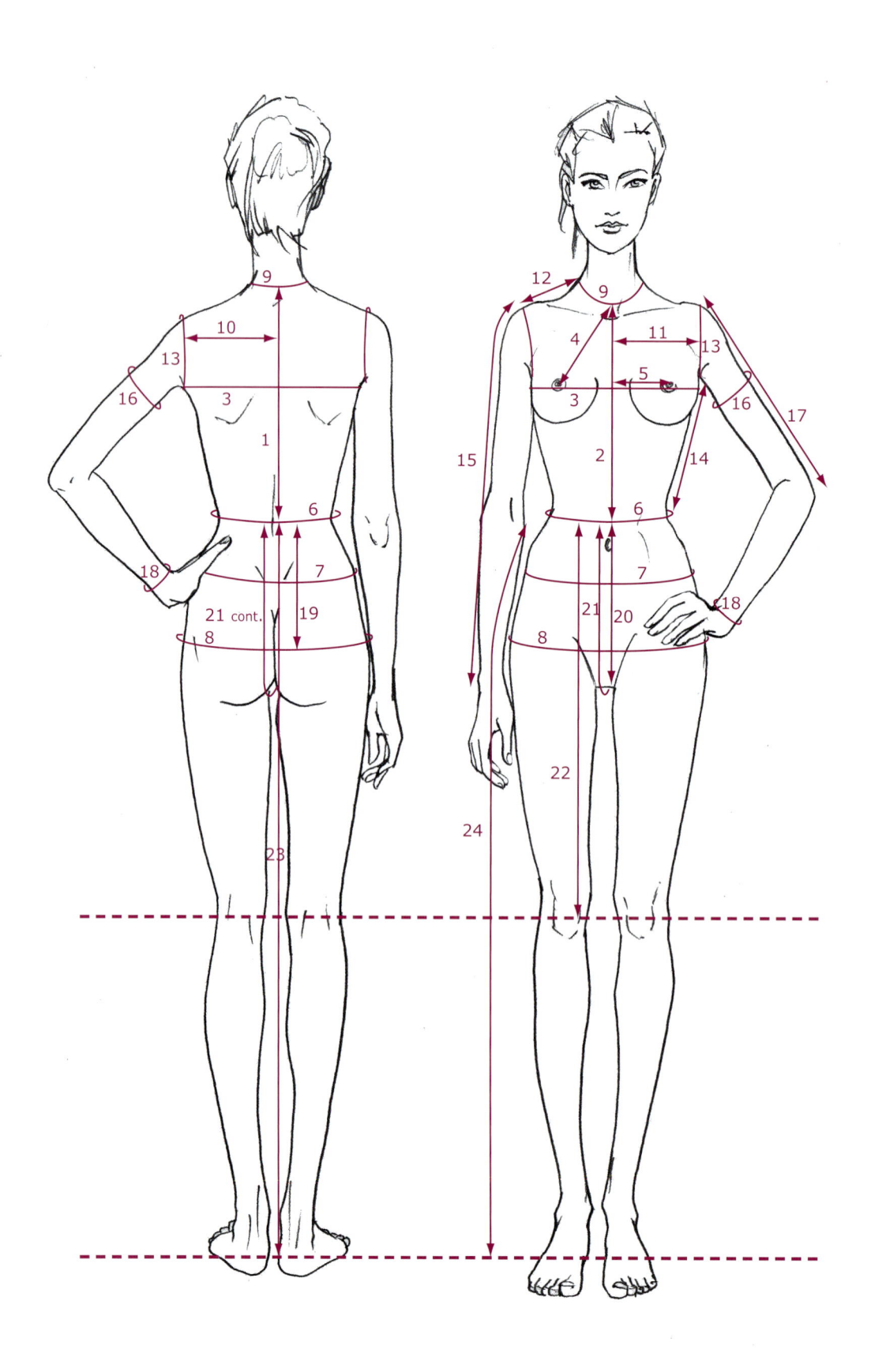

Tailles internationales / International sizes			1	2	3		4	5
Tailles anglo-saxonnes / English sizes			XS	S	M	L		XL
Tailles françaises / French sizes			34	36	38	40	42	44	46
	Évolutions de tailles (en mm) / Size evolutions (in mm)		Mesures (en cm) / Measurements (in cm)					
1	Rückenlänge bis taille - Talle espalda - 背丈	5	40	40,5	41	41,5	42	42,5	43
2	Vorderlänge bis taille - Talle delantero - 前丈	5	36	36,5	37	37,5	38	38,5	39
3	Brustumfang - Pecho - バスト寸法	40	80	84	88	92	96	100	104
4	Brusthöhe - Altura de pecho - 胸丈	5	21	21,5	22	22,5	23	23,5	24
5	1/2 Brustbreite - 1/2 Medida entre pechos - 1/2 乳頭間隔	2,5	8,75	9	9,25	9,5	9,75	10	10,25
6	Taillenumfang - Cintura - ウエスト寸法	40	60	64	68	72	76	80	84
7	Kleiner Hüftumfang - Contorno de alto de caderas - 中ヒップ寸法	40	77	81	85	89	93	97	101
8	Großer Hüftumfang - Caderas - ヒップ寸法	40	86	90	94	98	102	106	110
9	1/2 Halsloch - 1/2 Cuello - 1/2 衿ぐり	5	17	17,5	18	18,5	19	19,5	20
10	1/2 Carrure Rücken - 1/2 Espalda - 1/2 背巾	2,5	17	17,25	17,5	17,75	18	18,25	18,5
11	1/2 Carrure Vorne - 1/2 Torax - 1/2 胸巾	2,5	16	16,25	16,5	16,75	17	17,25	17,5
12	Schulterbreite - Hombro - 小肩巾	4	11,2	11,6	12	12,4	12,8	13,2	13,6
13	Armlochumfang - Sisa - 袖ぐり	10	37,5	38,5	39,5	40,5	41,5	42,5	43,5
14	Unterarmlänge - Largo bajo manga - 脇丈	2,5	21	21,25	21,5	21,75	22	22,25	22,5
15	Ärmellänge - Largo total de brazo - 腕丈	0	60	60	60	60	60	60	60
16	Armumfang - Contorno de brazo - 上腕囲り	10	24	25	26	27	28	29	30
17	Ellenbogenhöhe - Largo de codo - 肘丈	0	35	35	35	35	35	35	35
18	Handgelenkumfang - Puño - 手首囲り	2,5	15,5	15,75	16	16,25	16,5	16,75	17
19	Hüfttiefe ab Taille - Alto de caderas - ヒップ丈	0	22	22	22	22	22	22	22
20	Sitzhöhe - Entrepierna - 股上丈	5	25,5	26	26,5	27	27,5	28	28,5
21	Schrittnaht - Entrepierna y cuerpo - 股ぐり	20	56	58	60	62	64	66	68
22	Kniehöhe - Largo de rodillas - 膝丈	10	56	57	58	59	60	61	62
23	Länge taille bis boden - Largo total de talle - 床丈	10	104	105	105	106	106	107	108
24	Seitenlänge bis boden - Largo total de costado - 脇床丈	10	104,5	105,5	105,5	106,5	106,5	107,5	108,5

TABLEAU DE MESURES - mannequin prêt-à-porter
EUROPE (portugais - norvégien - coréen)

MEASUREMENT CHART - ready-to-wear model
EUROPE (Portuguese - Norwegian - Korean)

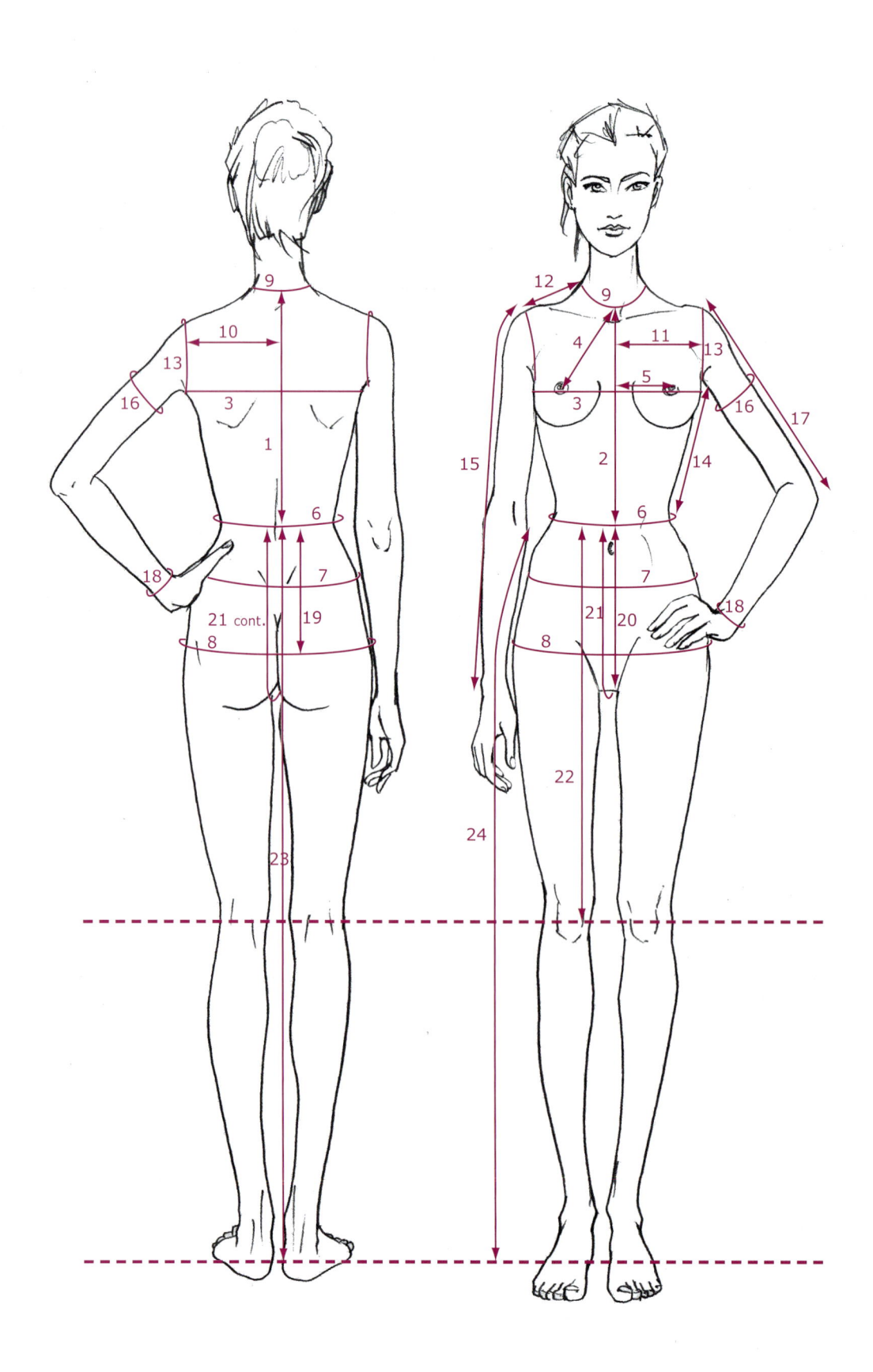

20

	Tailles internationales / International sizes		1	2	3	4	5		
	Tailles anglo-saxonnes / English sizes		XS	S	M	L	XL		
	Tailles françaises / French sizes		34	36	38	40	42	44	46
	Évolutions de tailles (en mm) / Size evolutions (in mm)		Mesures (en cm) / Measurements (in cm)						
1	Corpo costas - Rygglengde - 등길이	5	40	40,5	41	41,5	42	42,5	43
2	Corpo frente - Forlengde - 앞중심길이	5	36	36,5	37	37,5	38	38,5	39
3	Busto - Over vidde - 가슴둘레	40	80	84	88	92	96	100	104
4	Altura de busto - Brystdybde - 유장	5	21	21,5	22	22,5	23	23,5	24
5	1/2 Fosso de peito - 1/2 Bryst avstand - 1/2 유폭	2,5	8,75	9	9,25	9,5	9,75	10	10,25
6	Cintura do corpo - Liv vidde - 허리둘레	40	60	64	68	72	76	80	84
7	Cintura do alto do quadril - Lillehofte vidde - 중간엉덩이둘레	40	77	81	85	89	93	97	101
8	Quadril - Hofte vidde - 엉덩이둘레	40	86	90	94	98	102	106	110
9	1/2 Colarinho - 1/2 Halsringning - 1/2 목밑둘레	5	17	17,5	18	18,5	19	19,5	20
10	1/2 Costas / espalda - 1/2 Ryggbredde - 1/2 뒤품	2,5	17	17,25	17,5	17,75	18	18,25	18,5
11	1/2 Torax - 1/2 Brystbredde - 1/2 앞품	2,5	16	16,25	16,5	16,75	17	17,25	17,5
12	Ombro - Skulder bredde - 어깨길이	4	11,2	11,6	12	12,4	12,8	13,2	13,6
13	Contorno da cava - Ermhulls omkrets - 진동둘레	10	37,5	38,5	39,5	40,5	41,5	42,5	43,5
14	Comprimento baixo manga - Liv til ermringning - 옆선길이(허리선에서겨드랑이밑점까지)	2,5	21	21,25	21,5	21,75	22	22,25	22,5
15	Comprimento total do braço - Hel ermlengde - 팔길이	0	60	60	60	60	60	60	60
16	Cintura do braço - Albu vidde - 위팔둘레	10	24	25	26	27	28	29	30
17	Comprimento até cotovelo - Albu høyde - 팔꿈치길이	0	35	35	35	35	35	35	35
18	Punho - Hån deeddsvidde - 손목둘레	2,5	15,5	15,75	16	16,25	16,5	16,75	17
19	Altura do quadril - Liv til hofte - 엉덩이길이	0	22	22	22	22	22	22	22
20	Entreperna - Skritt høyde - 밑윗길이	5	25,5	26	26,5	27	27,5	28	28,5
21	Coxa - Skritt lengde - 샅윗둘레	20	56	58	60	62	64	66	68
22	Comprimento até joelho - Kne høyde - 무릎길이	10	56	57	58	59	60	61	62
23	Comprimento total busto - Liv til gulv lengde - 허리에서 바닥까지 길이	10	104	105	105	106	106	107	108
24	Largo de costado al suelo - Yttre ben lengde - 옆허리선에서 바닥까지의 길이	10	104,5	105,5	105,5	106,5	106,5	107,5	108,5

TABLEAU DE MESURES - mannequin prêt-à-porter
EUROPE (italien - indonésien - chinois)

MEASUREMENT CHART - ready-to-wear model
EUROPE (Italian - Indonesian - Chinese)

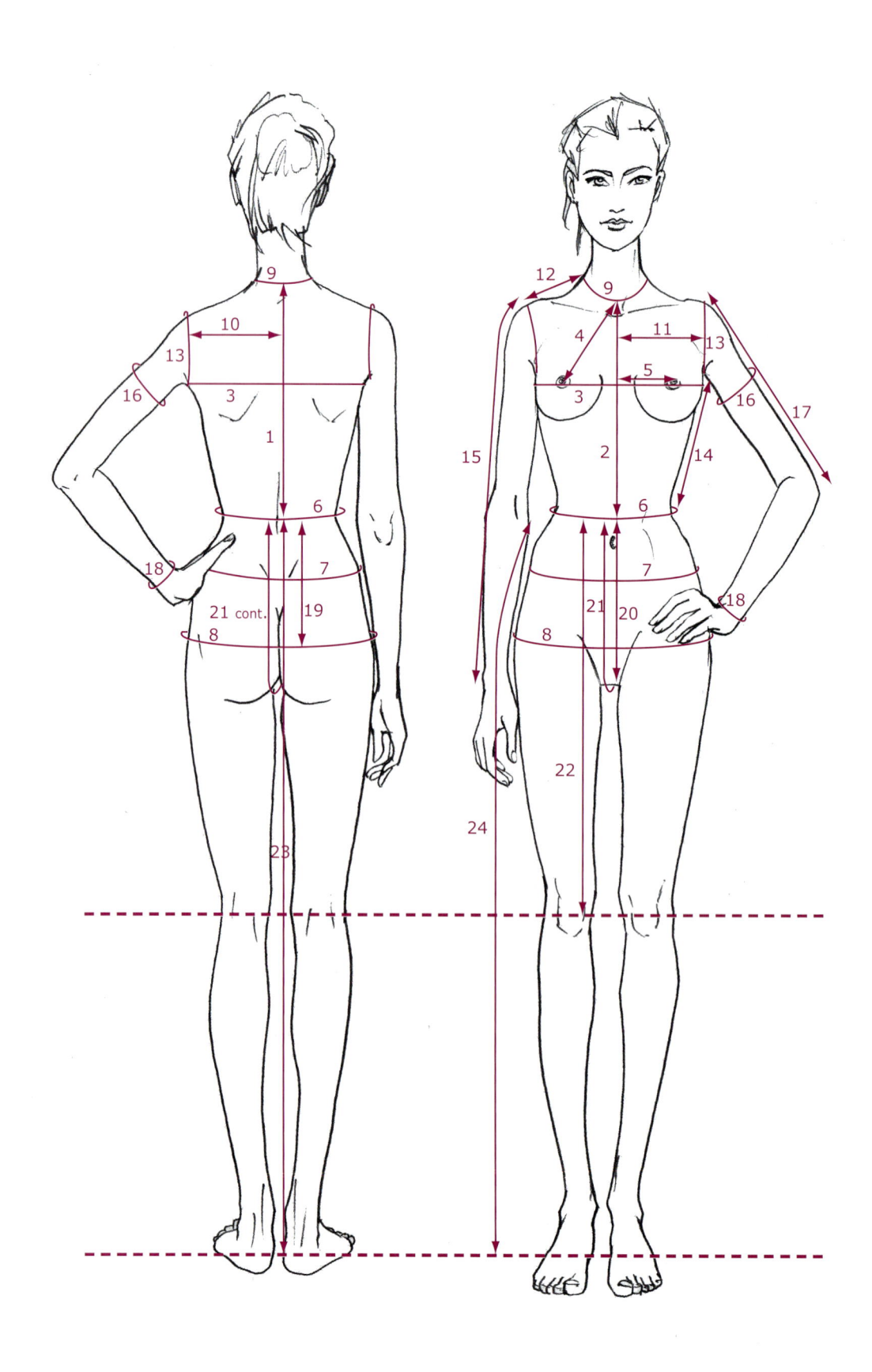

	Tailles internationales / International sizes		1	2	3	4		5	
	Tailles anglo-saxonnes / English sizes		XS	S	M	L		XL	
	Tailles françaises / French sizes		34	36	38	40	42	44	46
	Évolutions de tailles (en mm) / Size evolutions (in mm)		**Mesures (en cm)** / Measurements (in cm)						
1	Lunghezza vita-parte posteriore - Panjang Punggung - 背长	5	40	40,5	41	41,5	42	42,5	43
2	Lunghezza vita-parte anteriore - Panjang Dada - 前长	5	36	36,5	37	37,5	38	38,5	39
3	Circonferenza torace - Lingkar dada - 胸围	40	80	84	88	92	96	100	104
4	Altezza torace - Tinggi dada - 胸高	5	21	21,5	22	22,5	23	23,5	24
5	1/2 Distanza seni - 1/2 Lebar dada - 1/2 胸距	2,5	8,75	9	9,25	9,5	9,75	10	10,25
6	Circonferanza vita - Lingkar pinggang - 腰围	40	60	64	68	72	76	80	84
7	Circonferanza addome - Lingkar panggul kecil - 腹围	40	77	81	85	89	93	97	101
8	Circonferanza bacino - Lingkar panggul besar - 臀围	40	86	90	94	98	102	106	110
9	1/2 Circonferanza collo - 1/2 Lingkar leher - 1/2 领围	5	17	17,5	18	18,5	19	19,5	20
10	1/2 Spalle parte posteriore - 1/2 Lebar punggung - 1/2 背宽	2,5	17	17,25	17,5	17,75	18	18,25	18,5
11	1/2 Spalle parte anteriore - 1/2 Lebar dada - 1/2 前宽	2,5	16	16,25	16,5	16,75	17	17,25	17,5
12	Lunghezza spalla - Panjang bahu - 小肩宽	4	11,2	11,6	12	12,4	12,8	13,2	13,6
13	Giro manico - Lingkar kerung lengan - 袖窿围	10	37,5	38,5	39,5	40,5	41,5	42,5	43,5
14	Altezza vita-sottomanica - Pinggang ketiak - 袖根至腰围长	2,5	21	21,25	21,5	21,75	22	22,25	22,5
15	Lunghezza braccio - Panjang lengan - 臂长	0	60	60	60	60	60	60	60
16	Circonferenza braccio - Lingkar lengan - 臂围	10	24	25	26	27	28	29	30
17	Lunghezza al gomito - Tinggi siku - 肘高	0	35	35	35	35	35	35	35
18	Circonferenza polsino - Lingkar pergelangan - 胸围	2,5	15,5	15,75	16	16,25	16,5	16,75	17
19	Altezza vita-bacino - Pinggang ke panggul besar - 臀高	0	22	22	22	22	22	22	22
20	Altezza fianchi di profilo - Tinggi duduk - 立档长	5	25,5	26	26,5	27	27,5	28	28,5
21	Altezza cavallo - Ukuran pesak - 横档长	20	56	58	60	62	64	66	68
22	Altezza ginocchio - Tinggi lutut - 膝高	10	56	57	58	59	60	61	62
23	Lunghezza vita-terra - Pinggang ke Lantai - 前下半身长	10	104	105	105	106	106	107	108
24	Altezza laterale vita-terra - Pinggang Samping ke Lantai - 侧下半身长	10	104,5	105,5	105,5	106,5	106,5	107,5	108,5

PROCÉDURE DE TRAVAIL SUR LA SOUCHE DE LA JUPE
MÉTHODE MANUELLE

Préparation

- Sur une feuille, recopier le devant et le dos de la jupe en parallèle, en plaçant les lignes des grandes hanches sur un même plan. Placer le devant à droite et le dos à gauche, ce qui permettra un meilleur contrôle de la gradation sur les côtés.
- Se munir de la planche de gradation de la jupe ainsi que du tableau de mesures et d'évolutions.
- Préparer le matériel nécessaire (équerre, règle, pistolet, règle parallèle, mètre-ruban, crayons, gomme).
- Repérer les points à grader sur les devant et dos: milieux taille, taille-côté, grandes hanches-côté, bas de la jupe côté, bas de jupe-milieux.

Réalisation

Devant

GRADATION DE LA LIGNE DE TAILLE

Point milieu devant (gradation fixe).
Point taille-côté (gradation horizontale) :
- Poser l'équerre à la perpendiculaire du milieu devant, dans le prolongement de la ligne de taille, sur le point intersection taille-côté.
- Porter l'évolution du 1/4 du tour de taille.

GRADATION DES PINCES

Tête de pince : déplacer à l'horizontal vers le côté, à l'aide de l'équerre, les points des 2 bords de pinces
Extrémité des pinces : poser l'équerre à la perpendiculaire du milieu devant en passant par la pointe de la pince.
- Grader la ligne de taille en courbe en utilisant le pistolet et tracer une ligne en y reportant la valeur de déplacement vers le côté (déplacement de la pince en parallèle).

GRADATION DE LA LIGNE DE CÔTÉ

Point grandes hanches-côté (gradation horizontale) : dans le prolongement de la ligne des grandes hanches, placer l'équerre sur le milieu devant et pointer les Tailles Supérieure puis Inférieure puis marquer les tailles intermédiaires, en respectant l'évolution du 1/4 tour des grandes hanches.
Point côté-bas de jupe (gradation oblique) :
- Poser l'équerre à la perpendiculaire du milieu devant, dans le prolongement de la ligne bas de jupe et porter la même évolution que le point de grandes hanches-côté.
- Sur cet axe de gradation, poser l'équerre à la perpendiculaire et descendre le point de l'évolution du bas de jupe.
- Grader la ligne de côté, en courbe (avec le pistolet) du point taille-côté à la ligne des grandes hanches, en ligne droite (avec la règle) du point des grandes hanches au point bas de jupe.

WORK METHOD ON SKIRT STACK
MANUAL METHOD

Preparation

- On a sheet of paper, recopy skirt front and back parallel to each other, placing wide hip lines at the same level. Place front piece on the right and back piece on left, in order to better verify the grading of sides.
- Have the skirt main grading page ready as well as the measurement chart and evolutions.
- Prepare necessary equipment (L-square, ruler, French curve, parallel ruler, measuring tape, pencils, eraser).
- Locate grading points on front and back: center waist, side waist, wide hip-side, skirt side bottom, center bottom skirt.

Realization

Front

GRADING WAIST LINE

Center front point (fixed grading).
Waist-side point (horizontal grading):
- Place L-square perpendicular to center front, following continuation of waist line, at waist-side intersection point.
- Continue evolution of 1/4 waist measurement.

GRADING DARTS

Tip of dart: using L-square, move points of 2 dart edges horizontally towards side
Dart ends: place L-square perpendicularly at center front in passing by dart point.
- Grade waist line in a curve using French curve and trace a line by bringing the amount moved towards the side (move the dart in parallel).

GRADING SIDE LINE

Wide hip-side point (horizontal grading): continuing the wide hip line, place L-square at center front and indicate the largest, then the smallest, then the intermediary sizes while respecting the evolution of 1/4 of the wide hip measurement.
Side-skirt bottom point (diagonal grading):
- Place the L-square perpendicularly to center front, in a continuation of bottom line of skirt and use the same evolution as the wide hip-side point.
- On this grading axis, place the L-square perpendicularly and drop the evolution point of the bottom of skirt.
- Grade side line in a curve (using French curve) from waist-side point to wide hip line and then in a straight line (with ruler) from wide hip point to bottom of skirt point.

GRADATION BAS DE JUPE

Point milieu devant-bas de jupe (gradation verticale) :
- À la verticale, dans le prolongement au milieu devant, descendre le point de la valeur donnée.
- Rejoindre chaque point du bas de la jupe par des droites.

Dos

Même principe que pour le devant.

Contrôle de la souche

Il est important de vérifier :
- Toutes les longueurs : côté devant avec côté dos.
- Les évolutions entre chaque taille par rapport au tableau de mesures et d'évolutions : 1/2 tour de taille devant et dos.

GRADING BOTTOM OF SKIRT

Center front-bottom of skirt point (vertical grading):
- Vertically, in a continuation of center front, drop this point the given amount.
- Join each point at bottom of skirt by straight lines.

Back

Same principal as for front.

Verification of stack

It is important to verify:
- All lengths: side front with side back.
- Evolutions between each size in relation to measurement chart and evolutions: 1/2 front and back waist measurement.

MESURES (en cm) MEASUREMENTS (in cm)	\multicolumn{7}{c	}{TAILLES / SIZES}	Évolutions de tailles (en mm) Size evolutions (in mm)
	34	36	38	40	42	44	46	
Tour de taille / Waist measurement	60	64	68	72	76	80	84	40
Tour de petites hanches / Small hip measurement	77	81	85	89	93	97	101	40
Tour de grandes hanches / Full hip measurement	86	90	94	98	102	106	110	40
Hauteur taille-hanches / Waist to hip length	22	22	22	22	22	22	22	0
Hauteur taille au genou / Waist to knee	56	57	58	59	60	61	62	10

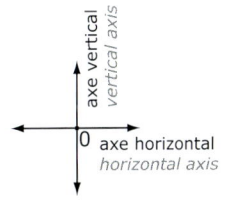

Taille Inférieure (T<) : 34
Tailles intermédiaires : 36-40-42-44
Taille de Base (TB) : 38
Taille Supérieure (T>) : 46

Smallest Size (S<): 34
Intermediary sizes : 36-40-42-44
Base Size (BS): 38
Largest Size (S>): 46

34-36-38-40-42-44-46

PROCÉDURE DE TRAVAIL SUR LA SOUCHE DU CORSAGE À PINCES
MÉTHODE INFORMATIQUE

Préparation

- Se munir de la planche de gradation du corsage à pinces ainsi que du tableau de mesures et d'évolutions.

Attention : tenir compte de la direction des flèches, elle donnera le sens de la gradation donc le volume final du modèle.

- Repérer les points à grader sur les devant et dos : milieux, encolures, épaules, grandes hanches-côté, emmanchures, lignes de côtés, bas du corsage, les pinces poitrine et tailles.

Réalisation

Devant

La ligne du milieu devant reste fixe.

GRADATION DE LA LIGNE BAS DU CORSAGE

Point milieu devant (gradation horizontale) : dans le tableau de gradation, on donnera une évolution positive, en « X ».

Point bas de corsage-côté (= ligne des grandes hanches) (gradation oblique) :

- Ce point évolue en positif sur l'axe horizontal, en « X » (même valeur que le point précédent : on peut donc faire un report de gradation en « X »). Il évolue également dans la largeur de la pièce (évolution du 1/4 tour des grandes hanches) ; il se déplace à la verticale en négatif donc en « -Y ».

GRADATION DE LA LIGNE DE CÔTÉ

Point taille (gradation oblique) : la ligne de taille descend en parallèle et suit l'évolution en largeur du point bas de corsage-côté. Il suit également la gradation de la ligne des grandes hanches, on pourra donc faire un report total de sa gradation en « X » et « -Y ».

Point dessous de bras (gradation verticale) : élargir le devant de l'évolution du 1/4 de tour de poitrine, gradation orientée vers le bas donc valeur négative « -Y ».

GRADATION DE L'EMMANCHURE

Point épaule (gradation oblique) : l'épaule remontant et la longueur d'épaule augmentant, le point va se déplacer à l'horizontale et à la verticale, tous les 2 en négatif « -X » et « -Y ».

Point carrure (gradation verticale) : ce point évolue par rapport à l'évolution de la carrure en y ajoutant les 1mm d'augmentation par taille de la pince poitrine, valeur donnée en « -Y ».

GRADATION DE LA LIGNE D'ÉPAULE

Point encolure-épaule (gradation oblique) :

- L'encolure augmente et s'élargit ; le point se déplace en « -X » et « -Y ».

WORK METHOD ON STACK FOR DARTED BODICE
COMPUTER METHOD

Preparation

- Have the main page for darted bodice ready as well as the measurement and evolution table.

Attention: note the direction of arrows, it will give direction to grading and the model's finished shape.

- Locate grading points on front and back: centers, necklines, shoulders, wide hips-side, armholes, side lines, bottom of bodice, bust and waist darts.

Realization

Front

Center front line must remain fixed.

GRADING BOTTOM LINE OF BODICE

Center front point (horizontal grading): in grading chart, we will give a positive evolution as "X".

Bottom point of bodice-side (= wide hip line) (diagonal grading):

- This point evolves positively on the horizontal axis as "X" (same amount as preceding point: we can thus make a grading as "X"). It also evolves along the width of piece (evolution of 1/4 wide hip measurement): it is moved vertically and negatively thus as "-Y".

GRADING SIDE LINE

Waist point (diagonal grading): waist line drops in parallel and follows the evolution in width of bottom point of bodice-side. It also follows the grading of wide hip line, we can thus grade it totally as "X" and "-Y".

Underarm point (vertical grading): enlarge front evolution of 1/4 bust measurement, grading oriented towards bottom with a negative amount as "-Y".

GRADING ARMHOLE

Shoulder point (diagonal grading): shoulder is raised and shoulder length increases, the point is moved horizontally and vertically, both negatively as "-X" and "-Y".

Shoulder width point (vertical grading): this point evolves in relation to evolution of shoulder width by adding 1 mm per size at bust dart, the amount given as "-Y".

GRADING SHOULDER LINE

Neckline-shoulder point (diagonal grading):

- Neckline is increased and widens, the point is moved as «-X" and "-Y".

GRADATION DE LA PINCE POITRINE

Points bord de pince (gradation oblique) : ils suivent l'évolution de la ligne d'épaule (« -X » et « -Y »).
- « DL » correspond sur un point gradé à la distance entre 2 ou plusieurs tailles, en ligne droite.

Point extrémité de pince (gradation verticale) : il se déplace vers la ligne de côté en « -Y ».

GRADATION DES PINCES TAILLES

Sur la ligne de poitrine, les extrémités de pinces se déplacent proportionnellement vers la ligne de côté ; elles n'évoluent qu'en « -Y ».
- Les bords de pinces suivent la gradation de la ligne de taille.

Extrémités des pinces (bas des pinces) : elles s'allongent en suivant l'évolution de la lignes des grandes hanches et se déplacent en parallèle par rapport à l'extrémité supérieure (« X » et « -Y »).

Dos

Même principe que sur le devant.

Contrôle de la souche

À l'aide du tableau de mesures, vérifier :
- Toutes les longueurs : côtés, lignes d'épaules, bords de pince poitrine.
- Les évolutions entre chaque taille par rapport au tableau de mesures et d'évolutions : tour d'emmanchure, d'encolure, longueurs d'épaule.

Taille Inférieure (T<) : 34
Tailles intermédiaires : 36-40-42-44
Taille de Base (TB) : 38
Taille Supérieure (T>) : 46

GRADING BUST DART

Dart side points (diagonal grading): they follow the evolution of shoulder line ("-X" and "-Y").
- "DL" corresponds to a graded point at a distance between 2 or more sizes in a straight line.

Point of dart (vertical grading): it moves towards side line as "-Y".

GRADING WAIST DARTS

At the bust line, dart points are moved proportionally towards side line, they do not evolve except at "-Y".
- Dart edges follow grading of waist line.

Dart tips (bottom of darts): they are lengthened in following the wide hip line evolution and are moved in parallel in relation to upper points ("X" and "-Y").

Back

Same principle as for front.

Verifying the stack

Using the measurement chart, verify:
- All lengths: sides, shoulder lines, bust dart edges.
- Evolutions between each size in relation to the measurement and evolution chart: hip measurement, neckline, shoulder lengths.

Smallest Size (S<): 34
Intermediary sizes : 36-40-42-44
Base Size (BS): 38
Largest Size (S>): 46

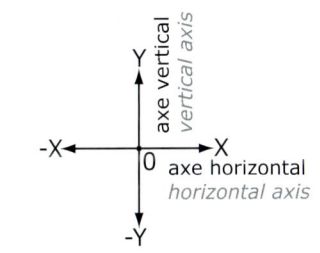

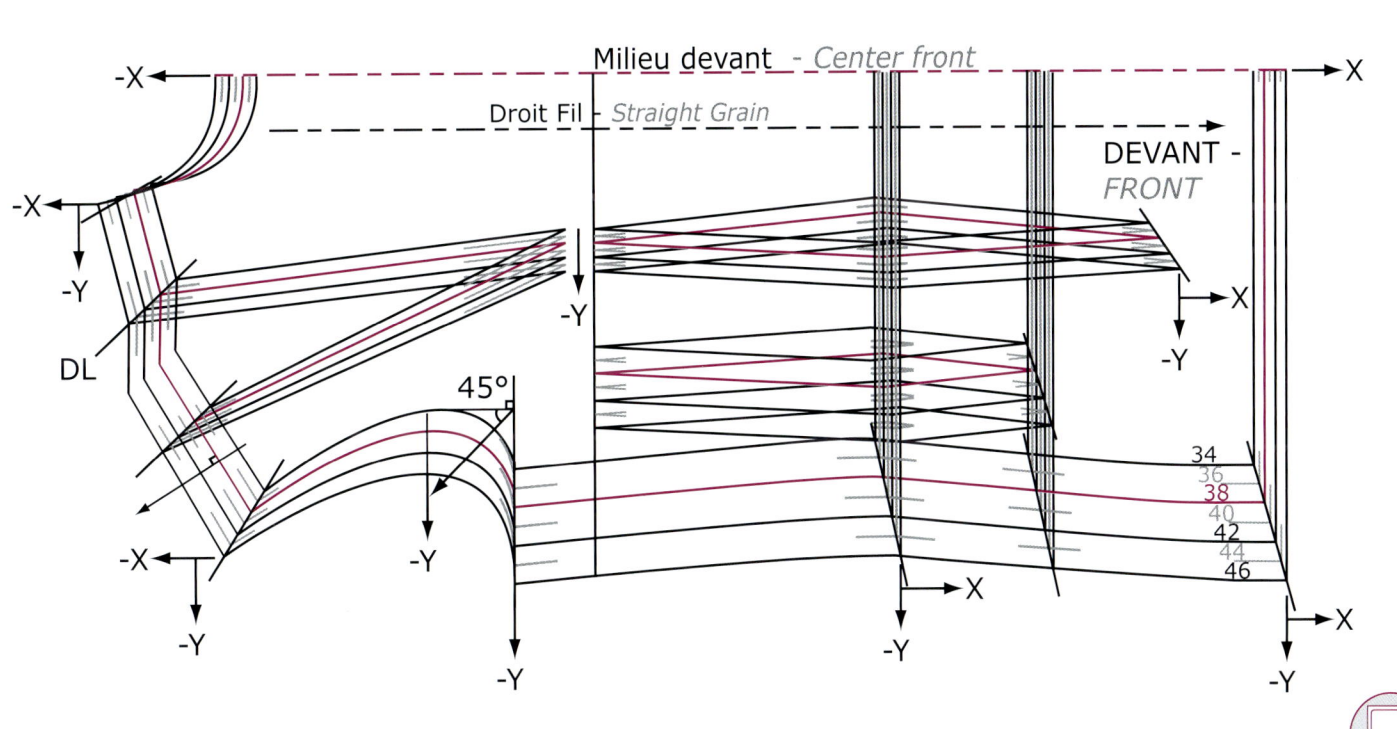

JUPE DE BASE

BASIC SKIRT

MESURES (en cm) MEASUREMENTS (in cm)	TAILLES / SIZES							Évolutions de tailles (en mm) Size evolutions (in mm)
	34	36	38	40	42	44	46	
Tour de taille - Waist measurement	60	64	68	72	76	80	84	40
Tour de petites hanches - Small hip measurement	77	81	85	89	93	97	101	40
Tour de grandes hanches - Full hip measurement	86	90	94	98	102	106	110	40
Hauteur taille-hanches - Waist to hip length	22	22	22	22	22	22	22	0
Hauteur taille au genou - Waist to knee	56	57	58	59	60	61	62	10

Préparation

- Contrôler les longueurs de côtés devant et dos entre elles.
- Relever la base devant et dos sur la même feuille (TB avec un crayon de couleur), en prévoyant un espace suffisant entre les 2 morceaux pour tracer la gradation. Placer les lignes des grandes hanches à la même hauteur.
- Tracer les axes de gradation.

Réalisation

Devant

GRADATION DE LA TAILLE
Point milieu devant-taille : le point reste fixe.
Point côté-taille (gradation horizontale) : poser l'équerre à la perpendiculaire de la ligne du milieu devant.
- Tracer une droite sur quelques centimètres en passant sur le point taille-côté.

Sur cette droite, reporter la gradation correspondant à l'évolution du 1/4 de tour de taille, évolution donnée dans le « tableau d'évolutions » (cf. *Différentes évolutions de gradation*, p. 13).
Exemple :
  - 10 (évolution du 1/4 tour de taille) x 4 (nombre de tailles jusqu'à la T > (T.46) = 40 mm
  - 10 (évolution du 1/4 tour de taille) x 2 (nombre de tailles jusqu'à la T < (T.34) = 20 mm
- Tracer ensuite les tailles intermédiaires (ex. : 36-40-42-44).

Pinces (gradation horizontale) :
Les deux pinces sont gradées proportionnellement par rapport à l'évolution de la ligne de côté (ex. : 10 mm (évolution de la taille côté) / 2 (2 pinces) = 5 mm.

Autres possibilités :
- Pour garder une bonne proportion dans le positionnement des pinces, à partir de la Taille 44, déplacer les pinces : 3 mm pour la 1re pince, 6,5 mm pour la 2e pince.
- Pour rester en harmonie avec l'évolution des pinces du corsage de base, grader la 1re pince à 2,5 mm et la 2e pince à 6,25 mm.

Preparation

- Verify front and back side lengths together.
- Trace front and back block on the same sheet of paper (BS in a colored pencil), leaving enough space between the 2 pieces to trace the grading. Place the wide hip lines at the same height.
- Trace the grading axes.

Realization

Front

GRADING THE WAIST
Center front-waist point: the point remains fixed.
Side-waist point (horizontal grading): place L-square perpendicular to center front line.
- Trace a straight line for a few centimeters in passing through the side-waist point.

On this straight line, grade corresponding to the evolution of 1/4 waist measurement, using evolution given in "evolution chart" (see *Different evolutions for grading*, p. 13).
Example:
  - 10 (evolution of 1/4 waist measurement) x 4 (number of sizes all the way to S > (S46) = 40 mm
  - 10 (evolution of 1/4 waist measurement) x 2 (number of sizes all the way to S < (S34) = 20 mm
- Then trace the intermediary sizes (ex.: 36-40-42-44).

Darts (horizontal grading):
The two darts are graded proportionally in relation to the evolution of side line (ex.: 10 mm (evolution of side waist) / 2 (2 darts) = 5 mm).

Other possibilities:
- To keep a good proportion when positioning the darts, beginning with Size 44, shift the darts: 3 mm for the 1st dart, 6,5 mm for the 2nd dart.

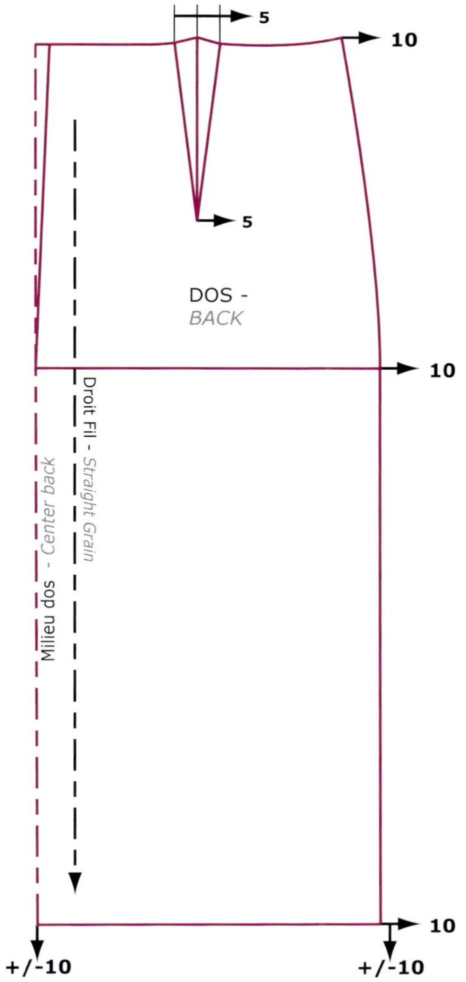
5
5
10
DOS -
BACK
10
Milieu dos - Center back
Droit Fil - Straight Grain
10
+/-10
+/-10

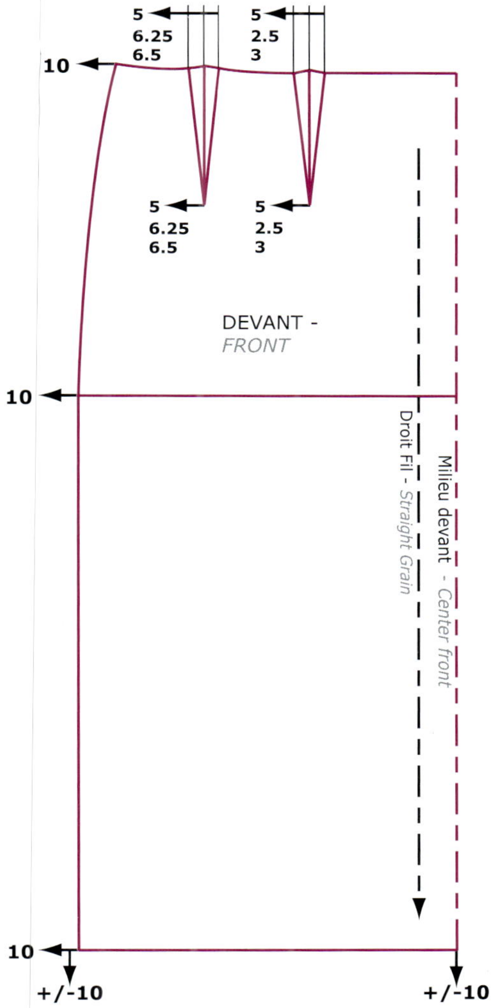
5
6.25
6.5
5
2.5
3
10
5
6.25
6.5
5
2.5
3
DEVANT -
FRONT
10
Droit Fil - Straight Grain
Milieu devant - Center front
10
+/-10
+/-10

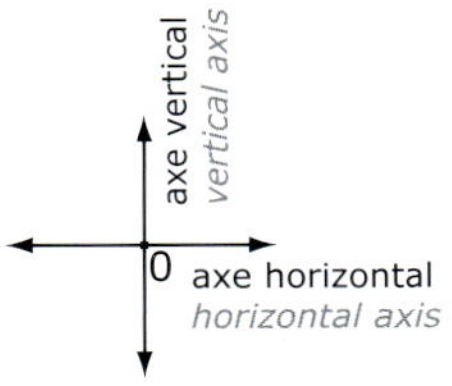
axe vertical
vertical axis
0
axe horizontal
horizontal axis

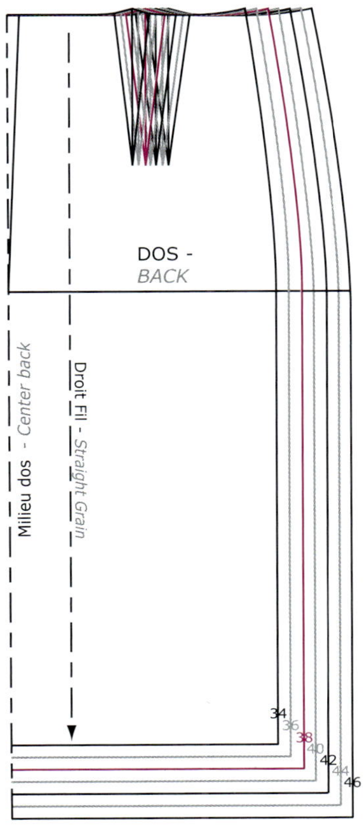
DOS -
BACK
Milieu dos - Center back
Droit Fil - Straight Grain
34
36
38
40
42
44
46

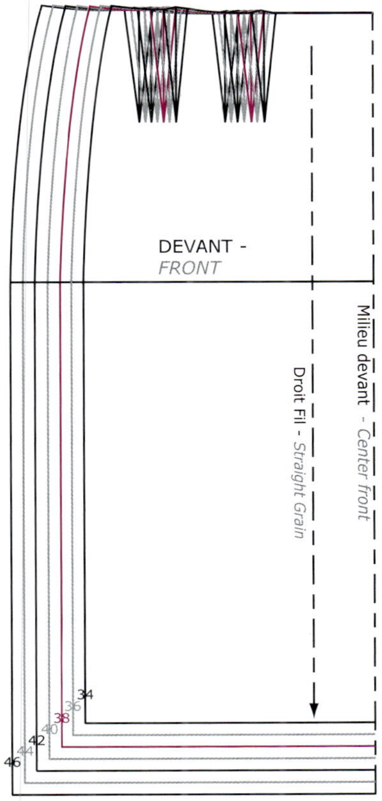
DEVANT -
FRONT
Milieu devant - Center front
Droit Fil - Straight Grain
34
36
38
40
42
44
46

- Tracer la gradation de la ligne de taille avec les pinces et les têtes de pinces.

GRADATION DE LA LIGNE DE CÔTÉ
Point côté-grandes hanches (gradation horizontale) : même procédé que pour le point précédent.
Point côté-bas de jupe (gradation oblique) :
- Tracer une ligne perpendiculaire puis une ligne parallèle au milieu devant en passant par le point à grader.
- Pointer les tailles extrêmes, tracer une oblique de la T > à la T < en passant par la TB. Sur cette oblique, y reporter les tailles intermédiaires.
- Tracer la gradation de la ligne de côté devant (les lignes doivent être parallèles à la TB).

GRADATION DU BAS DE LA JUPE
Point milieu devant-bas de jupe (gradation verticale) :
- Prolonger la ligne du milieu devant vers le bas. Y porter les évolutions de ce point (ex : 10 mm).
- Tracer la gradation du bas de la jupe.

Dos
Même principe que sur le devant.

Additif

Pour une jupe qui sera fabriquée en plusieurs longueurs (conformations), redonner 40 mm vers le bas et remonter en parallèle la taille de 2,5 mm.

Chaque entreprise travaille avec ses propres tableaux de mesures et adapte ses gradations aux modèles.

En fonction de la longueur du modèle, la gradation peut ne pas être constante (ex. : jupe inférieure ou égale à 50 cm de longueur totale, la gradation sera fixe de la T.34 à la T.40 puis elle évoluera de 20 mm à partir de la T.42).

Il existe d'autres groupements de tailles :

Du 34 au 38 : 0 mm   Du 34 au 40 : 10 mm
Du 40 au 42 : 20 mm   ou   Du 42 au 46 : 20 mm
Du 44 au 46 : 40 mm

Contrôle final

Apporter toutes les vérifications nécessaires (cf. *Méthodes générales de gradation*, p. 8).

- To remain in harmony with the evolution of darts on a basic bodice, grade the 1st dart 2.5 mm and the 2nd dart 6.25 mm.
- Trace the waist line grading with the darts and dart points.

GRADING THE SIDE LINE
Side-wide hip point (horizontal grading): same procedure as for the previous point.
Side-skirt bottom point (diagonal grading):
- Trace a perpendicular and then a parallel line at center front in passing by the point to be graded.
- Mark points for the extreme sizes, trace a diagonal line from the S > to the S < in passing by the BS. On this diagonal line, mark the intermediary sizes.
- Trace the grading of side front line (lines must be parallel to the BS).

GRADING BOTTOM OF SKIRT
Center front-bottom of skirt point (vertical grading):
- Continue center front line towards the bottom. Bring the evolutions to this point (ex: 10 mm).
- Trace the grading of bottom of skirt.

Back
Same principal as for front.

Addition

For a skirt which will be manufactured in a variety of lengths (conformations), add 40 mm towards the bottom and raise the waist in parallel 2.5 mm.

Each company works with their own measurement charts and adapts their gradings to their own models. Depending on the length of a model, the grading cannot be consistant (ex.: if a skirt is shorter or equal to 50 cm of the total length, the grading will be fixed from S34 to S40 and then will evolve 20 mm from S42).

There exist other groups of sizes:

From 34 to 38: 0 mm   From 34 to 40: 10 mm
From 40 to 42: 20 mm   ou   From 42 to 46: 20 mm
From 44 to 46: 40 mm

Final verification

Apply all the necessary verifications (see *General grading methods*, p. 8).

MESURES (en cm) / MEASUREMENTS (in cm)	TAILLES / SIZES							Évolutions de tailles (en mm) Size evolutions (in mm)
	34	36	38	40	42	44	46	
Tour de taille - Waist measurement	60	64	68	72	76	80	84	40
Tour de petites hanches - Small hip measurement	77	81	85	89	93	97	101	40
Tour de grandes hanches - Full hip measurement	86	90	94	98	102	106	110	40
Hauteur taille-hanches - Waist to hip length	22	22	22	22	22	22	22	0
Hauteur taille au genou - Waist to knee	56	57	58	59	60	61	62	10

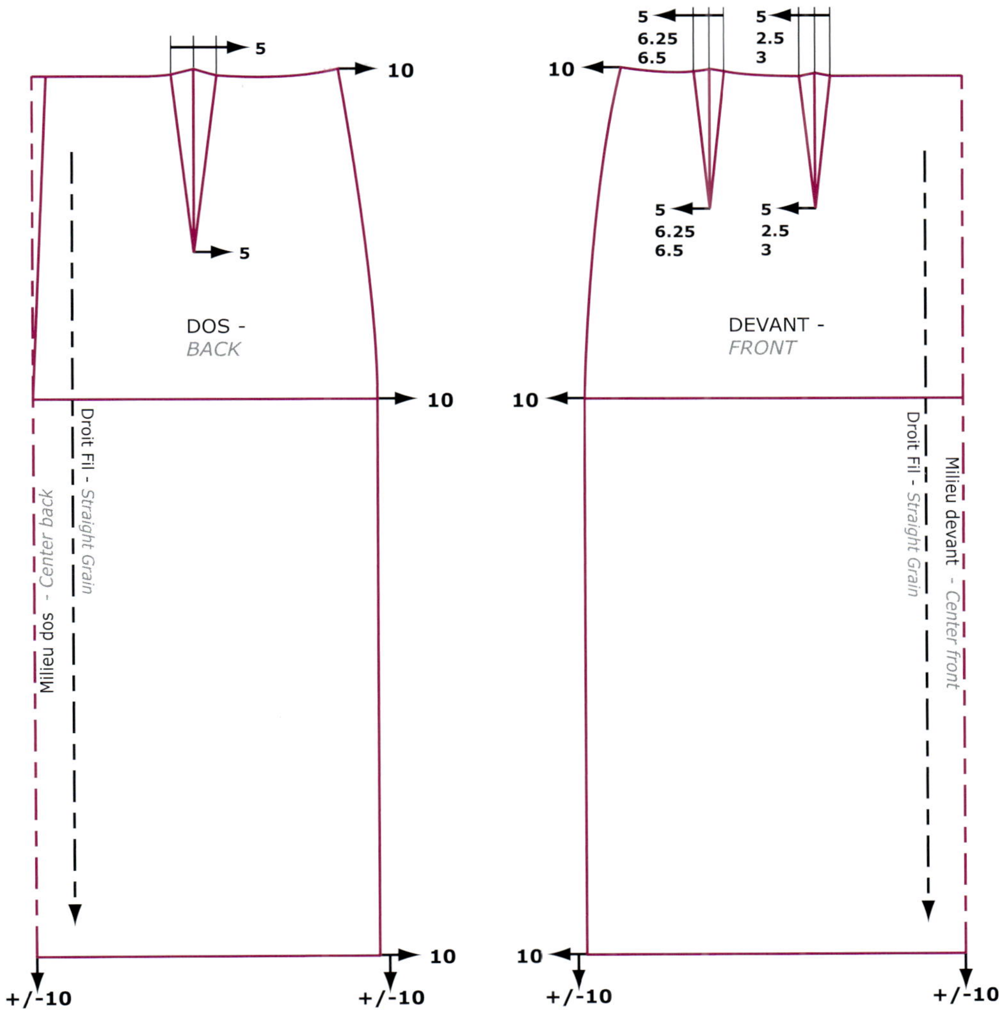

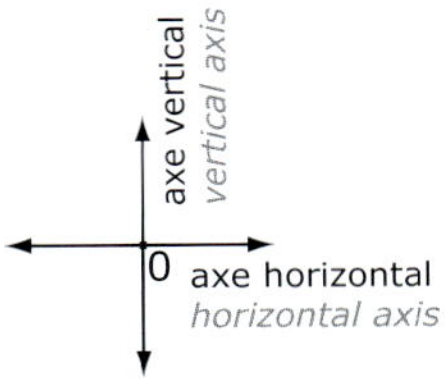

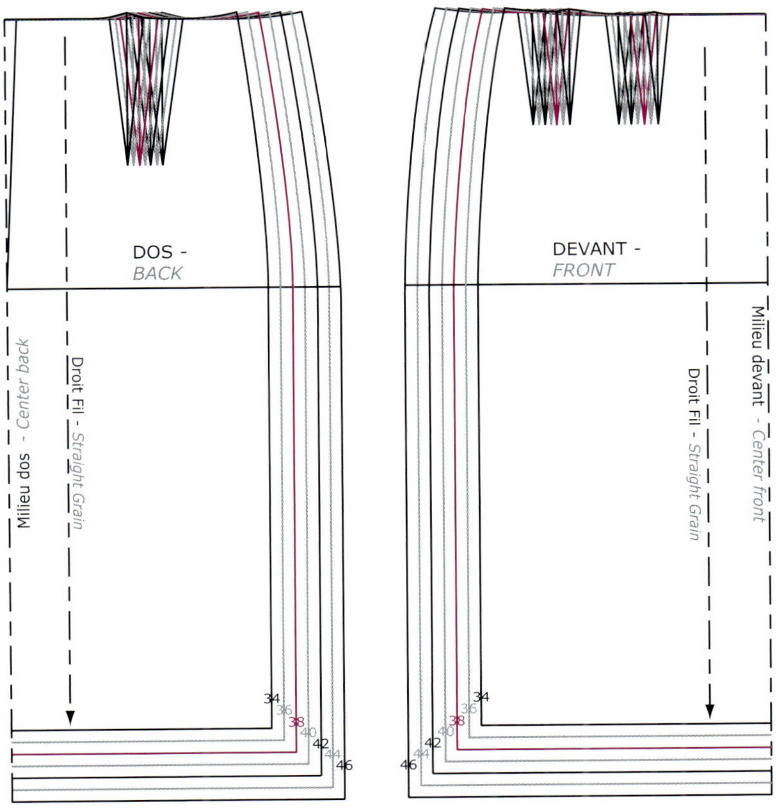

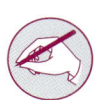

JUPE À 6 PANNEAUX

Préparation

- Contrôler les longueurs de côtés devant et dos entre elles.
- Relever les panneaux devant sur la même feuille, devant milieu à droite et le devant côté à gauche (voir planche).
- Placer les lignes des grandes hanches sur un même plan (même hauteur).
- Procéder de la même manière pour le dos.
- Tracer les axes de gradation.

Réalisation

Sur le devant comme sur le dos, se trouve une découpe. Les pièces milieux devant et dos sont en symétrie, elles n'ont pas de coutures sur leur milieu, ce qui donne une jupe à 6 panneaux. Pour un 1/2 tour de taille, on a 20 mm d'évolution dont 10 mm sur le devant et 10 mm sur le dos. Sur le devant, comme sur le dos, on va répartir ces 10 mm sur 3 lignes : la découpe du devant, la découpe du devant côté et le côté devant.

Devant

GRADATION DE LA LIGNE DE TAILLE

Point milieu devant-taille : gradation fixe.
Points découpes-taille (gradation horizontale) : à l'extérieur de chaque découpe, porter l'évolution de 3 mm.
Point côté taille (gradation horizontale) : ressortir à l'horizontal de 4 mm.

GRADATION DE LA LIGNE DE CÔTÉ

Point côté-grandes hanches (gradation horizontale) : même procédé que pour le point précédent.
Point côté-bas de jupe (gradation oblique) :
- Ressortir de 4 mm et descendre de 10 mm (plus ou moins, en fonction des longueurs de jupes et des entreprises).

GRADATION DU BAS DE LA JUPE

Point milieu devant-bas de jupe (gradation verticale) :
- Prolonger la ligne du milieu devant vers le bas. Y porter les évolutions de ce point (ex : 10 mm).

Points des découpes (taille, hanches) (gradation horizontale) : ressortir sur chaque point de la pièce de 3 mm.
- Pour les points découpes-bas de jupe, ressortir de la même manière et descendre de 10 mm ou pas.
- Tracer la gradation du contour de la jupe à panneaux.

Dos

Même principe que sur le devant.

Contrôle final

Apporter toutes les vérifications nécessaires (cf. *Méthodes générales de gradation*, p. 8).

6-PANEL SKIRT

Preparation

- Check that front and back side lengths correspond to each other.
- Trace front panels on same sheet of paper with center front on right and side front on left (see sketch).
- Place wide hip lines at same height.
- Proceed in same way for back.
- Trace the grading axes.

Realization

Two seams are on both front and back. Center front and back pieces are symmetrical, they do not have seams in the middle, meaning the skirt has 6 panels. For 1/2 waist measurement, there is a 20 mm evolution, meaning 10 mm on front and 10 mm on back. On front as on back, we will distribute this 10 mm on 3 lines: center front seam, side front seam and side seam.

Front

GRADING WAIST LINE

Center front-waist point: fixed grading.
Seams-waist points (horizontal grading): outside each seam, bring evolution to 3 mm.
Side waist point (horizontal grading): extend horizontally by 4 mm.

GRADING SIDE LINE

Side-wide hip point (horizontal grading): same procedure as for preceding point.
Side-skirt bottom point (diagonal grading):
- Extend 4 mm and drop 10 mm (more or less, depending on skirt lengths and each company's requirements).

GRADING BOTTOM OF SKIRT

Center front-bottom of skirt point (vertical grading):
- Continue line of center front towards bottom. Y carries the evolutions from this point (ex: 10 mm).

Seam points (waist, hips) (horizontal grading): extend each point of piece 3 mm.
- For seam-skirt bottom points, extend them the same way and drop 10 mm or do not drop.
- Trace graded skirt outline with panels.

Back

Same principle as for front.

Final verification

Apply all the necessary verifications (see *General grading methods*, p. 8).

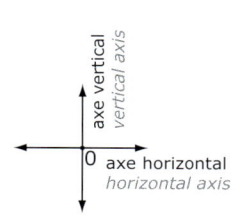

MESURES (en cm) / MEASUREMENTS (in cm)	TAILLES / SIZES							Évolutions de tailles (en mm) / Size evolutions (in mm)
	34	36	38	40	42	44	46	
Tour de taille - Waist measurement	60	64	68	72	76	80	84	40
Tour de petites hanches - Small hip measurement	77	81	85	89	93	97	101	40
Tour de grandes hanches - Full hip measurement	86	90	94	98	102	106	110	40
Hauteur taille-hanches - Waist to hip length	22	22	22	22	22	22	22	0
Hauteur taille au genou - Waist to knee	56	57	58	59	60	61	62	10

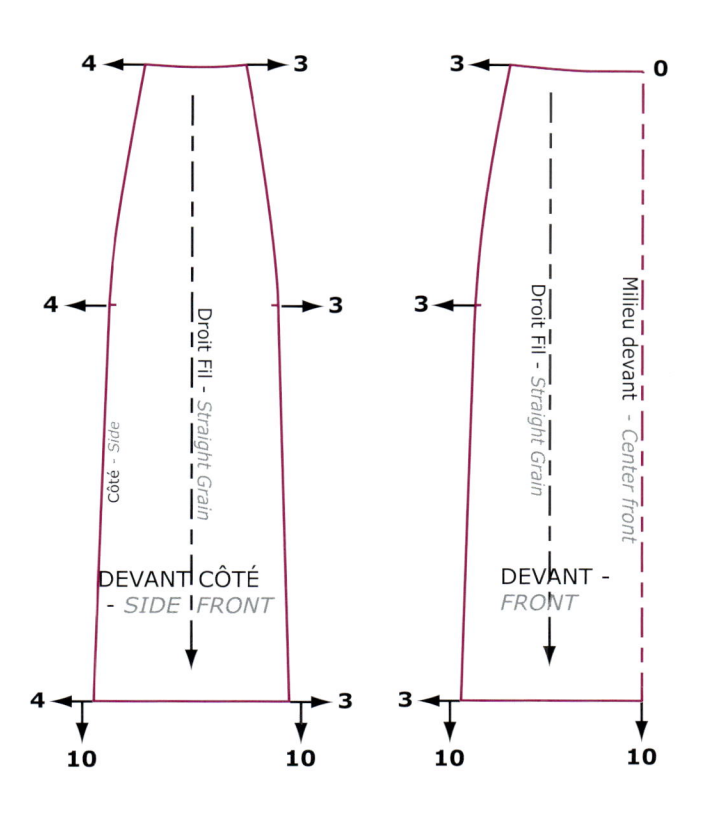

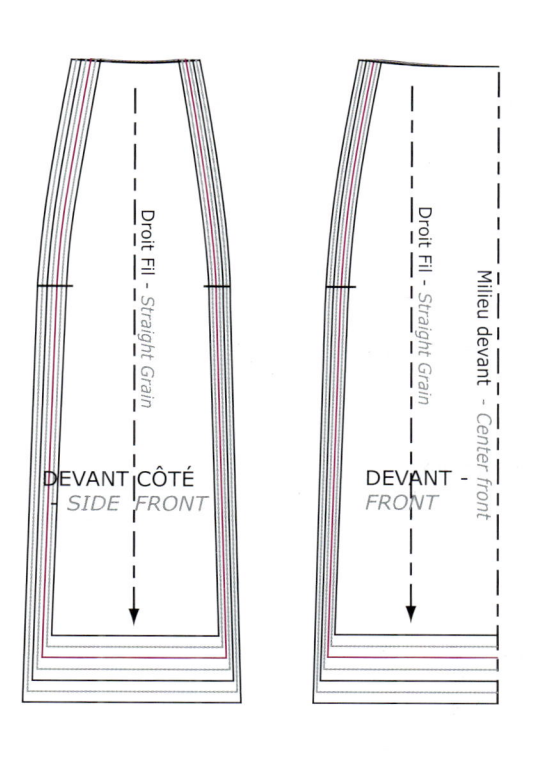

34-36-38-40-42-44-46

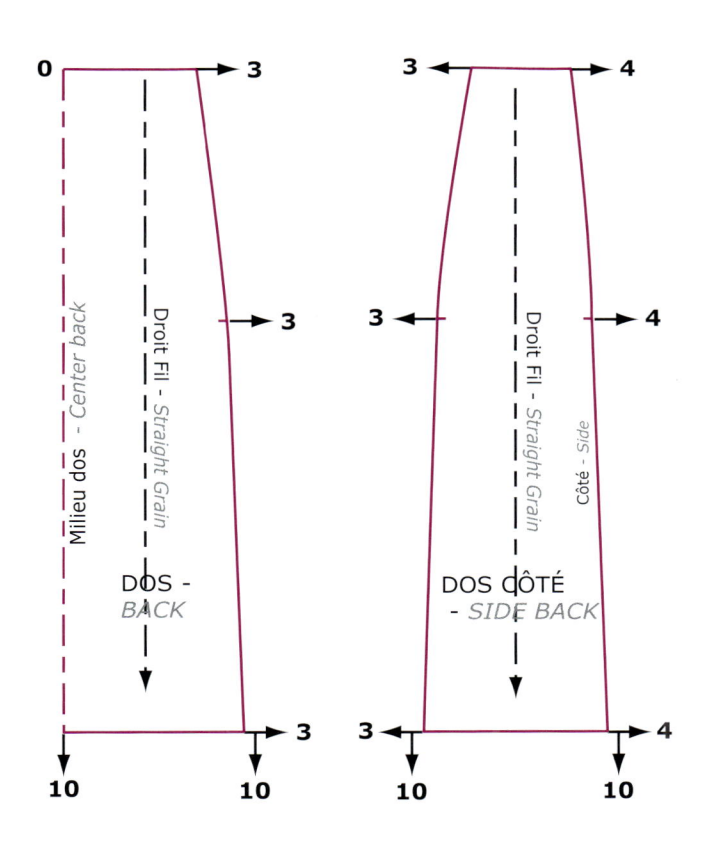

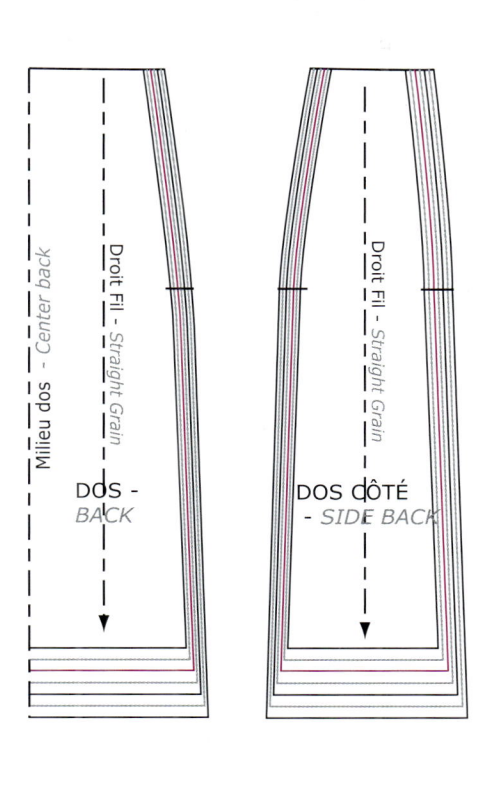

JUPE EN FORME

Réalisation

Sur cette jupe en forme, une seule couture se trouve sur le milieu dos.
- La gradation va être portée uniquement sur ces deux lignes de milieu dos.
- Les lignes de côtés subiront simplement un déplacement.
- Le Droit Fil sera sur le milieu devant.

GRADATION DE LA LIGNE DE TAILLE, DU CÔTÉ ET DU BAS DE JUPE

Point taille-milieu dos (côté droit) + **bas de jupe côté** (gradation horizontale) :
- Perpendiculairement au milieu devant, porter sur ces points, l'évolution du 1/2 tour de taille (20 mm).

Point taille-milieu dos + **bas de jupe côté** (côté gauche) (gradation horizontale) :
- Même principe que le point précédent.
- Tracer les nouvelles lignes de taille en utilisant le patronnage de base.

Point taille-côté (gradation horizontale) :
Perpendiculairement au milieu devant, ressortir de 10 mm (évolution du 1/4 de tour de taille).
- Pointer chaque taille.
- Tracer les lignes de côtés parallèles à celles de la base.
- Rejoindre chaque ligne au bas de la jupe.
- Contrôler la mesure du tour de taille. Pour redonner de la longueur à cette ligne, il est possible de descendre légèrement le milieu devant (+ /- 3 mm). Dans ce cas, penser à reporter cette valeur sur le bas de la jupe (milieu devant) pour garder la même longueur de jupe.

Dans le cas où l'on déciderait de donner une évolution dans la longueur de la jupe (10 mm, par exemple), pour garder les lignes des milieux dos parallèles à celle de la base, il faudra trouver l'évolution en oblique : prolonger les lignes des milieux dos de 10 mm par taille.
- Pointer chaque taille puis tracer le bas de la jupe en rejoignant ces points d'évolutions.

Contrôle final

- Tour de taille (consulter le tableau des évolutions).
- Longueurs de côtés et de milieux dos.

SHAPED SKIRT

Realization

On this shaped skirt, a single seam is found at center back.
- Grading will be done uniquely on two center back lines.
- Side lines will simply be moved.
- Straight grain is at center front.

GRADING WAIST LINE, SIDE LINE AND BOTTOM OF SKIRT

Waist-center back point (right side) + **bottom of skirt at side** (horizontal grading):
- Perpendicularly at center front, place at these points the amount of the evolution of 1/2 waist measurement (20 mm).

Waist-center back point + **bottom of skirt at side** (left side) (horizontal grading):
- Same principle as for preceding point.
- Trace new waist lines by using base pattern.

Waist-side point (horizontal grading):
- Perpendicularly at center front, extend 10 mm (evolution of 1/4 waist measurement).
- Mark a point for each size.
- Trace side lines parallel to those of base. Join together each line at bottom of skirt.
- Verify waist measurement. To add length to this line, it is possible to slightly drop center front (+/- 3 mm). In this case, remember to bring this amount to bottom of skirt (center front) to keep same skirt length.

In case we decide to give an evolution to the skirt length (10 mm, for example), to keep lines of center back parallel to that of base, it is necessary to do the evolution diagonally: continue center back lines 10 mm per size.
- Mark a point for each size, then trace skirt bottom by joining these evolution points.

Final verification

- Waist measurement (see evolution chart).
- Side and center back lengths.

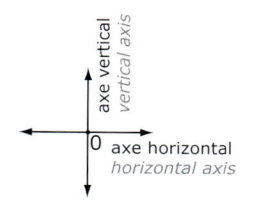

MESURES (en cm) / MEASUREMENTS (in cm)	TAILLES / SIZES							Évolutions de tailles (en mm) / Size evolutions (in mm)
	34	36	38	40	42	44	46	
Tour de taille - Waist measurement	60	64	68	72	76	80	84	40
Hauteur taille au genou - Waist to knee	56	57	58	59	60	61	62	10

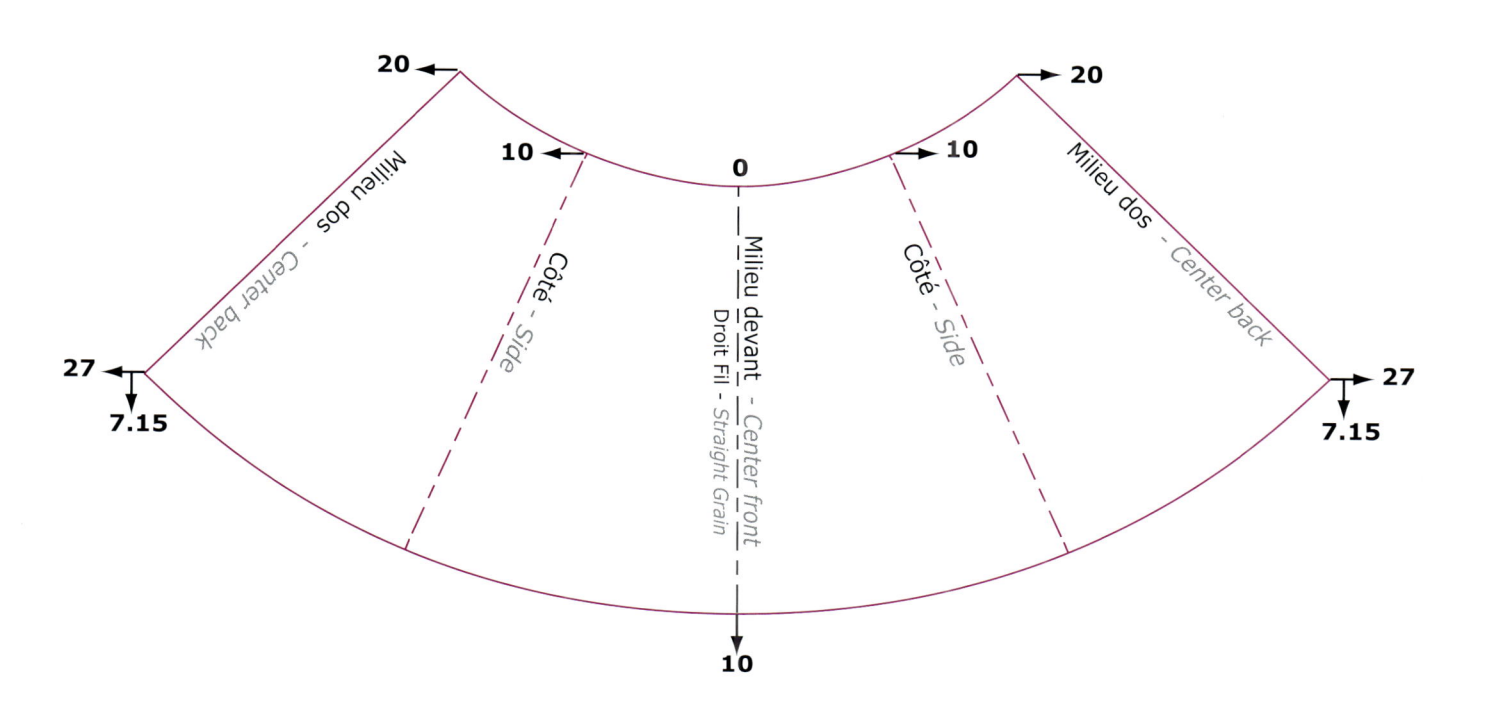

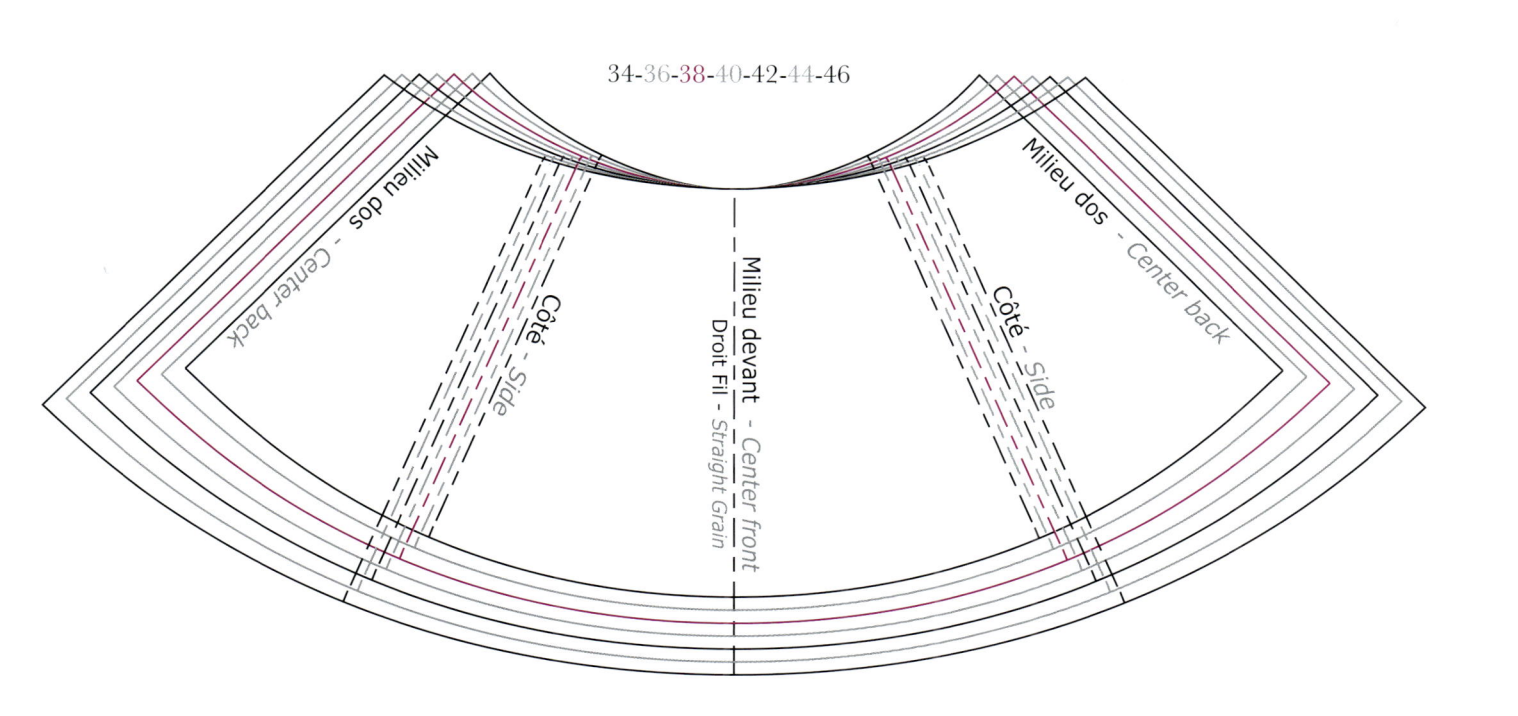

34-36-38-40-42-44-46

35

JUPE À PLIS
PRIS DANS UN EMPIÈCEMENT

Préparation

- Contrôler les longueurs de côté devant et dos entre elles.
- Mesurer la longueur d'empiècement avec celle des plis fermés.
- Contrôler chaque profondeur de plis.

Réalisation

1re POSSIBILITÉ

Exemple sur une jupe avec un empiècement.
Sur toute la longueur de l'empiècement devant et dos sont piqués des plis plats, avec une couture côté.

Les plis augmentent proportionnellement à l'évolution ; les fonds de plis restent constants dans toutes les tailles.
Exemple : évolution : 20 mm
Nombre de plis : 16
Répartir l'évolution dans les plis : 16 / 20 = 0,8 mm

2e POSSIBILITÉ

Exemple sur une jupe avec un empiècement.
Le bas de jupe ne forme qu'une seule pièce avec des plis plats, piqués sur l'empiècement.

Dans les 2 exemples, l'évolution portera uniquement sur la largeur des plis.
1) Exemple : évolution : 40 mm (= évolution du tour de taille, des grandes hanches).
Largeur des plis : 40 mm
Dans chaque taille, ajouter un pli de 40 mm.
2) Même principe que dans la 1re possibilité.
Attention : dans les grandes tailles, contrôler que la pièce tienne dans la laize utilisée.

Contrôle final

Contrôler l'empiècement avec la pièce bas de jupe, plis fermés dans toutes les tailles. Comparer les lignes de côtés.

PLEATED SKIRT
CAUGHT IN A YOKE

Preparation

- Verify front and back side lengths together.
- Measure the yoke length with the measurement of pleats when closed.
- Verify the depth of each pleat.

Realization

1st POSSIBILITY

Example on a skirt with a yoke.
On the entire length of front and back yoke, flat pleats are stitched down, and there is a side seam.

The pleats proportionally increase with the evolution, the pleat depths remain constant for all sizes.
Example: evolution: 20 mm
Number of pleats: 16
Distribution of evolution in pleats: 16 / 20 = 0.8 mm

2nd POSSIBILITY

Example on a skirt with a yoke.
The bottom of the skirt is a single piece with flat pleats, stitched to the yoke.

In the 2 examples, the evolution will only be on the pleat width.
1) Example: evolution: 40 mm (= evolution of waist measurement, wide hips)
Pleat width: 40 mm
In each size, add a 40 mm pleat.
2) Same principal as in 1st possibility.
Attention: in larger sizes, verify that the piece can be cut in the width of the fabric used.

Final verification

Verify the yoke with the bottom skirt piece, with pleats closed in all sizes and compare the side lines.

MESURES (en cm) / MEASUREMENTS (in cm)	34	36	38	40	42	44	46	Évolutions de tailles (en mm) / Size evolutions (in mm)
Tour de taille - Waist measurement	60	64	68	72	76	80	84	40
Tour de petites hanches - Small hip measurement	77	81	85	89	93	97	101	40
Tour de grandes hanches - Full hip measurement	86	90	94	98	102	106	110	40
Hauteur taille-hanches - Waist to hip length	22	22	22	22	22	22	22	0
Hauteur taille au genou - Waist to knee	56	57	58	59	60	61	62	10

PIÈCES UTILITAIRES

Sur les pièces utilitaires, comme les poches plaquées, passepoilées, gilet… ainsi que leurs fonds de poches, la gradation peut être ou non constante.
Plusieurs facteurs peuvent rentrer en compte dans la décision d'appliquer un groupement de tailles ou non :
- Type de produits : jupe, chemise, robe, veste, manteau…
- Type de tissus : fin, épais, chaîne et trame, maille…
- Secteurs de distribution : sportswear, grande diffusion, prêt-à-porter, …

Une société travaillant avec peu de tailles (ex. : de la T.36 à la T.42) pourra choisir de ne pas grader ces pièces utilitaires. Ce qui lui permettra entre autres de réduire le prix de revient du modèle.
Par contre, si une société fabrique ses modèles haut en taille (ex : de la T.34 à la T.46, voir plus), les pièces utilitaires seront gradées avec éventuellement un groupement de tailles.
Chaque société est maître de sa gradation et décide de la manière de travailler ainsi que des valeurs à appliquer sur chaque pièce.

Exemples :

GRADATION DE LA POCHE PLAQUÉE
Exemple pour manteau, veste,…
T.34 = T.36 = T.38 = 5 mm
T.40 = T.42 = T.44 = 10 mm
T.46 = 10 mm

Ou

Exemple pour robe, chemise, pantalon,…
T.34 = T.36 = 5 mm
T.38 = T.40 = 5 mm
T.42 = T.44 = 5 mm
T.46 = 5 mm

GRADATION DE LA POCHE PASSEPOILÉE
Exemple pour manteau, veste,…
T.34 = T.36 = 8 mm
T.38 = T.40 = 0
T.42 = T.44 = T.46 = 8 mm

Ou

Exemple pour robe, chemise,…
T.34 = T.36 = T.38 = T.40 = 42 = 0
T.44 = T.46 = 5 mm
T.48 = T.50 = 5 mm
Etc.

FUNCTIONAL PIECES

On functional pieces like patch pockets, pipings, a vest, a welt pocket… as well as pocket backs, grading may or may not be done. Numerous factors can be taken into account in the decision to grade a size group or not:
- Type of products: skirt, shirt, dress, jacket, coat, …
- Type of fabrics: thin, thick, woven, knit, …
- Type of distribution: sportswear, mass market, ready-to-wear, …

A company working with few sizes (ex.: from S.36 to S.42) can choose to not grade these functional pieces. This will allow them, among other things, to reduce the model's cost price.
In contrast, if a company manufactures their models in many sizes (ex: from S.34 to S.46 or more) the functional pieces will eventually be graded for a group of sizes.
Each company decides on their grading policy and how they will work plus the amounts they will give each piece.

Examples:

GRADING A PATCH POCKET
Example for coat, jacket,…
S.34 = S.36 = S.38 = 5 mm
S.40 = S.42 = S.44 = 10 mm
S.46 = 10 mm

Or

Example for dress, shirt, pants,…
S.34 = S.36 = 5 mm
S.38 = S.40 = 5 mm
S.42 = S.44 = 5 mm
S.46 = 5 mm

GRADING A PIPED POCKET
Example for coat, jacket,…
S.34 = S.36 = S.38 = S.40 = S.42 = 0
S.38 = S.40 = 0
S.42 = S.44 = S.46 = 8 mm

Or

Example for dress, shirt,…
S.34 = S.36 = 8 mm
S.44 = S.46 = 5 mm.
S.48 = S.50 = 5 mm.
Etc.

DIFFÉRENTES CEINTURES / DIFFERENT WAISTBANDS

Réalisation / Realization

CEINTURE DROITE, ÉVOLUTIONS PAR LES MILIEUX DOS - *Figure 1*

Évolution 1/2 dos (10 mm) + évolution 1/2 devant (10 mm) = évolution 1/2 ceinture (20 mm).

Points milieu dos : ressortir à chaque extrémité l'évolution de la 1/2 ceinture.

Crans côtés : ils se déplacent de la valeur d'évolution du 1/2 devant (10 mm).

Crans de pinces : ils se déplacent de la valeur d'évolution des pinces sur la base.
- 1re pince : 5 mm
- 2e pince : 5 mm (évolution de la pince) + 5 mm (déplacement de la 1re pince) = 10 mm.

Pointages bouton / boutonnière : ils suivront toujours la gradation des points milieux dos (ex. : 20 mm).

CEINTURE DROITE, TASSEMENT SUR LE CÔTÉ GAUCHE - *Figure 2*

Toute la gradation va se déplacer vers un seul côté de la ceinture (ex : vers la droite).

Évolution 1/2 dos (10 mm) + évolution 1/2 devant (10 mm) = évolution 1/2 ceinture (20 mm).

Cran milieu dos : 10 mm.
Cran côté droit : 20 mm (déplacement des 2 1/2 dos).
Cran milieu devant : 30 mm (déplacement des 2 1/2 dos + évolution du 1/2 devant).
Côté gauche : 40 mm (déplacement des 2 1/2 dos + évolution des 2 1/2 devant).
Pinces : évolution de la pince + évolution de la ceinture.

CEINTURE EN FORME - *Figure 3 et Figure 3-1*

La gradation du dos est identique à celle du devant. Elle se fera par les côtés.
- Évolution 1/2 dos (10 mm).
- Évolution 1/2 devant (10 mm).

Points côtés (gradation horizontale) : ressortir de 10 mm.
- Tracer les nouvelles lignes de ceinture en respectant une ligne de platitude au départ des milieux devant et dos.

Pointages bouton / boutonnière : ils restent fixes.

Contrôle final / Final verification

Sur le vêtement, mesurer le tour de taille (pinces fermées) puis mesurer entre chaque cran les évolutions de la ceinture.

STRAIGHT WAISTBAND, EVOLUTIONS DONE AT CENTER BACK - *Diagram 1*

1/2 back evolution (10 mm) + 1/2 front evolution (10 mm) = 1/2 waistband evolution (20 mm).

Center back points: bring the evolution of the 1/2 waistband out to each edge.

Side notches: they move the amount of evolution of 1/2 the front (10 mm).

Dart notches: they shift the amount of evolution of darts on the block.
- 1st dart: 5 mm
- 2nd dart: 5 mm (evolution of dart) + 5 mm (shift of 1st dart) = 10 mm

Button/buttonhole points: they always follow the grading of center back points (ex: 20 mm).

STRAIGHT WAISTBAND, STACKING ON LEFT SIDE - *Diagram 2*

All grading will shift towards a single side of waistband (ex: towards the right).

1/2 back evolution (10 mm) + 1/2 front evolution (10 mm) = 1/2 waistband evolution (20 mm).

Center back notch: 10 mm.
Right side notch: 20 mm (shifting from 2 1/2 backs).
Center front notch: 30 mm (shifting from 2 1/2 backs + evolution of 1/2 front).
Left side: 40 mm (shifting of 2 1/2 backs + evolution of 2 1/2 fronts).
Darts: evolution of dart + evolution of waistband.

SHAPED WAISTBAND - *Diagram 3 and Diagram 3-1*

Grading the back is identical to that of the front. It will be done on the sides.
- 1/2 back evolution (10 mm).
- 1/2 front evolution (10 mm).

Side points (horizontal grading): bring out 10 mm.
- Trace the new lines of waistband in respecting a flat line beginning at center front and back.

Button/buttonhole points: they remain fixed.

On the garment, note the waist measurement (with darts closed) and then measure the waistband evolutions between each notch.

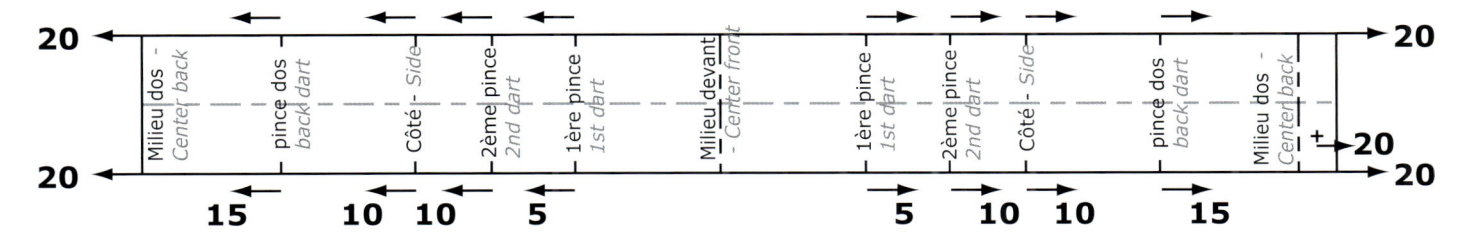

Figure / Diagram **1**

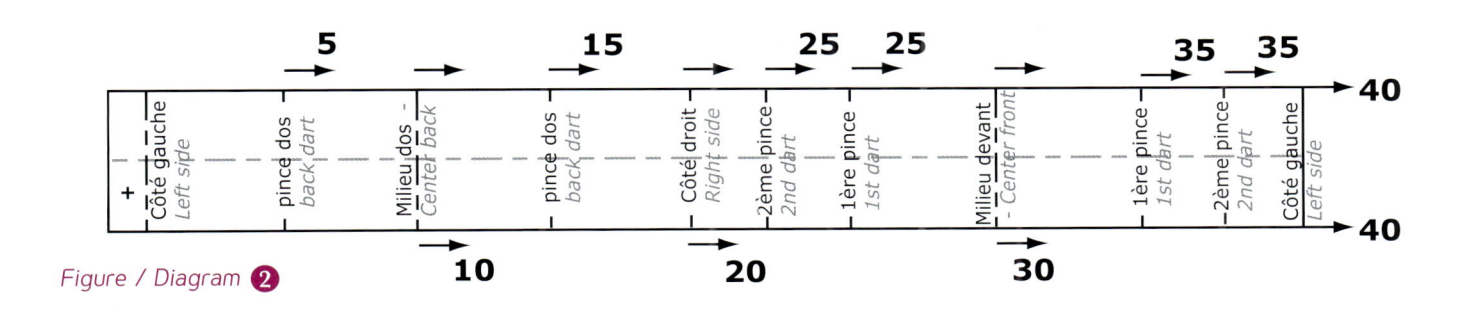

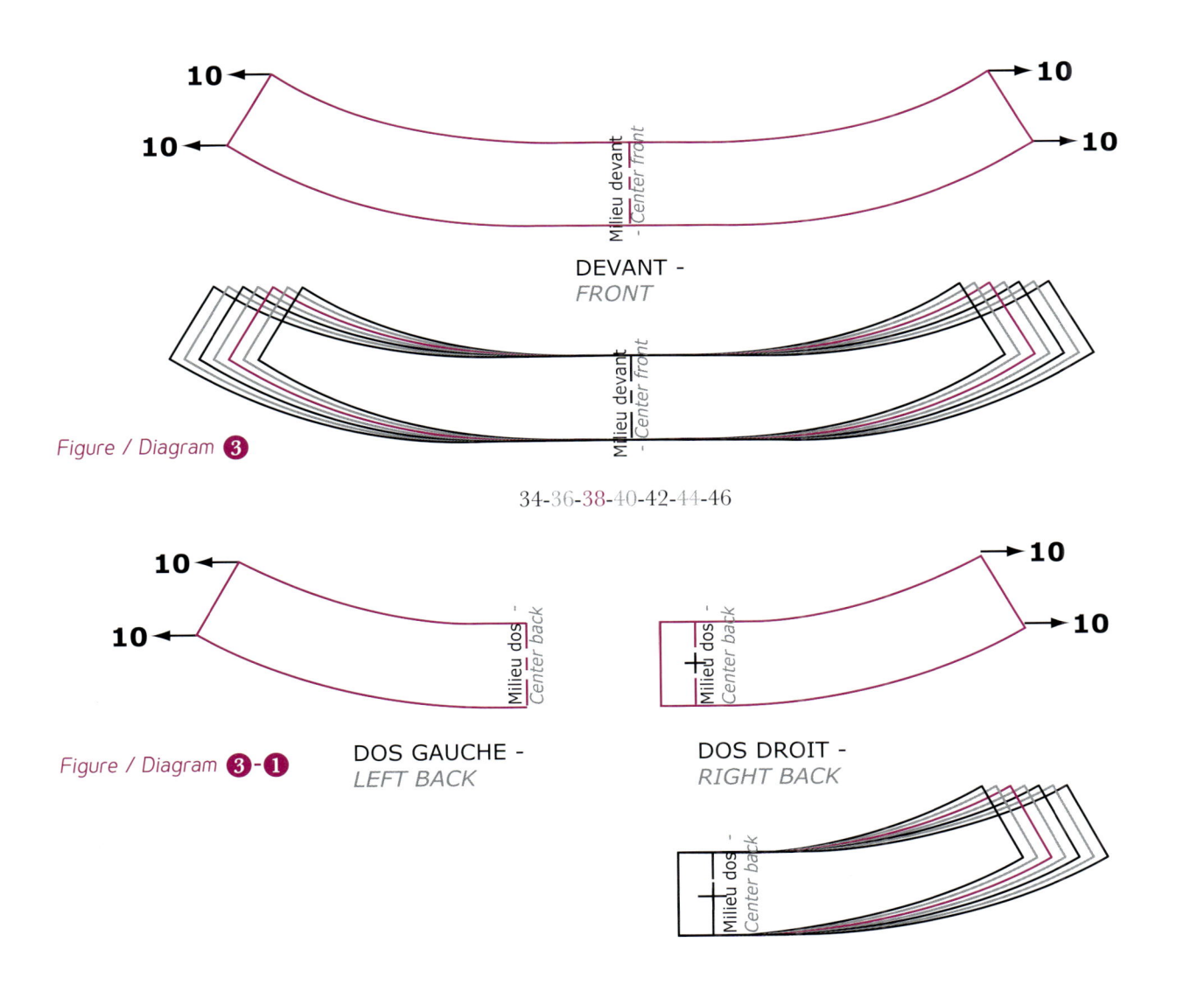

Figure / Diagram **2**

DEVANT - *FRONT*

Figure / Diagram **3**

34-36-**38**-40-42-44-46

Figure / Diagram **3**-**1**

DOS GAUCHE - *LEFT BACK*

DOS DROIT - *RIGHT BACK*

MODÈLE / MODEL

JUPE DROITE AVEC POCHE

STRAIGHT SKIRT WITH POCKET

Note : pour chaque modèle contenu dans cette méthode de gradation, les valeurs indiquées sur la planche de gradation sont données à titre d'exemples. Elles respectent les évolutions référencées dans le tableau de mesures ainsi que la matière dans laquelle est produit le vêtement.
Chaque entreprise travaille avec ses propres progressions en fonction du style, des tissus choisis et de la fabrication.

Note: for each model included in this grading method, the amounts indicated on the grading board are given as examples. They respect the evolutions noted in the measurement chart as well as the fabric in which the garment is produced. Each company works with their own sizing in terms of the style. Fabrics chosen and manufacturing techniques.

Préparation

- Relever la base devant et dos sur la même feuille, en prévoyant un espace suffisant entre les 2 morceaux pour tracer la gradation.
- Placer les lignes des grandes hanches sur un même plan (même hauteur).

Le contour de cette jupe se grade de la même manière que la *Jupe de base*, cf. p. 28.

Preparation

- Trace the front and back pattern block on same page, leaving enough space between 2 pieces to trace grading.
- Place wide hip lines on same level.

The outline of this skirt is graded the same way as the *Basic skirt*, see p. 28.

Réalisation

POCHE DEVANT ET FOND DE POCHE

La poche italienne et son fond de poche font partie des *Pièces utilitaires*, cf. p. 37.
En fonction des modèles, le (la) modéliste patronnier(ière)-gradeur(se) décidera de grader la poche italienne ou de lui donner le même volume dans toutes les tailles. Dans cet exercice, l'ouverture de poche ainsi que le fond de poche suivront l'évolution de la ligne de côté.
Il en sera de même pour la propreté du fond de poche. Sa gradation restera fixe dans toutes les tailles.

CEINTURE

Points milieu devant (côté droit et gauche) (gradation horizontale) :
- ressortir de 20 mm de chaque côté (valeur d'évolution du 1/2 tour de taille).

Crans :
- milieu dos : fixe (tassement sur ce point)
- côté : 10 mm (valeur d'évolution du 1/4 tour de taille)
- croisure : 20 mm (même valeur d'évolution que les bords de la ceinture)
- poche : 10 mm (valeur d'évolution du côté)

Realization

FRONT POCKET AND POCKET BACK

The slashed pocket and its pocket back are considered *Useful pieces*, see p. 37.
Depending on the model, the designer or patternmaker-grader will decide to grade the slashed pocket or else give it the same size for all sizes. In this exercise, the pocket opening as well as the pocket back will follow the side line's evolution. It will be the same for the bottom line of the pocket back. Its grading will be the same for all sizes.

WAISTBAND

Center front points (right and left side) (horizontal grading):
- extend 20 mm on each side (amount of evolution of 1/2 waist measurement).

Notches:
- center back: fixed (compressed at this point)
- side: 10 mm (evolution amount of 1/4 waist measurement)
- crossover: 20 mm (same evolution amount as waistband edges)
- pocket: 10 mm (amount of side evolution)

Contrôle final

Apporter toutes les vérifications nécessaires (cf. *Méthodes générales de gradation*, p. 8).

Final verification

Apply all the necessary verifications (see *General grading methods*, p. 8).

MESURES (en cm) / MEASUREMENTS (in cm)	\multicolumn{7}{c	}{TAILLES / SIZES}	Évolutions de tailles (en mm) Size evolutions (in mm)
	34	36	38	40	42	44	46	
Tour de taille - Waist measurement	60	64	68	72	76	80	84	40
Tour de grandes hanches - Full hip measurement	86	90	94	98	102	106	110	40
Hauteur taille au genou - Waist to knee	56	57	58	59	60	61	62	10

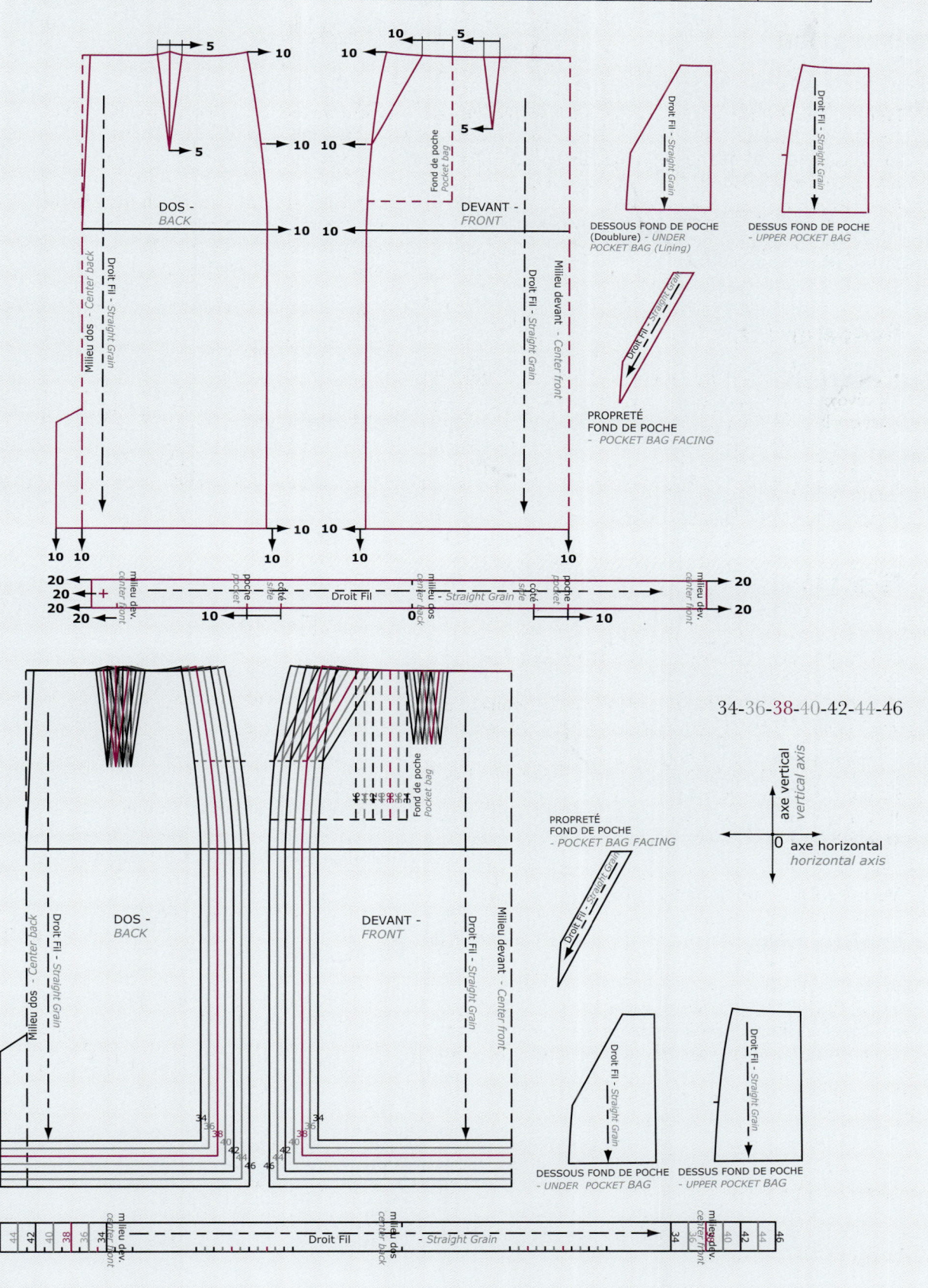

34-36-38-40-42-44-46

MODÈLE / MODEL

JUPE À DÉCOUPES
AVEC TASSEMENT

Préparation

- Contrôler les longueurs de côté devant et dos.
- Relever la base devant et dos sur la même feuille, en prévoyant un espace suffisant entre les 2 morceaux pour tracer la gradation. Placer les lignes de grandes hanches à la même hauteur.

Le contour de cette jupe se grade de la même manière que la *Jupe de base* (cf. p. 28).

Pour faciliter le tracé de la gradation, on effectue un tassement sur la découpe : l'évolution du 1/2 tour de taille (10 mm) va se répartir proportionnellement entre le côté et le milieu de la jupe (travail à exécuter sur le devant et le dos).

Réalisation

Devant

GRADATION DES DÉCOUPES

- Grader d'abord la découpe partant de la taille (gradation horizontale) : ressortir de 5 mm sur le côté de cette découpe gradée ; faire évoluer le départ de la 2ᵉ découpe proportionnellement à la longueur de la découpe de taille.

Point découpe-bas de jupe (gradation verticale) : descendre de 10 mm.

- Tracer les lignes de la découpe en respectant une platitude d'environ 40 mm du bas de la jupe.

Dos

Même principe sur le dos.
Pince dos : liée à la découpe, elle reste fixe.

CEINTURE

Points côtés devant et dos (gradation horizontale) : ressortir de 10 mm sur les côtés.

Contrôle final

- Mesurer le 1/2 tour de taille devant et dos avec les ceintures devant et dos.
- Vérifier les longueurs de côtés devant et dos.
- Vérifier toutes les courbes des découpes entre elles.

SKIRT WITH SEAMS
WITH STACKING

Preparation

- Verify side front and side back lengths.
- Trace front and back pattern block on same sheet of paper, leaving enough space between 2 pieces to trace grading. Place wide hip lines at same height.

The outline of this skirt is graded the same way as the *Basic skirt* (see p. 28).

To facilitate grading, we stack at the seam: the evolution of 1/2 waist measurement (10 mm) will be proportionally distributed between the side and center of skirt (done on both front and back).

Realization

Front

GRADING SEAMS

- First at all, grade the curved seam (horizontal grading): extend 5 mm on side of this graded seam and trace the beginning of the 2nd seam proportionately to the length of seam.

Seam-bottom of skirt point (vertical grading): drop 10 mm.

- Trace seam lines in maintaining approximately 40 mm of flatness at bottom of skirt.

Back

Same principle for back.
Back dart: linked to seam, it remains fixed.

WAISTBAND

Front and back side points (horizontal grading): extend 10 mm on sides.

Final verification

- Measure 1/2 waist front and back measurements with front and back waistbands.
- Verify side front and side back lengths.
- Verify all curves of seams together.

MESURES (en cm) MEASUREMENTS (in cm)	TAILLES / SIZES							Évolutions de tailles (en mm) Size evolutions (in mm)
	34	36	38	40	42	44	46	
Tour de taille - Waist measurement	60	64	68	72	76	80	84	40
Tour de grandes hanches - Full hip measurement	86	90	94	98	102	106	110	40
Hauteur taille au genou - Waist to knee	56	57	58	59	60	61	62	10

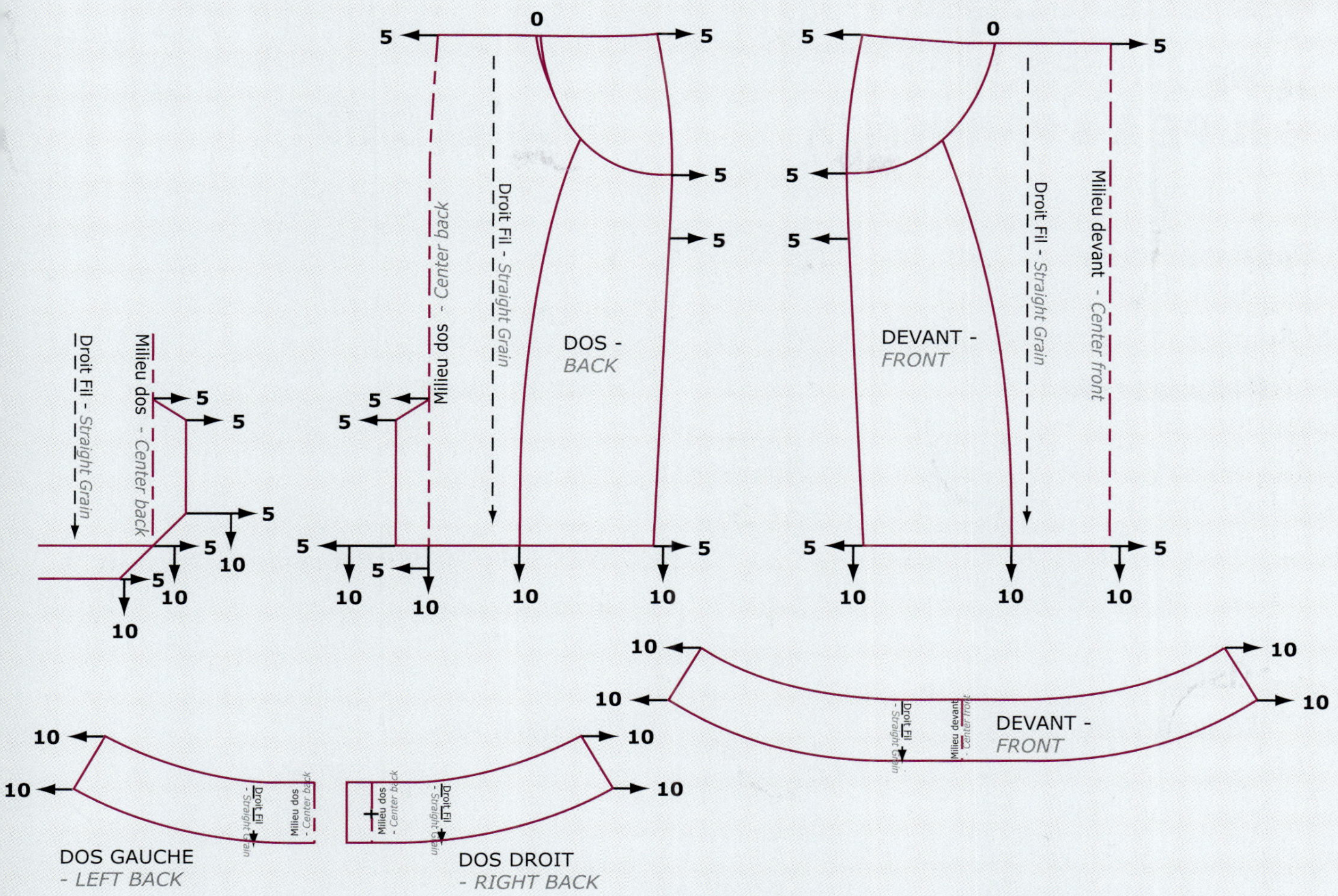
Milieu dos - Center back
Droit Fil - Straight Grain
DOS - BACK
DEVANT - FRONT
Milieu devant - Center front
DOS GAUCHE - LEFT BACK
DOS DROIT - RIGHT BACK

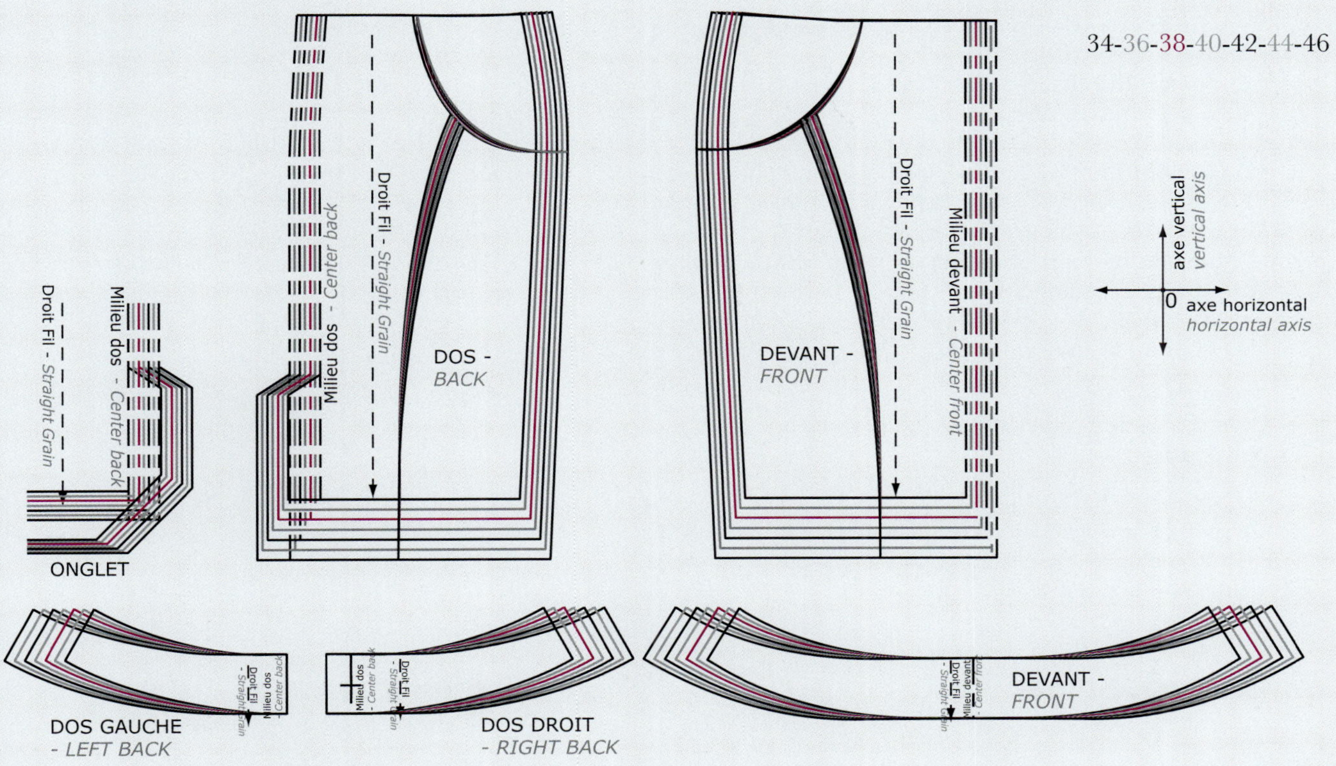
34-36-38-40-42-44-46
Milieu dos - Center back
Droit Fil - Straight Grain
DOS - BACK
DEVANT - FRONT
Milieu devant - Center front
ONGLET
axe vertical
vertical axis
axe horizontal
horizontal axis
DOS GAUCHE - LEFT BACK
DOS DROIT - RIGHT BACK

MODÈLE / MODEL

JUPE À 8 PANNEAUX

Préparation

- Contrôler les longueurs de côtés devant et dos entre elles.
- Relever les panneaux devant sur la même feuille, devant milieu à droite et le devant côté à gauche.
- Placer les lignes des grandes hanches sur un même plan (même hauteur).
- Procéder de la même manière pour le dos.
- Tracer les axes de gradation.

Réalisation

La jupe à 8 panneaux va se grader sur le même principe que la jupe à 6 panneaux.

Pour un 1/2 tour de taille : 20 mm d'évolution dont 10 mm sur le devant et 10 mm sur le dos.

Sur le devant comme sur le dos, se trouve une découpe. Les milieux devant et dos ont une couture, ce qui donne au total 8 panneaux. Cette couture milieu devant et dos va permettre de proposer plusieurs possibilités pour répartir la gradation sur la ligne de taille et entre les différentes découpes.

- **1re possibilité (A)** : comme pour la jupe à 6 panneaux, grader les côtés de 4 mm et chaque côté des découpes de 3 mm (4 mm + 2 x 3 mm = 10 mm).
- **2e possibilité (B)** : grader le côté de 6 mm et la découpe de la pièce milieu dos de 4 mm.
- Dans ces 2 cas, les milieux ne sont pas gradés.
- **3e possibilité (C)** : grader le côté de 4 mm puis répartir l'évolution restante sur toutes les lignes restantes (découpes et milieu dos) (4 mm + 3 x 2 mm = 10 mm).
- **4e possibilité (voir planche)** : ne pas grader les découpes et répartir l'évolution du 1/4 tour de taille sur le côté et la ligne milieu de la pièce. Porter 2,5 mm sur le milieu et 7,5 mm sur le côté.

GRADATION BAS DE JUPE

La longueur de la jupe évoluera ou pas, selon le modèle et l'entreprise.

GRADATION DE LA QUILLE

On choisira de ne pas donner de gradation à cette pièce. Seuls les crans de raccords se trouvant sur les découpes auront la même évolution que le bas de la jupe.

Contrôle final

Apporter toutes les vérifications nécessaires (cf. *Méthodes générales de gradation*, p. 8).

8-PANEL SKIRT

Preparation

- Verify lengths of front and back sides together.
- Trace front panels on same page, placing center front on right and side front on left.
- Place wide hip lines at same level.
- Proceed in same way for back.
- Trace grading axes.

Realization

The 8-panel skirt will be graded on the same principle as the 6-panel skirt.

For 1/2 waist measurement: a 20 mm evolution with 10 mm on front and 10 mm on back.

Seams are on both front and back. Since there is a seam at both center front and back, this means there is a total of 8 panels. Because of the center front and back seam, there are a variety of possibilities for distributing grading at waist and among the different seams.

- **1st possibility (A)**: as for 6-panel skirt, grade sides 4 mm + 3 mm on each side of seam (4 mm + 2 x 3 mm = 10 mm).
- **2nd possibility (B)**: grade side 6 mm and back center piece seam 4 mm.
- In both cases, center front and back are not graded.
- **3rd possibility (C)**: grade side 4 mm and distribute remaining evolution on all remaining lines (center back seams) (4 mm + 3 x 2 mm = 10 mm).
- **4th possibility (see drawing)**: don't grade seams, instead distribute evolution of 1/4 waist measurement at side and center line of piece. Add 2.5 mm to center and 7.5 mm to side.

GRADING BOTTOM OF SKIRT

Length of skirt may or may not evolve, depending on the model and the company's requirements.

GRADING THE GODET

We may or may not choose to grade this piece. Only matching notches found on seams will have the same evolution as bottom of skirt.

Final verification

Apply all the necessary verifications (see *General grading methods*, p. 8).

MESURES (en cm) / MEASUREMENTS (in cm)	TAILLES / SIZES							Évolutions de tailles (en mm) Size evolutions (in mm)
	34	36	38	40	42	44	46	
Tour de taille - Waist measurement	60	64	68	72	76	80	84	40
Tour de grandes hanches - Full hip measurement	86	90	94	98	102	106	110	40
Hauteur taille-hanches - Waist to hip length	22	22	22	22	22	22	22	0
Hauteur taille au genou - Waist to knee	56	57	58	59	60	61	62	10

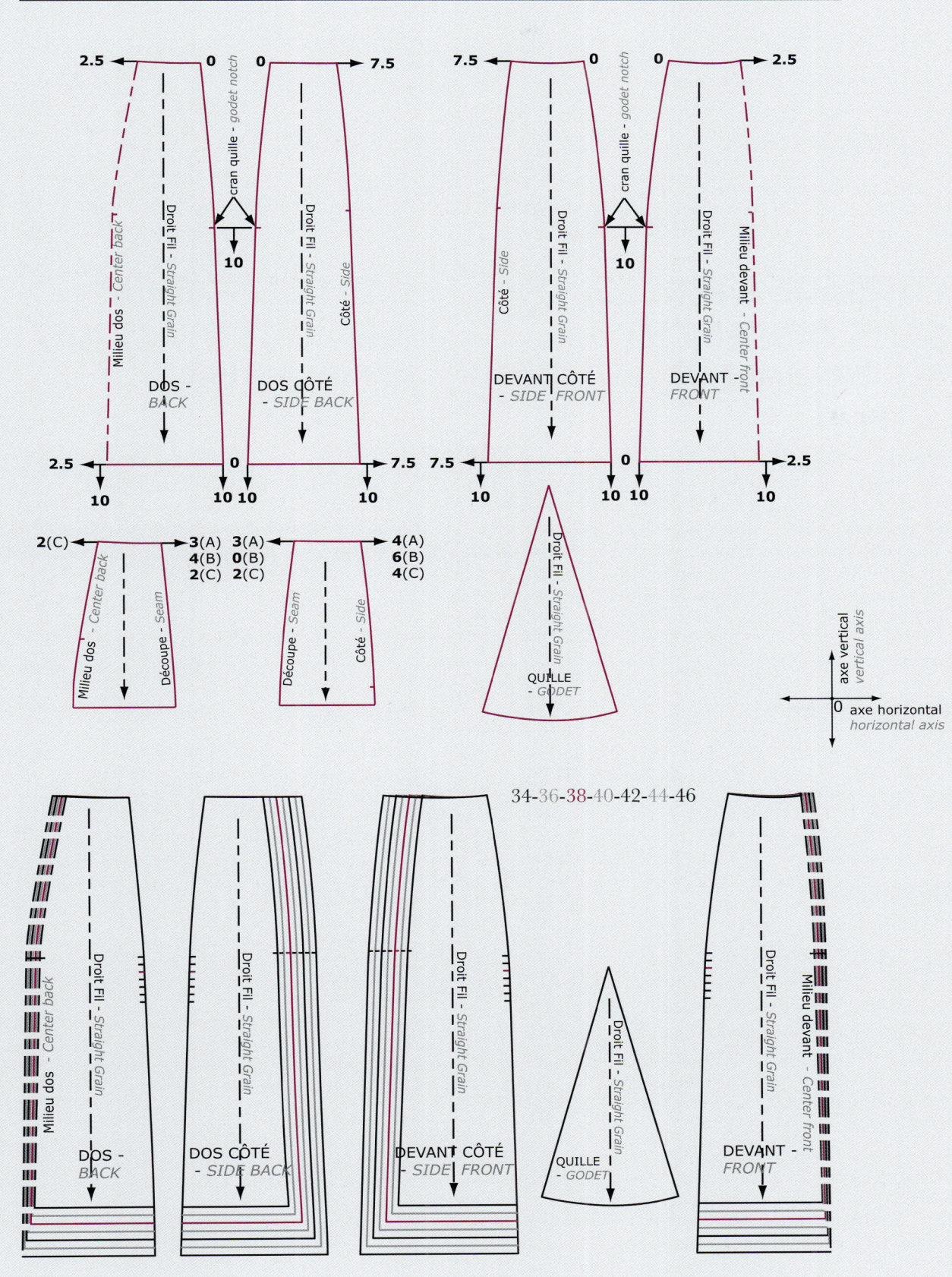

34-36-38-40-42-44-46

MESURES (en cm) / MEASUREMENTS (in cm)	\multicolumn{7}{c	}{TAILLES / SIZES}	Évolutions de tailles (en mm) Sizes evolutions (in mm)
	34	36	38	40	42	44	46	
Longueur taille dos - Back waist length	40	40.5	41	41.5	42	42.5	43	5
Longueur taille devant - Front waist length	36	36.5	37	37.5	38	38.5	39	5
Hauteur de poitrine - bust length	21	21.5	22	22.5	23	23.5	24	5
1/2 tour d'encolure - 1/2 neckline measurement	17	17.5	18	18.5	19	19.5	20	5
Longueur d'épaule - Shoulder length	11.2	11.6	12	12.4	12.8	13.2	13.6	4
1/2 carrure devant - 1/2 front shoulder width	16	16.25	16.5	16.75	17	17.25	17.5	2.5
1/2 carrure dos - 1/2 back shoulder width	17	17.25	17.5	17.75	18	18.25	18.5	2.5
Tour d'emmanchure - Armhole measurement	37.5	38.5	39.5	40.5	41.5	42.5	43.5	10
Tour de taille - Waist measurement	60	64	68	72	76	80	84	4
Tour de grandes hanches - Full hip measurement	88	92	94	98	102	106	110	4
Hauteur taille-hanches - Waist to hip length	22	22	22	22	22	22	22	0

CORSAGE À PINCES SANS TASSEMENT
MÉTHODE MANUELLE

DARTED BODICE WITHOUT STACKING
MANUAL METHOD

Note : la gradation du corsage de base à pinces sans tassement est travaillée de la même façon que celle avec tassement, détaillée à la p. 50, *Corsage à pinces avec tassement, Méthode manuelle*.
Les valeurs indiquées sur la planche sont données pour la base ESMOD.

Note: grading the darted bodice without stacking is worked in the same way as that with stacking, explained on p. 50, *Darted bodice with stacking, Manual method*.
The amounts indicated on the board are given for the ESMOD block.

Préparation

(Cf. *Travail sur une souche de gradation*, p. 11). Il est **indispensable** de bien suivre le sens des flèches qui donne le sens d'évolution à la gradation.

Preparation

(See *Work on a grading stack*, p. 11). It is **essential** to follow the arrow direction correctly which gives the direction of the grading evolution.

Réalisation

Devant

GRADATION DE L'ENCOLURE
Point encolure-milieu devant (gradation verticale) : l'encolure remonte de 2,5 mm, la taille descend de 2,5 mm ; on obtient ainsi l'évolution de la longueur taille devant.
Attention : dans les modèles, le point encolure-milieu devant remontera de +/- *4 mm.

GRADATION DE LA LIGNE D'ÉPAULE + PINCE POITRINE
Remarque : la pince s'ouvre (sur le 2ᵉ bord) de 1 mm par taille, à environ 10,5 mm de son extrémité. Cette ouverture est donc répercutée dans les valeurs de gradation des bords de pince. Fermer la pince poitrine puis contrôler que :
• Les lignes d'épaule sont parallèles à la ligne de base.

Realization

Front

GRADING THE NECKLINE
Neckline-center front point (vertical grading): to grade the neckline bodice, raise 2.5 mm to respect the front waist length.
Attention: in the models, the neckline-center front point will be raised +/- *4 mm.

GRADING SHOULDER LINE + BUST DART
Remark: the dart opens (on the 2nd edge) 1 mm per size to approximately 10.5 mm at its extremity.
This opening is reflected in the grading amount of dart edges.
Close and verify bust dart:
• Shoulder lines are parallel to the block line.
• 2 dart edges are the same length in all sizes.

47

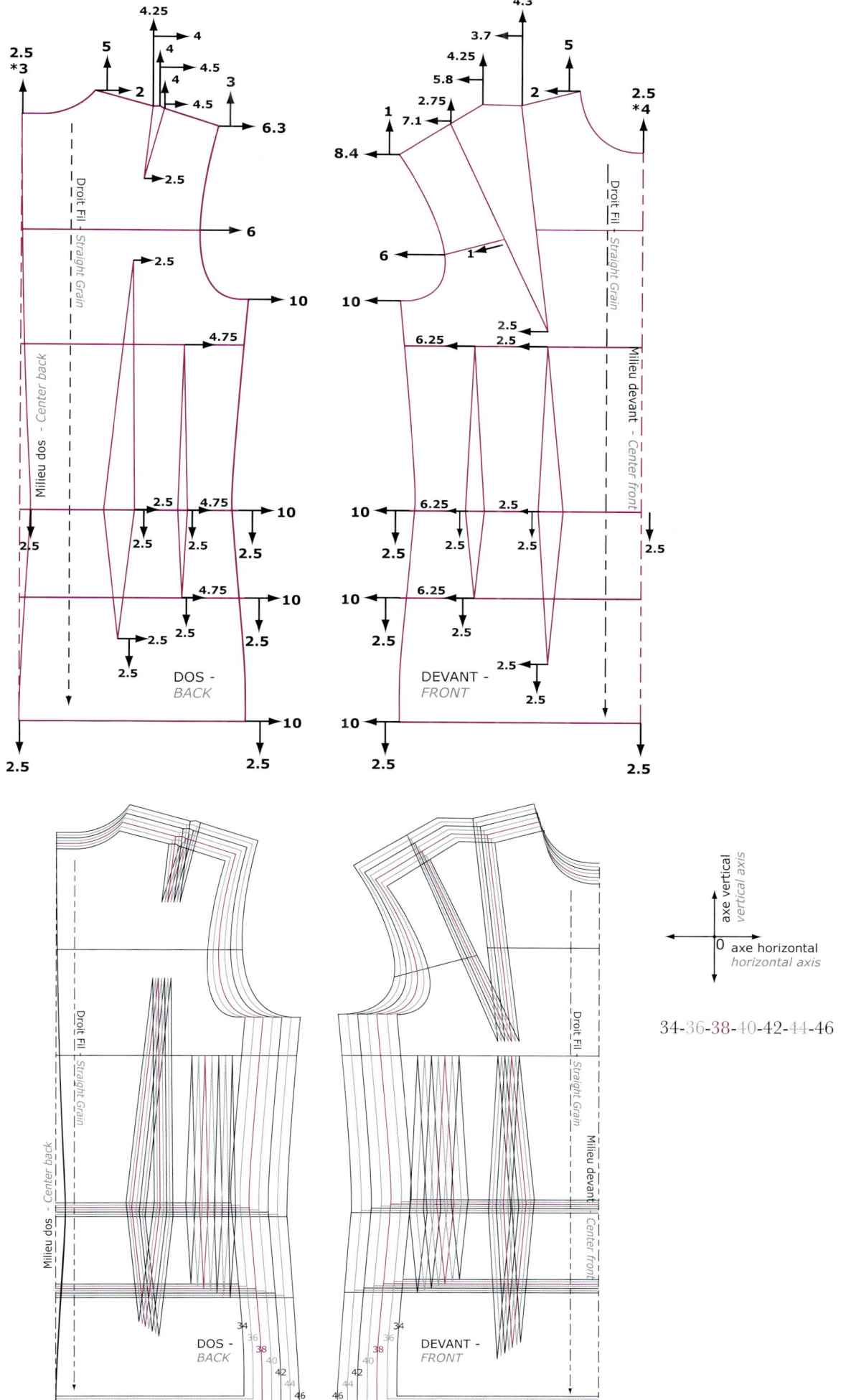

- Les 2 bords de pince ont la même longueur et ce, dans toutes les tailles.
- Les longueurs d'épaules ont une évolution de 4 mm par taille.

GRADATION DE LA COURBE D'EMMANCHURE
Tracer les courbes d'emmanchures en utilisant le patronnage (méthode par « poussette »).

GRADATION DU CÔTÉ
Les lignes de côté doivent être parallèles à celle de la base.

GRADATION DES PINCES TAILLE
1re pince : le déplacement de la pince suit celui de la pince poitrine (2,5 mm vers le côté). Elle descendra de la même façon que la ligne de taille et des petites hanches (2,5 mm).
2e pince : elle se déplace de 6,25 mm vers le côté et descend de 2,5 mm sur les lignes de taille et petites hanches.

Dos

GRADATION DE L'ENCOLURE
Point milieu dos-encolure (gradation verticale) : l'encolure milieu dos remonte de 2,5 mm par taille afin de respecter l'évolution de la longueur taille dos.
Attention : dans les modèles, ce point évoluera de +/- *3 mm.

GRADATION DE LA LIGNE D'ÉPAULE + PINCE D'OMOPLATE
Idem au devant : pince fermée, les lignes doivent évoluer en parallèle à celle de la base.
Attention : la pince suit l'évolution de la ligne d'épaule ; elle sera au centre de cette ligne dans toutes les tailles.

GRADATION DES PINCES TAILLE
1re pince : le déplacement de la pince suit celui de la pince d'omoplate (2,5 mm vers le côté). Elle descendra de la même façon que la ligne de taille et des petites hanches (2,5 mm). À l'extrémité inférieure, elle se déplace et descend de 2,5 mm.
2e pince : sur la ligne de taille, les bords de pince se déplacent de 4,75 mm et descendent de 2,5 mm. Sur l'extrémité supérieure, elle évolue également de 4,75 mm. Sur l'extrémité inférieure, elle ressort de 4,75 mm et descend de 2,5 mm.
Pince milieu dos : elle garde la même profondeur dans toutes les tailles mais elle suit l'évolution de la ligne de taille, elle descend de 2,5 mm.

Contrôle final

Apporter toutes les vérifications nécessaires (cf. *Méthodes générales de gradation*, p. 8).

- Shoulder lengths have an evolution of 4 mm per size.

GRADING OF ARMHOLE CURVE
Trace armhole curves by using the pattern ("pushing" method).

GRADING THE SIDE
Side lines must be parallel to that of the block.

GRADING OF WAIST DARTS
1st dart: the dart shifting procedure follows that of the bust dart (2.5 mm towards the side).
It will drop the same way as the waist and high hip lines (2.5 mm).
2nd dart: it shifts 6.25 mm towards the side and drops 2.5 mm at the waist and small hip lines.

Back

GRADING THE NECKLINE
Center back-neckline point (vertical grading): the center back neckline is raised 2.5 mm per size to respect the back waist length's evolution.
Attention: in the models, this point will evolve +/- *3 mm.

GRADING SHOULDER LINE + SHOULDER BLADE DART
Same as for front: when dart is closed, the lines must evolve in parallel to that of the block.
Attention: the dart follows the shoulder line's evolution ; it will be at the center of this line in all sizes.

GRADING WAIST DARTS
1st dart: the dart shifting procedure follows that of the shoulder blade dart (2.5 mm towards the side).
It will drop the same way as the waist and high hip lines (2.5 mm). At the lower extremity, it is extended and dropped 2.5 mm.
2nd dart: on waist line, the edges of dart are shifted 4.75 mm and dropped 2.5 mm.
On the upper extremity, it also evolves 4.75 mm. On the lower extremity, it is extended 4.75 mm and drops 2.5 mm.
Center back dart: it keeps the same depth in all sizes but follows the evolution of the waist line, it drops 2.5 mm.

Final verification

Apply all the necessary verifications (see *General grading methods*, p. 8).

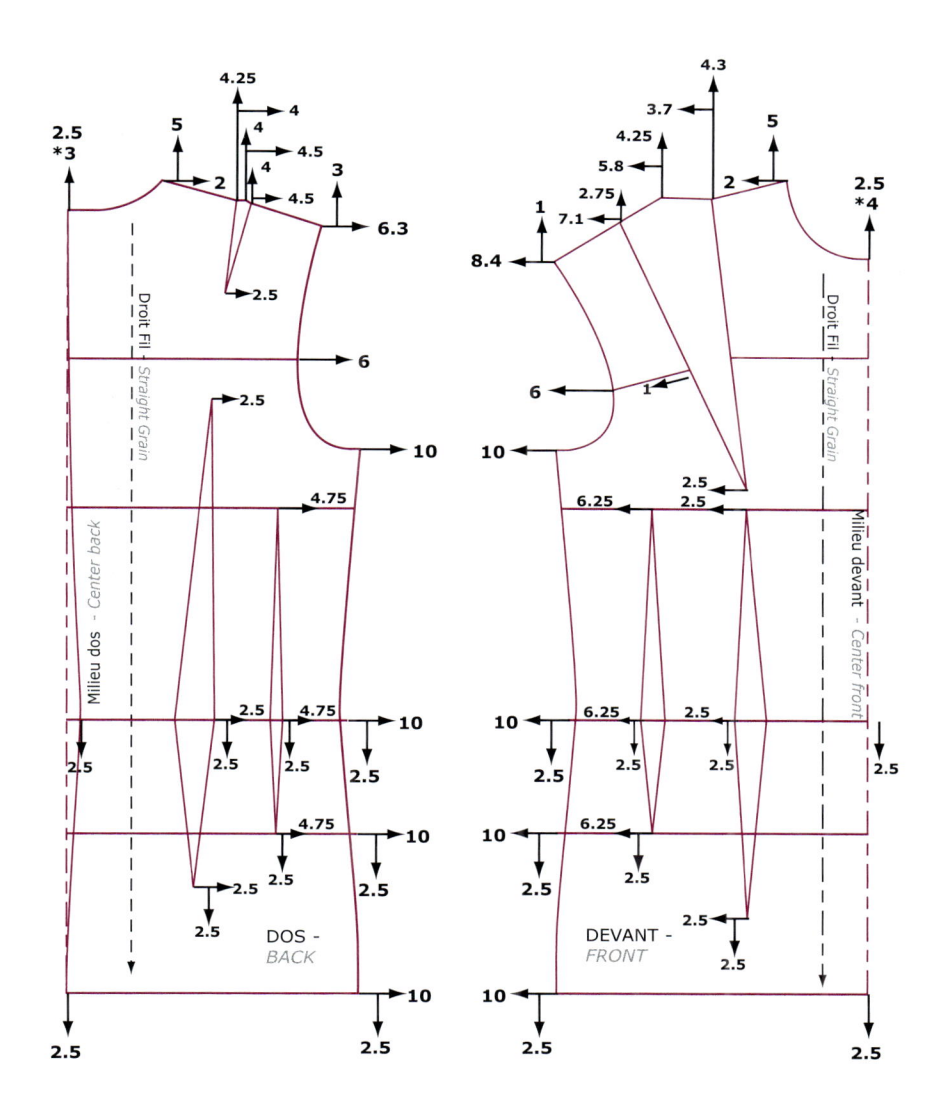

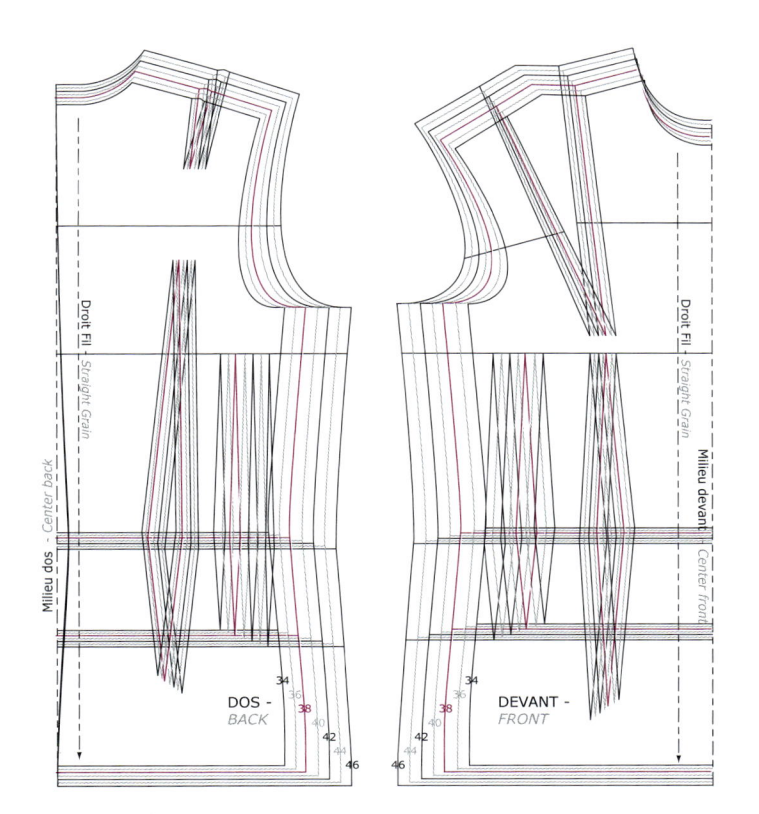

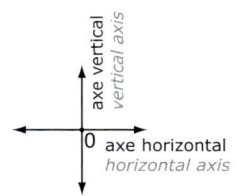

34-36-38-40-42-44-46

CORSAGE À PINCES AVEC TASSEMENT
MÉTHODE MANUELLE

DARTED BODICE WITH STACKING
MANUAL METHOD

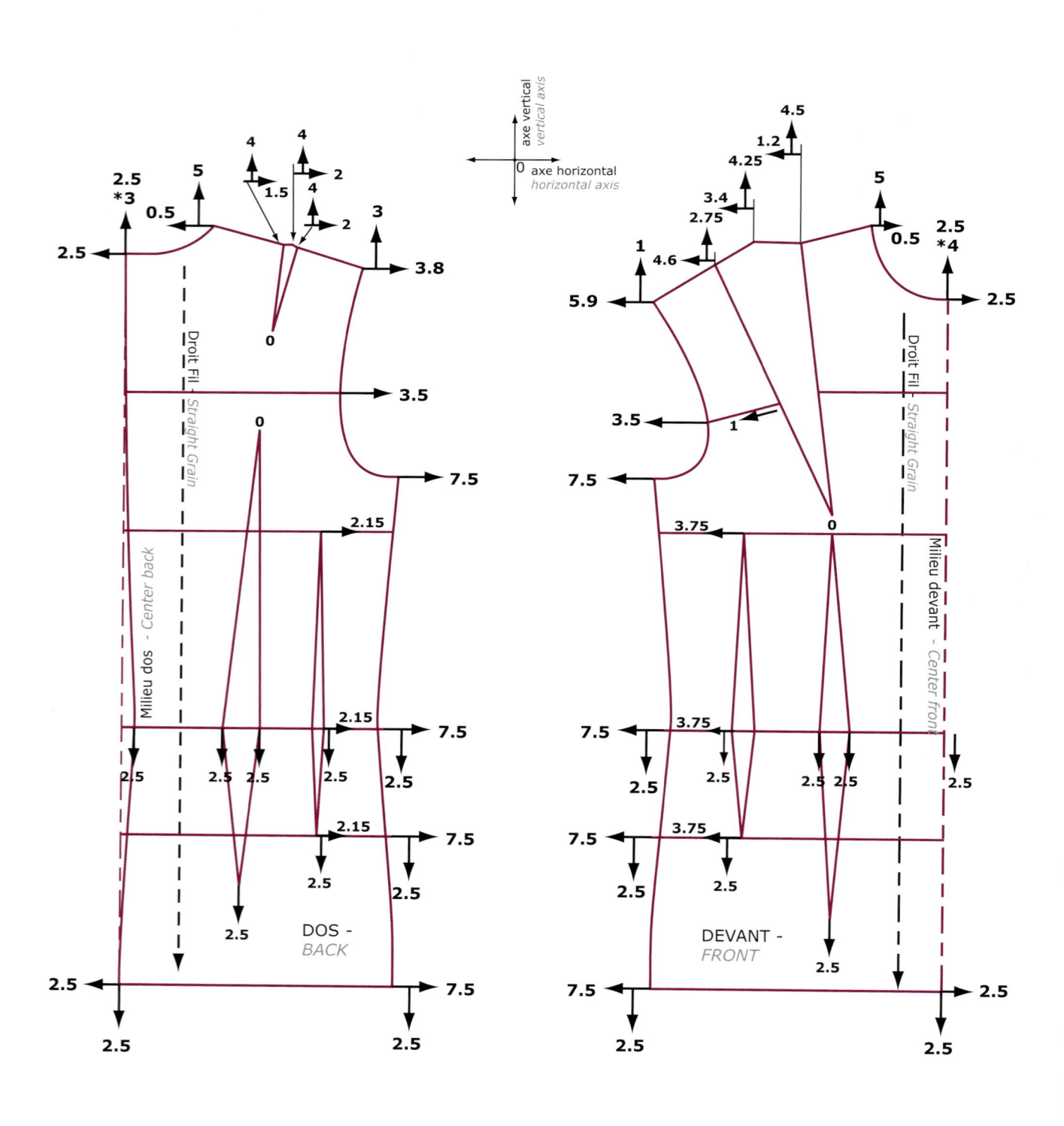

MESURES (en cm) / MEASUREMENTS (in cm)	TAILLES / SIZES							Évolutions de tailles (en mm) / Sizes evolutions (in mm)
	34	36	38	40	42	44	46	
Longueur taille dos - Back waist length	40	40.5	41	41.5	42	42.5	43	5
Longueur taille devant - Front waist length	36	36.5	37	37.5	38	38.5	39	5
Hauteur de poitrine - Bust length	21	21.5	22	22.5	23	23.5	24	5
1/2 tour d'encolure - 1/2 neckline measurement	17	17.5	18	18.5	19	19.5	20	5
Longueur d'épaule - Shoulder length	11.2	11.6	12	12.4	12.8	13.2	13.6	4
1/2 carrure devant - 1/2 front shoulder width	16	16.25	16.5	16.75	17	17.25	17.5	2.5
1/2 carrure dos - 1/2 back shoulder width	17	17.25	17.5	17.75	18	18.25	18.5	2.5
Tour d'emmanchure - Armhole measurement	37.5	38.5	39.5	40.5	41.5	42.5	43.5	10
Tour de taille - Waist measurement	60	64	68	72	76	80	84	4
Tour de grandes hanches - Full hip measurement	88	92	94	98	102	106	110	4
Hauteur taille-hanches - Waist to hip length	22	22	22	22	22	22	22	0

Note : la procédure de la gradation du corsage de base à pinces avec tassement va être détaillée ci-après étape par étape. Les valeurs indiquées sur la planche sont données pour la base ESMOD.

Note: the grading procedure of the darted bodice with stacking will be explained step by step. The amounts indicated on the board are given for the ESMOD block.

Préparation cf. *Travail sur une souche de gradation*, p. 11

Preparation see *Work on a grading stack*, p. 11

Réalisation

Devant

ETAPE 1
GRADATION DE L'ENCOLURE

Point encolure-milieu devant (gradation oblique) :
- Ressortir l'encolure de 2,5 mm et la remonter de 2,5 mm, par taille.

Attention : comme pour le corsage de base à pinces sans tassement, dans les modèles, l'encolure remontera de *4 mm.
- Pointer les tailles extrêmes.
- Tracer la ligne d'entre-tailles, partant de la T > pour arriver à la T <, en passant par la TB.

Point encolure épaule (gradation oblique) :
- Ressortir le point épaule de 0,5 mm et le remonter de 5 mm, par taille.
- Tracer la ligne d'entre-tailles, de la T > à la T <, en passant par la TB.
- Tracer la 1/2 encolure devant en s'aidant du patronnage (méthode par « poussette »).

GRADATION DE LA LIGNE D'ÉPAULE + PINCE POITRINE

Point encolure-1er bord de pince (gradation parallèle) :
- Du point encolure-épaule au 1er bord de pince, tracer une parallèle à la ligne d'épaule de base pour les 2 tailles extrêmes.

Realization

Front

STEP 1
GRADING NECKLINE

Neckline-center front point (diagonal grading):
- Extend neckline 2.5 mm and raise it 2.5 mm per size.

Attention: As for darted bodice without stacking, in these models the neckline is raised *4 mm.
- Mark a point for the extreme sizes.
- Trace the inter-size line, beginning at S > and finishing at S < in passing by the BS.

Neckline-shoulder point (diagonal grading):
- Extend the shoulder point 0.5 mm and raise it 5 mm per size.
- Trace the inter-size line from S > to S < in passing by the BS.
- Trace 1/2 front neckline by using the pattern (pushing method).

GRADING THE SHOULDER LINE + BUST DART

Neckline-1st edge of dart point (parallel grading):
- From the neckline-shoulder point to the 1st edge of dart, trace a parallel line to block shoulder line for the 2 extreme sizes.

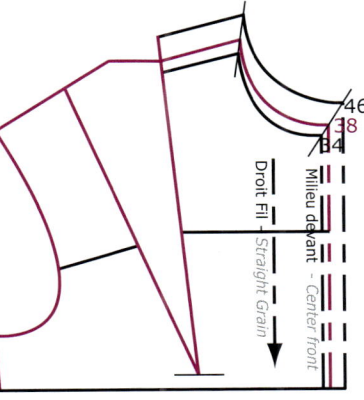

Étape / Step ❶

| ETAPE 2 | STEP 2 |

Pince poitrine + point épaule-emmanchure :
Attention : la pince poitrine évolue de **1 mm** par taille.
Attention : la pince poitrine suit l'évolution de la ligne d'épaule ; elle sera au centre de cette ligne dans toutes les tailles.
- Prolonger le 1er bord de pince vers la T > par une droite.
- Sur le 2e bord de pince, à 10,5 cm de l'extrémité de la pince (= hauteur de la naissance de poitrine pour la T.38), et en parallèle à la ligne de carrure, porter 1mm par taille vers l'emmanchure.
- Tracer les bords de pince correspondants aux tailles T > et T < par des droites en passant par ces nouveaux repères et en les prolongeant au-delà de la ligne d'épaule.

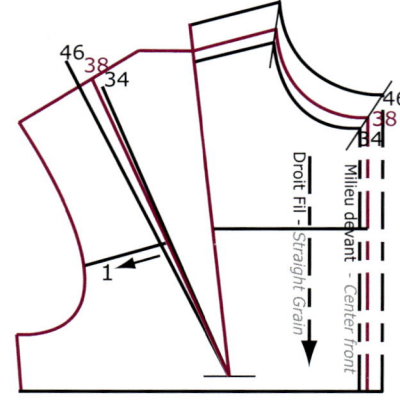

Bust dart + shoulder-armhole point:
Attention: the bust dart evolves **1 mm** per size.
Attention: the bust dart follows the shoulder line evolution ; it will be at the center of this line in all sizes.
- Continue the 1st dart edge towards S > by a straight line.
- On the 2nd dart edge, at 10.5 cm from tip of dart (= height at beginning of bust for S.38) and, in parallel to shoulder width line, extend 1 mm per size towards armhole.
- Trace the dart edges corresponding to sizes S > and S < by straight lines in passing by these new reference points and continuing them beyond the shoulder line.

Étape / Step ❷

ETAPE 3

Sur une feuille de papier calque, relever les lignes :
- de contour : milieu devant, encolure, épaule (jusqu'au 1er bord de pince).
- internes : 1er bord de pince poitrine (proche milieu devant).
- d'aplomb : carrure devant jusqu'au 1er bord de pince.

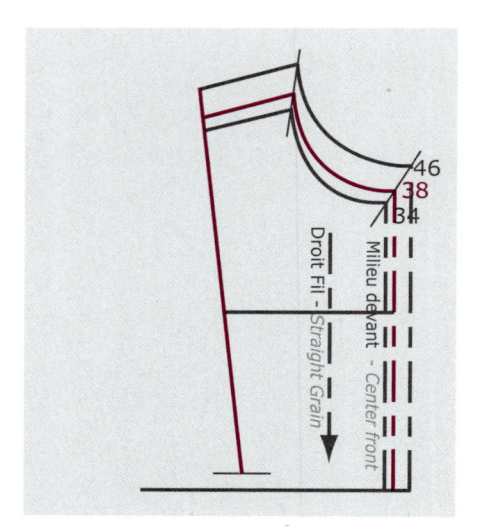

STEP 3

On a sheet of tracing paper, trace the:
- Contour lines: center front, neckline, shoulder (all the way to the 1st edge of dart).
- Internal lines: 1st edge of bust dart (closest to center front).
- Plumb line: front shoulder width all the way to 1st edge of dart.

Étape / Step ❸

ETAPE 4

- Sur ce calque, recopier la ligne d'épaule de la TB jusqu'à l'emmanchure.
- Prolonger les lignes d'épaule des 2 tailles extrêmes en direction de l'emmanchure. Marquer sur la ligne pente d'épaule, la longueur totale de l'épaule (cf. *Tableau de mesures*, p. 17).

Attention : tracer des lignes parallèles à la ligne de base.

Déplacement de la pince poitrine sur la pente d'épaule :
- Diviser par 2 les longueurs d'épaule des tailles extrêmes et les pointer.
- Tracer la ligne d'entre-tailles.

Déplacement de pince / Shifting dart

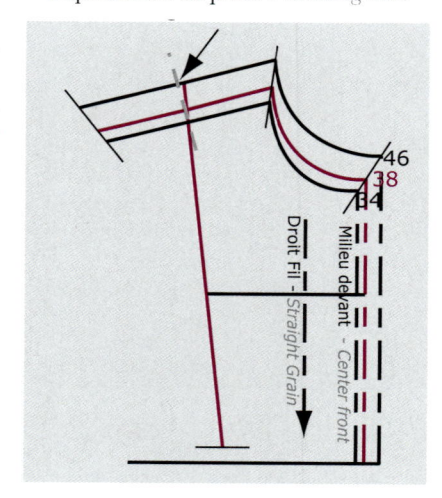

STEP 4

- On this tracing paper, recopy shoulder line of BS all the way to armhole.
- Continue the shoulder lines of the 2 extreme sizes in the direction of armhole. Mark on shoulder slope line the total length of shoulder (see *Measurement chart*, p. 17).

Attention: trace the lines parallel to line of block.

Move bust dart to shoulder slope:
- Divide shoulder lengths of extreme sizes by 2 and mark them with points.
- Trace the inter-size line.

Étape / Step ❹

ETAPE 5

- Repositionner ce calque sur le tracé en superposant les 1ers bords de pince. Pointer l'évolution du déplacement de la pince sur le tracé.
- Tracer le nouveau bord de pince (avec le déplacement de « 1 mm »).
- Faire pivoter le calque à l'extrémité de la pince (point de rotation) jusqu'au 2e bord de pince. Relever l'évolution du déplacement sur le tracé ainsi que l'évolution du point épaule-emmanchure.
- Tracer le nouveau bord de pince (avec le déplacement de « 1 mm »).
- Tracer les lignes d'épaule parallèles à la ligne de Base pour les différentes tailles.

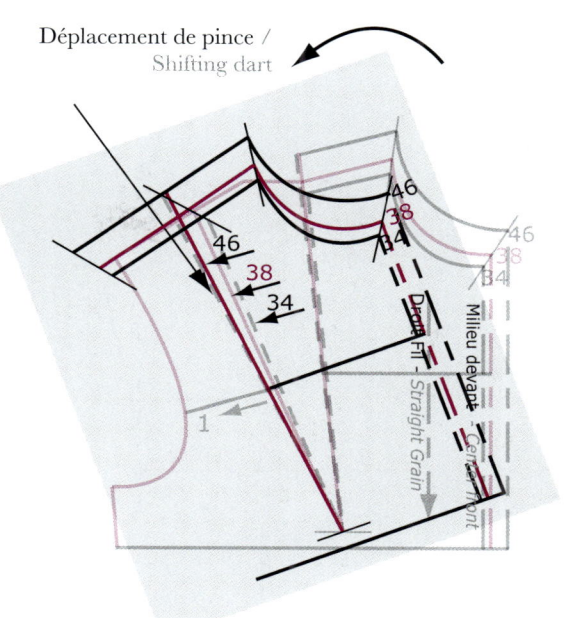

STEP 5

- Reposition this tracing paper on the outline, layering the 1st edges of dart. Mark a point at evolution of dart shift on outline.
- Trace the new dart edge (with the "1 mm" shift).
- Pivot the tracing paper at tip of dart (rotation point) all the way to 2nd edge of dart. Trace the evolution of shift on the outline as well as the evolution of shoulder-armhole point.
- Trace new edge of dart (with "1 mm" shift).
- Trace shoulder lines parallel to Block line for the different sizes.

Déplacement de pince / Shifting dart

Étape / Step ❺

ETAPE 6
GRADATION DE LA COURBE D'EMMANCHURE

Point 1/2 carrure devant (gradation horizontale) :
- Pour fixer le point de carrure devant correspondant à la T >, mesurer tout d'abord la valeur de carrure comprise entre le milieu devant et le 1er bord de pince. Retrancher cette valeur de la carrure totale. (Ex. : 17,5 cm (1/2 carrure devant) - 11,6 cm (mesure du milieu devant au 1er bord de pince) = 5,9 cm.
- Reporter cette valeur sur la ligne de carrure de la T.46 (du 2e bord de pince à l'emmanchure).
- Procéder de la même manière pour la T <.

Point dessous de bras (gradation horizontale) :
- Ressortir à l'horizontal de 7,5 mm par taille.
- Tracer les courbes d'emmanchures en utilisant le patronnage (méthode par « poussette »).

GRADATION DU CÔTÉ

Point côté-taille et côté-bas de corsage (gradation oblique) :
- Tracer une ligne perpendiculaire au milieu devant, en passant par le point taille.
- Ressortir le point de taille de 7,5 mm puis descendre de 2,5 mm.
- Même procédure pour le point côté-bas de corsage.
- Tracer la ligne de côté du dessous de bras au bas du corsage avec des courbes parallèles à celle de la TB.

GRADATION DES PINCES TAILLE

1re pince : le déplacement de la pince suit celui de la pince poitrine (fixe). Elle descendra de la même façon que la ligne de taille et de petites hanches (2,5 mm).
2e pince : elle se déplace de 3,75 mm vers le côté et descend de 2,5 mm sur les lignes de taille et de petites hanches.

STEP 6
GRADING ARMHOLE CURVE

1/2 front shoulder width (horizontal grading):
- To fix front shoulder width corresponding to S >, first measure amount of shoulder width included between center front and 1st dart edge. Remove this amount from total shoulder width.
- (Ex.: 17.5 cm (1/2 front shoulder width) - 11.6 cm (measurement of center front at 1st edge of dart) = 5.9 cm.
- Add this amount to shoulder width line of S.46 (at 2nd dart edge closer to armhole).
- Proceed in the same way for S<.

Underarm point (horizontal grading):
- Bring out horizontally 7.5 mm per size.
- Trace armhole curves by using the pattern ("pushing" method).

GRADING SIDE

Side-waist and side-bottom of bodice point (diagonal grading):
- Trace a perpendicular line at center front in passing by waist point.
- Extend waist point 7.5 mm and drop it 2.5 mm.
- Do same procedure for the side-bottom of bodice point.
- Trace side line from underarm to bottom of bodice with curves parallel to those of BS.

GRADING WAIST DARTS

1st dart: dart shift follows that of (fixed) bust dart. It will drop the same way as waistline and high hips (2.5 mm).
2nd dart: it shifts 3.75 mm towards side and drops 2.5 mm at waist and high hip lines.

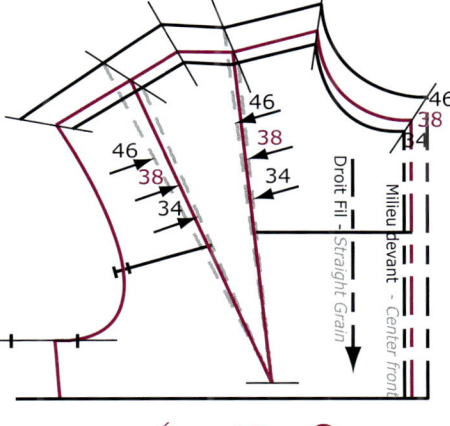

Étape / Step ❻

Dos / Back

ÉTAPE 7
GRADATION DE L'ENCOLURE DOS

Point milieu dos-encolure (gradation verticale) :
- Prolonger la ligne milieu dos à l'extérieur du tracé. L'encolure milieu dos s'élève de 2,5 mm par taille.
- À partir de ces points, tracer des perpendiculaires au milieu dos.

Attention : comme pour le corsage de base à pinces sans tassement, dans les modèles, l'encolure remontera de *3 mm.
- Mesurer sur cette ligne l'écart de 2,5 mm par taille.
- Tracer la ligne d'entre-tailles, de la T > à la T< en passant par la TB.

Point encolure-épaule (gradation oblique) :
- Ressortir de 0,5 mm et remonter de 5 mm.
- Tracer la ligne d'entre-tailles, de la T > à la T< en passant par la TB.
- Tracer la 1/2 encolure dos en s'aidant du patronnage (méthode par « poussette »).

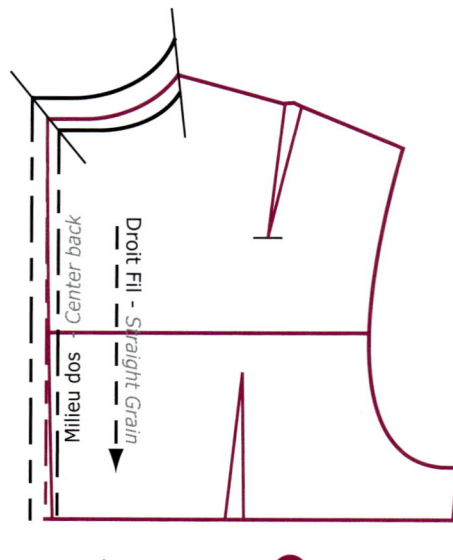

STEP 6
GRADING BACK NECKLINE

Center back-neckline point (vertical grading):
- Continue center back line beyond tracing. The center back neckline is raised 2.5 mm per size.
- From these points, trace perpendicular lines at center back.

Attention: as for basic bodice with darts and without stacking, in these models the neckline is raised *3 mm.
- On this line, measure a 2.5 mm flare per size.
- Trace the inter-size line from S > to S < in passing by the BS.

Neckline-shoulder point (diagonal grading):
- Extend it 0.5 mm and raise it 5 mm.
- Trace the inter-size line from S > to S < in passing by the BS.
- Trace the 1/2 back neckline by using the pattern ("pushing" method).

Étape / Step ❼

ÉTAPE 8
GRADATION DE LA LIGNE D'ÉPAULE + PINCE D'OMOPLATE

Pince d'omoplate + point épaule-emmanchure (gradation oblique) :
Attention : la pince suit l'évolution de la ligne d'épaule ; elle sera au centre de cette ligne dans toutes les tailles.
Comme pour le devant, tracer les bords de pince correspondant aux tailles T > et T < par des droites en passant par ces points et en les prolongeant au-delà de la ligne d'épaule.
Relever sur une feuille les lignes suivantes :
- De contour : milieu dos, encolure, épaule (jusqu'au 1er bord de pince).
- Internes : 1er bord de pince d'omoplate (proche milieu dos).

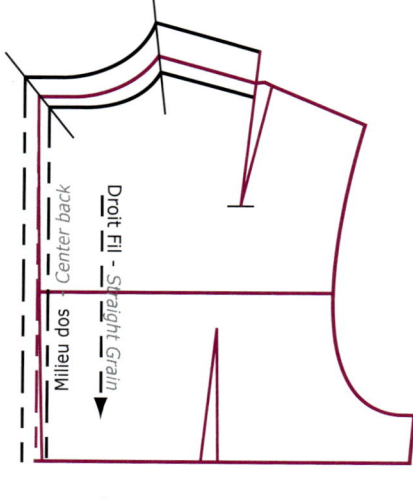

STEP 8
GRADING THE SHOULDER LINE + SHOULDER BLADE DART

Shoulder blade dart + shoulder-armhole point (diagonal grading):
Attention: The dart follows the evolution of the shoulder line ; it will be at the center of this line in all sizes.
For front, trace dart edges corresponding to sizes S< and S< in a straight line, passing by these points and continuing them beyond the shoulder line.
On a sheet of paper, trace the following lines:
- Contour: center back, neckline, shoulder (all the way to 1st edge of dart).
- Internal lines: 1st edge of shoulder blade dart (close to center back).

Étape / Step ❽

ÉTAPE 9
- Sur le calque, recopier la ligne d'épaule de la TB jusqu'à l'emmanchure.
- Prolonger les lignes d'épaule des 2 tailles extrêmes en direction de l'emmanchure.
- Marquer sur la ligne pente d'épaule la longueur totale de l'épaule (cf. *Tableau de Mesures,* p. 17).

Attention : tracer des lignes parallèles à la ligne de base.

Déplacement de la pince d'omoplate sur la pente d'épaule :
- Diviser par 2 les longueurs d'épaule des tailles extrêmes et les pointer.
- Tracer la ligne d'entre-tailles.

STEP 9
- On the tracing paper, recopy shoulder line of the BS all the way to armhole.
- Continue the shoulder lines of the 2 extreme sizes in direction of armhole.
- On shoulder slope line, mark the total length of shoulder (see *Measurement Chart,* p. 17).

Attention: trace lines parallel to the block line.

Shifting shoulder blade dart to shoulder slope:
- Divide shoulder lengths of extreme sizes by 2 and mark points for them.
- Trace the inter-size line.

Déplacement de pince / Shifting dart

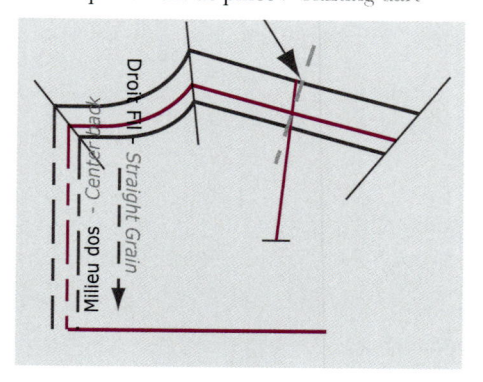

Étape / Step ❾

ETAPE 10

- Positionner la feuille calque sur le tracé pour recopier la gradation du point épaule-emmanchure.
- Repositionner ce calque sur le tracé en superposant les 1ers bords de pince.
- Pointer l'évolution du déplacement de la pince sur le tracé.
- Faire pivoter le calque vers l'emmanchure de façon à positionner le 1er bord de pince d'omoplate sur le 2e bord de pince de la T >.
- Pointer sur la souche l'évolution du point épaule-emmanchure.
- Tracer les lignes d'épaule pour les différentes tailles en parallèle à la ligne d'épaule de Base.

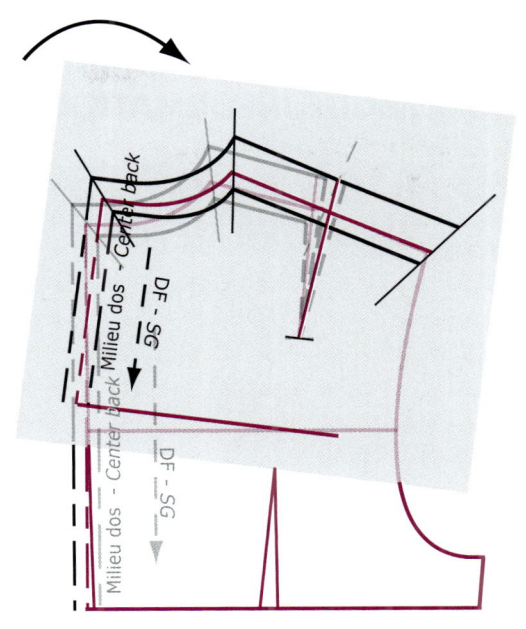

Étape / Step **10**

ETAPE 11

Point 1/2 carrure dos (gradation horizontale) :
- Pour fixer le point de carrure dos correspondant à la T >, porter la mesure de la 1/2 carrure dos dans le prolongement de la ligne de carrure, à l'extérieur de la Base.
- Procéder de la même manière pour la T <.

Point dessous de bras (gradation horizontale) :
- Ressortir à l'horizontal de 7,5 mm par taille.
- Tracer les courbes d'emmanchures en utilisant le patronnage (méthode par « poussette »).

Point côté-taille et côté-bas de corsage (gradation oblique) :
- Tracer une ligne perpendiculaire au milieu dos, en passant par le point taille.
- Ressortir le point de taille de 7,5 mm puis descendre de 2,5 mm.
- Même procédure pour le point côté-bas de corsage.
- Tracer la ligne de côté du dessous de bras au bas du corsage avec des courbes parallèles à celle de la TB.

GRADATION DES PINCES TAILLE

1re pince : le déplacement de la pince suit celui de la pince d'omoplate (fixe). Elle descendra de la même façon que la ligne de taille et des petites hanches (2,5 mm).
2e pince : elle se déplace de 2,15 mm vers le côté et descend de 2,5 mm sur les lignes de taille et petites hanches.
Pince milieu dos : elle se grade dans la hauteur (2,5 mm) mais elle reste fixe dans sa profondeur.

Contrôle final

Apporter toutes les vérifications nécessaires (cf. *Méthodes générales de gradation*, p. 8).

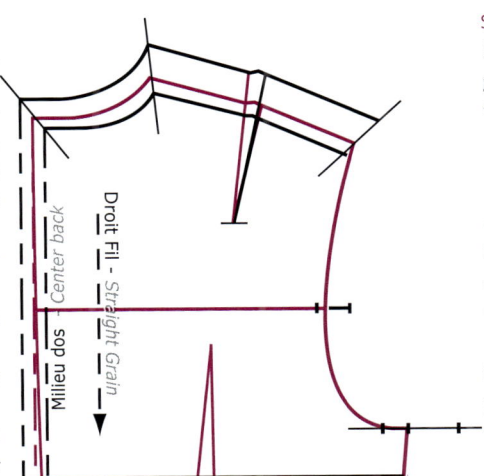

Étape / Step **11**

STEP 10

- Position tracing paper on the outline to recopy the grading of shoulder-armhole point.
- Reposition this tracing paper on outline by layering the 1st edges of dart.
- Mark a point for the evolution of dart shift on the tracing.
- Pivot the tracing paper towards armhole so as to position the 1st shoulder blade dart edge on the 2nd edge of S > dart.
- Mark a point on the evolution stack at the shoulder-armhole point.
- Trace shoulder lines for the different sizes parallel to the Base shoulder line.

STEP 11

1/2 back shoulder width point (horizontal grading):
- To fix the back shoulder width point corresponding to S >, bring the measurement of the 1/2 back shoulder width as a continuation of the shoulder width line outside the block.
- Proceed the same way for S <.

Underarm point (horizontal grading):
- Horizontally extend it 7.5 mm per size.
- Trace the armhole curves by using the pattern ("pushing" method).

Side-waist and side-bottom of bodice points (diagonal grading):
- Trace a perpendicular line at center back passing by waist point.
- Extend the waist point 7.5 mm and drop it by 2.5 mm.
- Do the same procedure for the side-bottom of bodice point.
- Trace the side line from underarm to bottom of bodice with curves parallel to those of the BS.

GRADING WAIST DARTS

1st dart: The dart shift follows that of the (fixed) shoulder blade dart. It drops the same way as the waist line and high hip line (2.5 mm).
2nd dart: It shifts 2.15 mm towards the side and drops 2.5 mm at the waist and high hip lines.
Center back dart: It is graded in height (2.5 mm) but remains fixed in depth.

Final verification

Apply all the necessary verifications (see *General grading methods*, p. 8).

CORSAGE À PINCES AVEC TASSEMENT
MÉTHODE INFORMATIQUE

DARTED BODICE WITH STACKING
COMPUTER METHOD

Ces images ont été travaillées à partir de MODARIS, logiciel développé par la société LECTRA. La manipulation de la gradation par informatique demande une attention toute particulière au moment du remplissage du tableau de gradation. En effet, votre choix du signe (+) ou (-) avant la valeur, déterminera le sens de l'évolution.

These images were worked on MODARIS, a software developed by the LECTRA company. Computer grading manipulation requires a particular attention at the moment of filling in the grading table. Your choice of symbol (+) or (-) before each amount will determine the evolution's direction.

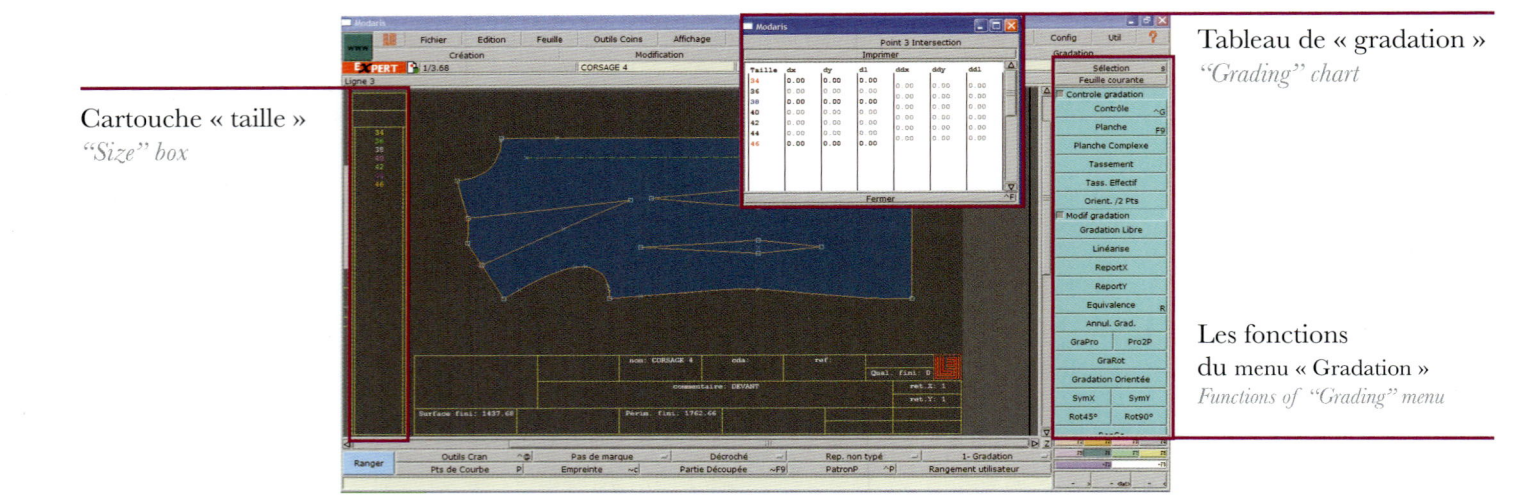

Cartouche « taille »
"Size" box

Tableau de « gradation »
"Grading" chart

Les fonctions du menu « Gradation »
Functions of "Grading" menu

Cartouche « taille » : il permet de contrôler le type d'évolution importé dans le modèle.

Tableau « gradation » : il permet de rentrer les valeurs d'évolutions dans les colonnes « ddx », « ddy », « ddl ».

Les fonctions du menu « gradation » : ce menu comporte plusieurs outils permettant de réaliser et de simplifier le travail de gradation.

"Size" box: helps verify the type of evolution imported for the model.

"Grading" chart: helps to enter the evolution amounts in the "ddx", "ddy" or "ddl" columns.

Functions of "grading" menu: this menu includes various tools for realizing and simplifying grading.

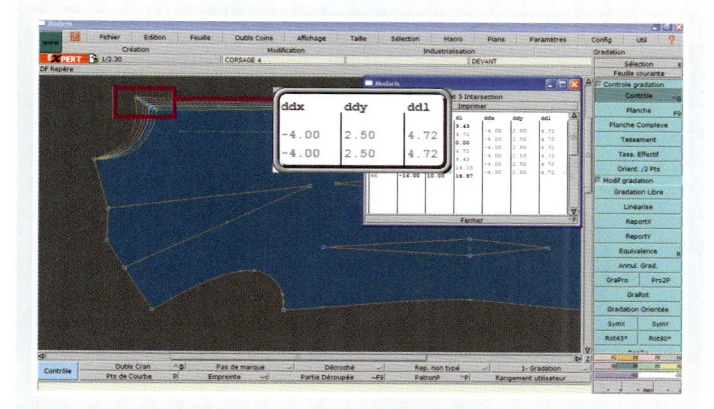

Point milieu devant-encolure / Center front-neckline point:

Sélectionner la fonction « Contrôle » puis cliquer sur le point à grader. Dans le tableau, dans la colonne « ddx », taper -4.00, dans la colonne « ddy », taper 2.50

Select the "Control" function and click on the point to be graded. On the chart in the «ddx» column, type -4.00 and in the "ddy" column, type 2.50

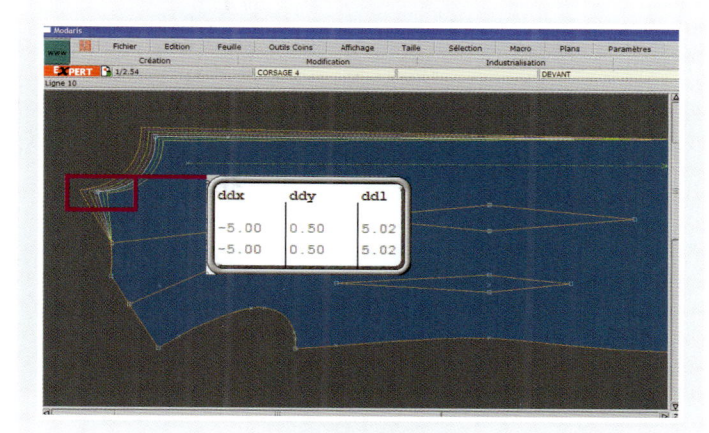

Point encolure-épaule / Neckline-shoulder point:

« ddx » : -5.00   « ddy » : 0.50

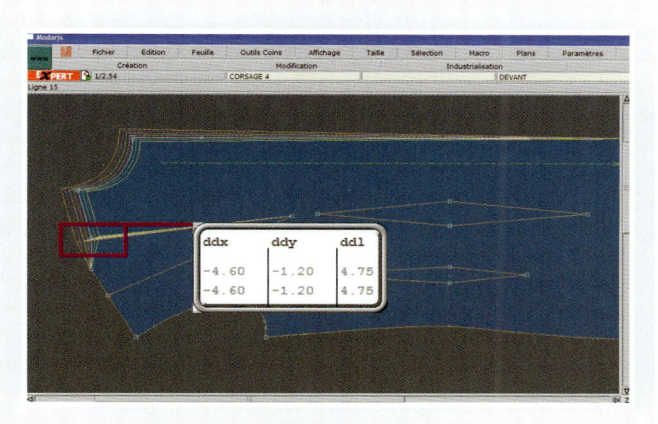

Point épaule-1er bord de pince poitrine / Shoulder-1st edge of dart point:

« ddx » : -4.60   « ddy » : -1.20

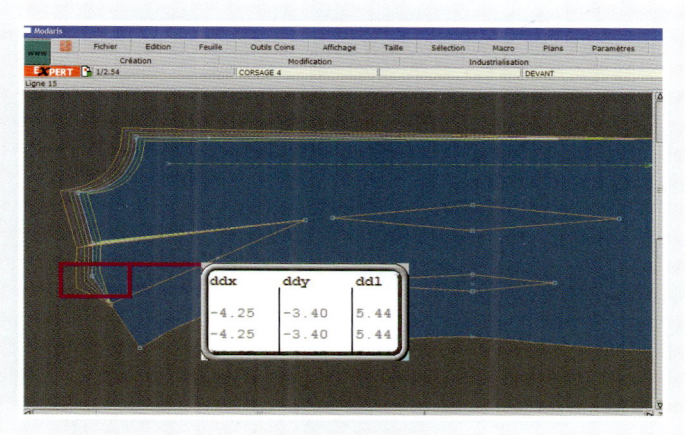

Point épaule-milieu de pince poitrine / Shoulder-Middle of dart point:

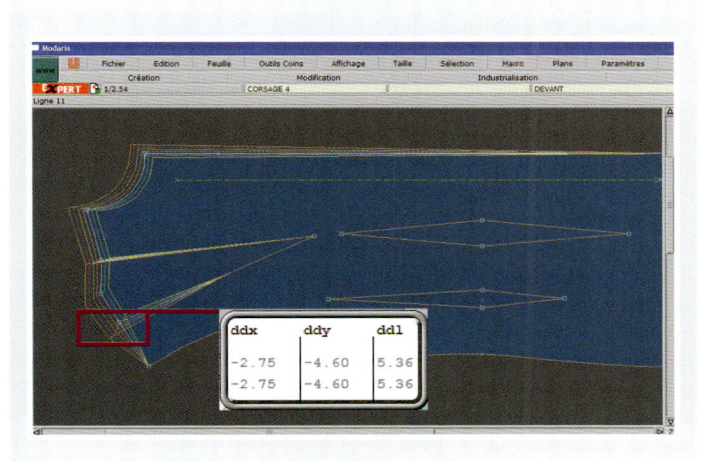

« ddx » : -4.25   « ddy » : 3.40

Point épaule-2e bord de pince poitrine / Shoulder-2nd edge of dart point:

« ddx » : -2.75   « ddy » : -4.60

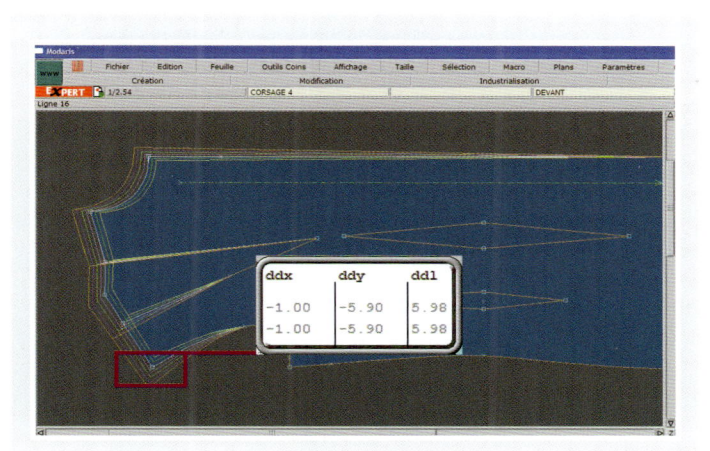

Point épaule-emmanchure / Shoulder-armhole point:
« ddx » : -1.00   « ddy » : -5.90

Point extrémité de pince poitrine / Tip of bust dart point:

« ddx » : 0.00   « ddy » : -2.50

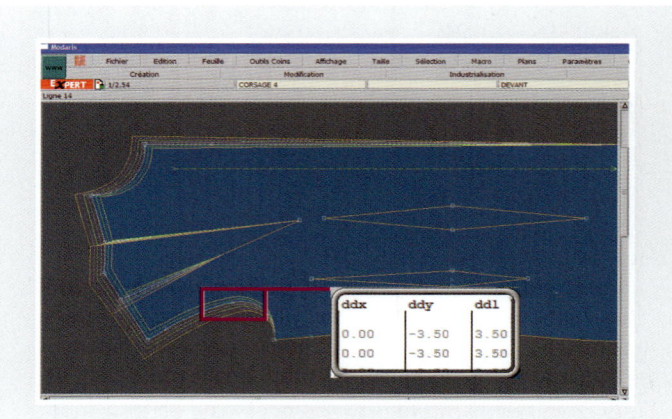

Point carrure devant / Front shoulder width point:

« ddx » : 0.00   « ddy » : -3.50

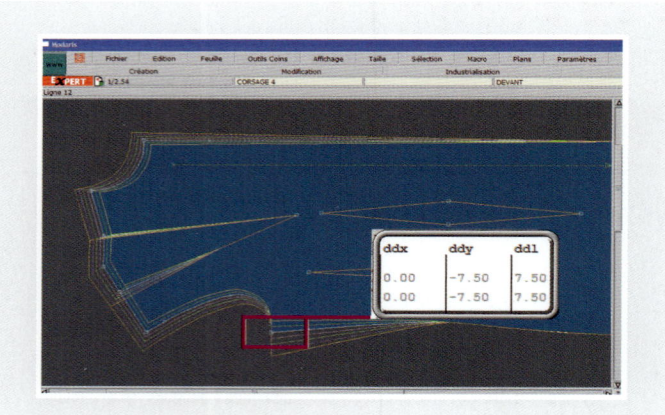

Point Dessous de bras-côté / Underarm-side point:

« ddx »: 0.00   « ddy »: -7.50

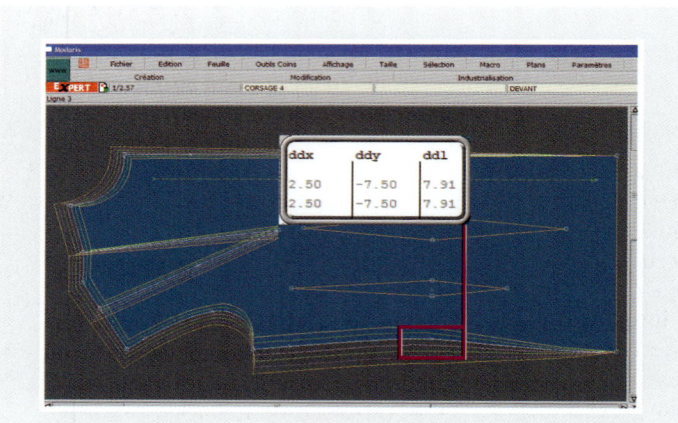

Point Côté-taille / Side-waist point:

« ddx »: 2.50   « ddy »: -7.50

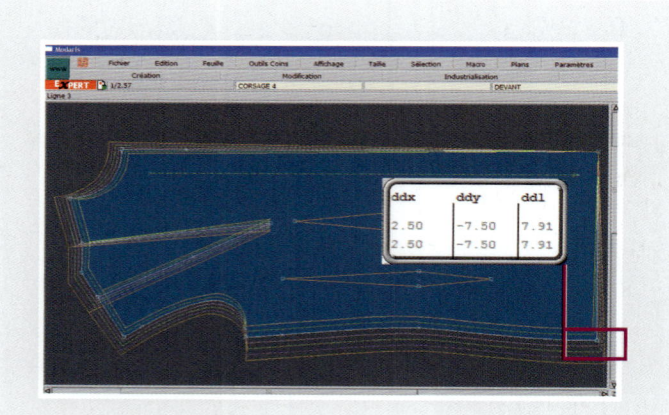

Point côté-bas du corsage / Side-bottom of bodice point:

« ddx » : 2.50   « ddy »: -7.50

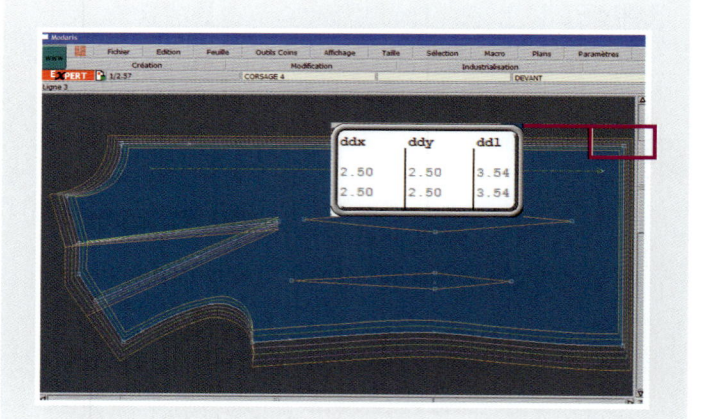

Point bas du corsage-milieu devant / Bottom of bodice-center front point:

« ddx » : 2.50   « ddy » : 2.50

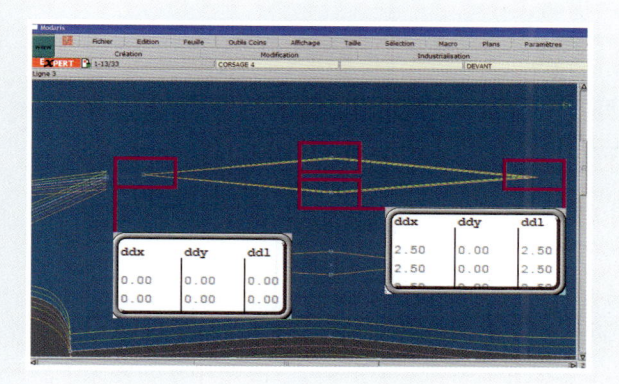

1re pince taille / 1st waist dart
Point extrémité supérieure / Points bords de pince + extrémité inférieure / Upper point / Edge of dart points + lower point: « ddx » : 0.00   « ddy » : 0.00

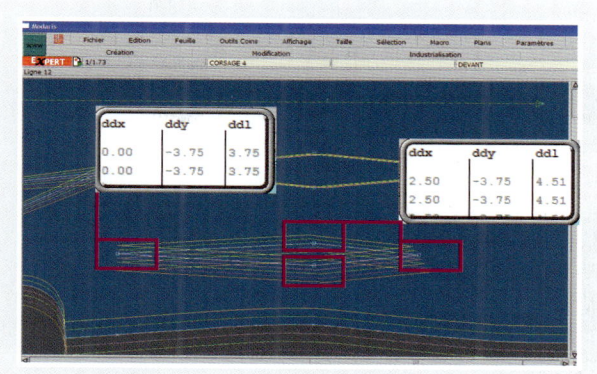

1re pince taille / 1st waist dart
Point Extrémité supérieure / Upper point:
« ddx »: 0.00   « ddy » : -3.75
Points bords de pince + extrémité inférieure / Edge of dart points + lower point: « ddx » : 2.50   « ddy » : -3.75

Boîte de dialogue « mesures »
"Measurement" dialogue box

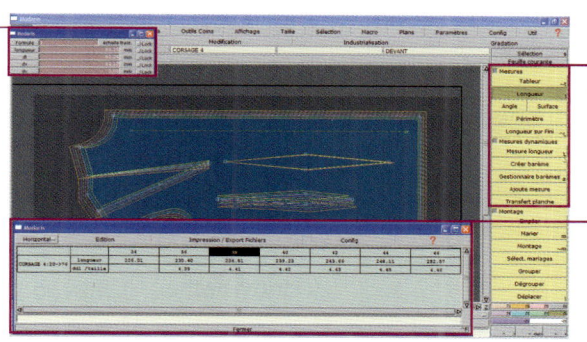

Fonctions du menu « Mesures »
Functions of "Measurement" menu

Tableau « Mesures »
"Measurement" chart

Fonctions du menu « mesures » : ces outils permettent de mesurer et de contrôler des segments de droite, de courbe pour des tailles sélectionnées.
Boîte de dialogue « mesures » : elle permet, en interactivité, de donner une longueur entre 2 points.
Tableau « mesures » : une fois la mesure prise, le résultat est donné automatiquement dans le tableau, par défaut dans les tailles de ruptures (si les tailles n'ont pas été sélectionnées avant de mesurer).

Functions of "measurement" menu: these tools help measure and verify straight and curved segments for the sizes selected.
"Measurement" dialogue box: it interactively helps give the length between 2 points.
"Measurement" chart: once the measurement has been taken, the result is automatically given in the chart by lack of a break in sizes (if sizes have not been selected before taking measurements).

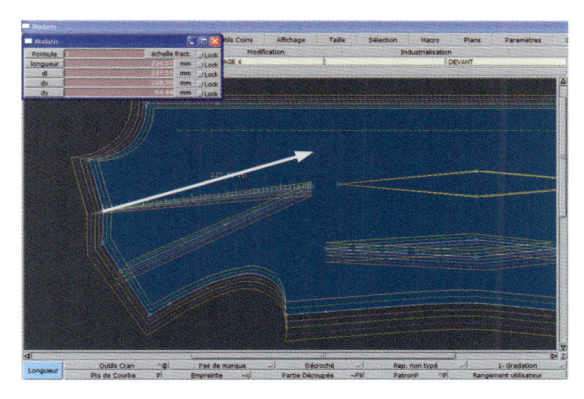

Mesure des longueurs bords de pince poitrine :
 - Sélectionner la fonction « Longueur ».
 - Cliquer sur le point épaule-1er bord de pince puis sur le point extrémité de pince.
 - Cliquer sur le point épaule-2e bord de pince puis sur le point extrémité de pince.

Measure the edges of bust dart:
 - Select the "Length" function.
 - Click on the shoulder-1st edge of dart point and then on tip of bust dart point.
 - Click on the shoulder-2nd edge of dart point and then on tip of bust dart point.

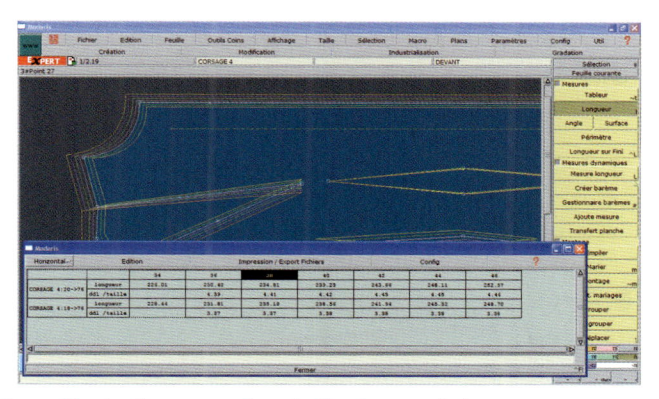

Contrôle des longueurs bords de pince poitrine :
 - Sélectionner la fonction « Tableur ».
 - Le tableau de mesures apparaît.
 - Comparer les 2 mesures obtenues.
 - Modifier les valeurs de gradation, si nécessaire.

Verify the edge of bust dart:
 - Select the "Calculation" function.
 - The measurement chart will appear.
 - Compare the 2 measurements obtained.
 - Modify the grading amounts, if necessary.

DARTED BODICE WITH STACKING
COMPUTER METHOD

Preparation

- Open model to be graded and import the size file.

Note: the front and back pieces are shown in MODARIS software with the Straight Grain placed horizontally.
Grading is done in relation to 2 axes: a "X" horizontal axis and a "Y" vertical axis (see *Work method on stack for darted bodice*, p. 26). A stacking is done on the bust (front) and shoulder blade (back) darts. The 2.5 mm shift of each piece will be done moving towards the center front and back.
With the computer method, the result will be much quicker and more precise than the manual method.

Realization

The grading follows the same principal as that of the darted bodice, explained from p. 56 to 59. Only the amounts will change based on the stacking of the bust dart.

Front

GRADING THE NECKLINE
Attention: in the models, the neckline must extend *4 mm instead of 2.5 mm (as on basic bodice).

GRADING SHOULDER LINE + BUST DART
Attention: on all sizes, shoulder lines will be parallel to those of the block line.

GRADING OF SIDE LINE
For fitted waist garments, the waist line drops 2.5 mm. In contrast, for straight models, this line will remain fixed in its height.

Back

In the MODARIS software grading chart, the signs in "Y" are currently reversed; they work positively while, on the front, they work negatively (this is due to the placement of the back piece which is reversed in relation to the front).

GRADING THE NECKLINE
Attention: in the models, back neckline is extended by *3 mm instead of 2.5 mm (as on basic bodice).

Final verification

- Verify the construction lines together by measuring them with MODARIS software's "Length" function (Ex.: front shoulder with back shoulder, …).
- Apply all the necessary verifications (see *General grading methods*, p. 8).

MESURES (en cm) / MEASUREMENTS (in cm)	\multicolumn{7}{c	}{TAILLES / SIZES}	Évolutions de tailles (en mm) Sizes evolutions (in mm)
	34	36	38	40	42	44	46	
Longueur taille dos - Back waist length	40	40.5	41	41.5	42	42.5	43	5
Longueur taille devant - Front waist length	36	36.5	37	37.5	38	38.5	39	5
Hauteur de poitrine - Bust length	21	21.5	22	22.5	23	23.5	24	5
1/2 tour d'encolure - 1/2 neckline measurement	17	17.5	18	18.5	19	19.5	20	5
Longueur d'épaule - Shoulder length	11.2	11.6	12	12.4	12.8	13.2	13.6	4
1/2 carrure devant - 1/2 front shoulder width	16	16.25	16.5	16.75	17	17.25	17.5	2.5
1/2 carrure dos - 1/2 back shoulder width	17	17.25	17.5	17.75	18	18.25	18.5	2.5
Tour d'emmanchure - Armhole measurement	37.5	38.5	39.5	40.5	41.5	42.5	43.5	10
Tour de taille - Waist measurement	60	64	68	72	76	80	84	4
Tour de grandes hanches - Full hip measurement	88	92	94	98	102	106	110	4
Hauteur taille-hanches - Waist to hip length	22	22	22	22	22	22	22	0

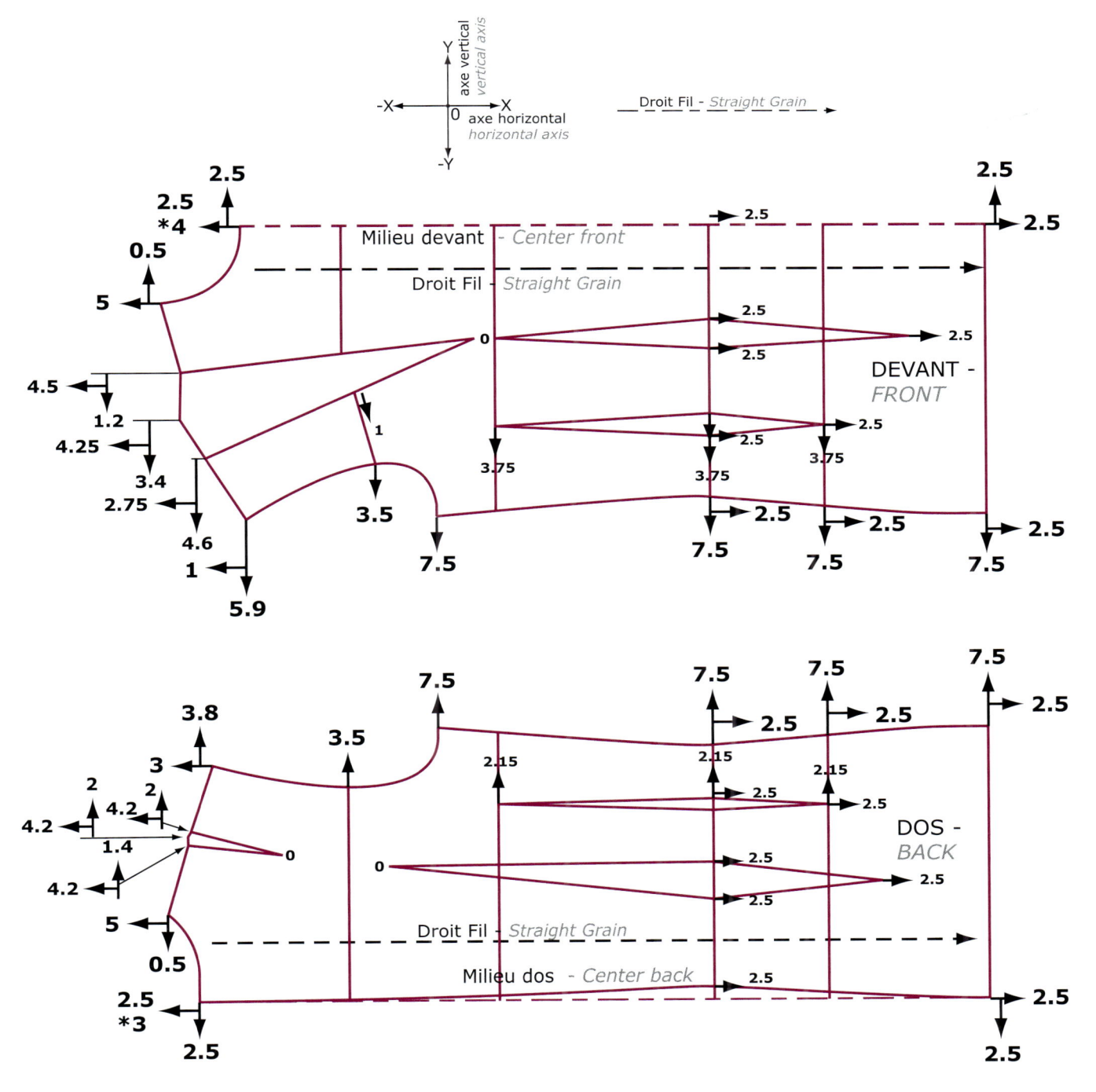

CORSAGE DE BASE MAILLE — KNIT BODICE BLOCK

Préparation cf. *Travail sur une souche de gradation*, p. 26

Preparation see *Work on a grading stack*, p. 26

Réalisation

La gradation du corsage maille suit le même principe que celle du corsage à pinces.

Devant

GRADATION LIGNE D'ÉPAULE
Attention : les lignes d'épaule dans toutes les tailles seront parallèles à celle de la ligne de base.
1re méthode (gradation en parallèle) :
- Poser la règle parallèle sur la ligne de base puis la faire glisser jusqu'au point de la Taille Supérieure.
- Tracer la ligne d'épaule en y reportant sa longueur. Même exercice pour la Taille Inférieure.
- Tracer la ligne « entre-taille ».

2e méthode (gradation oblique) : **point épaule-emmanchure** :
- Ressortir de 5,5 mm : évolution de longueur épaule + gradation du point encolure-épaule.
- Remonter de 3,5 mm et rejoindre les points encolure aux points emmanchure par des droites.

GRADATION LIGNE DE CÔTÉ
Pour des vêtements cintrés, on descendra la ligne de taille de 2,5 mm. Par contre, pour des modèles droits, cette ligne restera fixe dans la hauteur.

Realization

The bodice follows the same principle as that of the darted bodice.

Front

GRADING SHOULDER LINE
Attention: the shoulder lines in all sizes will be parallel to those of the base block line.
1st method (parallel grading):
- Place the ruler parallel on the block line and then slide it to the point of the Largest Size.
- Trace the shoulder line and extend its length. Do the same thing for the Smallest Size.
- Trace the "inter-size" line.

2nd method (diagonal grading): **shoulder-armhole point:**
- Extend 5.5 mm: evolution of shoulder length + grading neckline-shoulder point.
- Raise it 3.5 mm and join neckline and armhole points by a straight line.

GRADING SIDE LINE
For fitted garments, we will drop the waist line 2.5 mm. In contrast, for straight models, the length of this line will remain the same.

MESURES (en cm) / MEASUREMENTS (in cm)	34	36	38	40	42	44	46	Évolutions de tailles (en mm) / Sizes evolutions (in mm)
Longueur taille dos - Back waist length	40	40.5	41	41.5	42	42.5	43	5
Longueur taille devant - Front waist length	36	36.5	37	37.5	38	38.5	39	5
Hauteur de poitrine - Bust length	21	21.5	22	22.5	23	23.5	24	5
1/2 tour d'encolure - 1/2 neckline measurement	17	17.5	18	18.5	19	19.5	20	5
Longueur d'épaule - Shoulder length	11.2	11.6	12	12.4	12.8	13.2	13.6	4
1/2 carrure devant - 1/2 front shoulder width	16	16.25	16.5	16.75	17	17.25	17.5	2.5
1/2 carrure dos - 1/2 back shoulder width	17	17.25	17.5	17.75	18	18.25	18.5	2.5
Tour d'emmanchure - Armhole measurement	37.5	38.5	39.5	40.5	41.5	42.5	43.5	10
Tour de taille - Waist measurement	60	64	68	72	76	80	84	4
Tour de grandes hanches - Full hip measurement	88	92	94	98	102	106	110	4
Hauteur taille-hanches - Waist to hip length	22	22	22	22	22	22	22	0

Dos

Les évolutions du dos suivent celles du devant.
Attention : dans les modèles, l'encolure dos remontera de *4 mm au lieu de 2,5 mm (comme sur le corsage de base).

Back

The back evolutions follow those of the front.
Attention: in the models, the back neckline will raise *4 mm instead of 2.5 mm (as on basic bodice).

Contrôle final

- Vérifier les lignes d'assemblages entre elles (ex. : épaule devant avec épaule dos…).
- Apporter toutes les vérifications nécessaires (cf. *Méthodes générales de gradation*, p. 8).

Final verification

- Verify construction lines together (ex.: front shoulder with back shoulder).
- Apply all the necessary verifications (see *General grading methods*, p. 8).

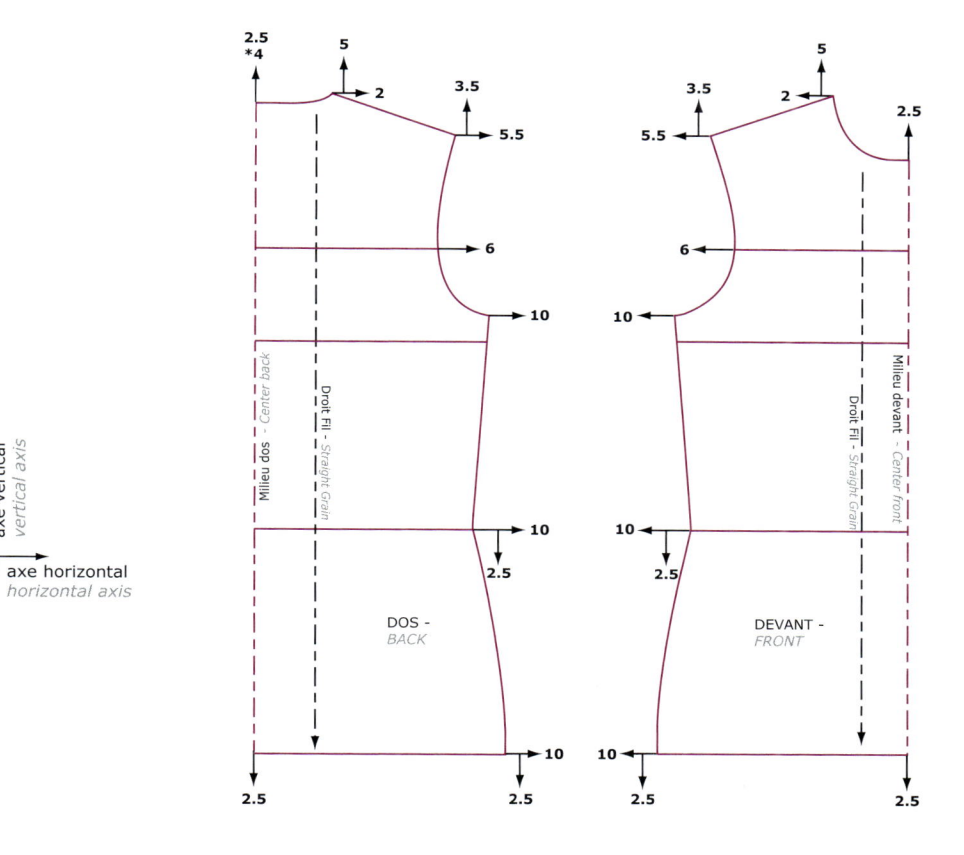

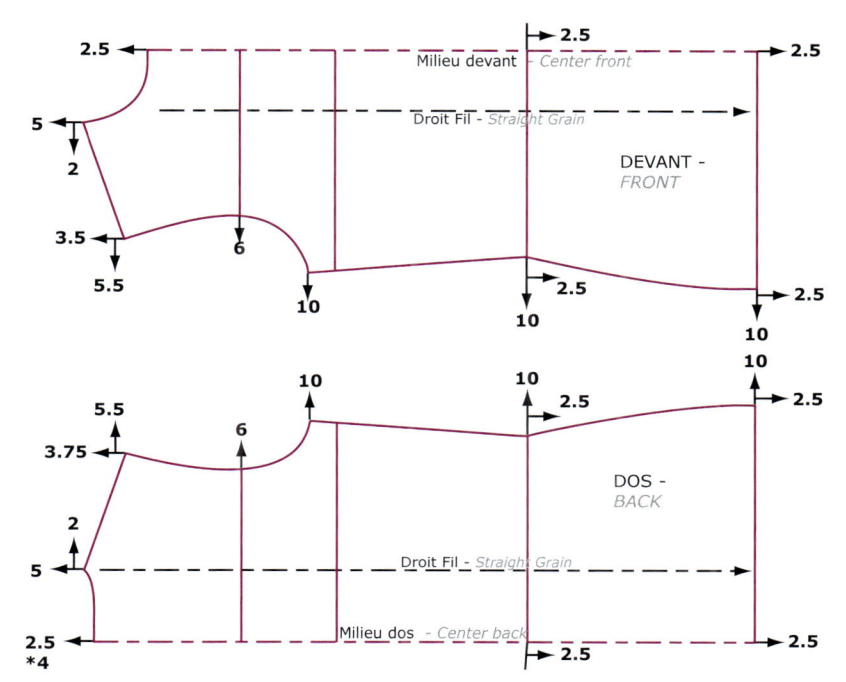

DÉCOUPE BRETELLE AVEC TASSEMENT

Note : le but de la gradation (avec ou sans tassement) est de faire évoluer le vêtement dans toutes les tailles, proportionnellement par rapport à la Taille de Base.
Dans un modèle avec une découpe (bretelle, princesse…), il faut tenir compte, en priorité, de l'évolution par taille des tours de poitrine, de taille… puis du positionnement de la découpe à l'intérieur du vêtement, tout en respectant son allure et son style.
Dans des modèles de robes ou de vestes, en prêt-à-porter, l'évolution sera de 40 mm par les lignes de côtés (cf. *Tableau de mesures*, p. 17) mais une évolution supplémentaire (10 mm) sera rajoutée au niveau de la taille par la (ou les) découpe(s). Concrètement, le côté taille évoluera de 40 mm (comme la poitrine, les grandes hanches) mais par les découpes (ou les pinces), le tour de taille augmentera de 10 mm en plus par rapport à l'évolution relevée dans le tableau de mesures, soit 50 mm.
Ceci afin de respecter la morphologie de la femme qui a tendance à s'arrondir au niveau du ventre.

Principe

Si la découpe se trouve à la moitié du vêtement, elle se déplace de la moitié de l'évolution vers le côté.
Si la découpe se trouve proche du saillant de poitrine, ce qui représente environ 1/3 de la proportion du vêtement, elle se déplace du 1/3 de l'évolution du côté.
Si la découpe se trouve à 1/4 du côté, ce qui représente environ 1/4 de la proportion du vêtement, elle se déplace du 1/4 de l'évolution du côté. Exemple : sur le devant (pour une évolution de 10 mm vers le côté) :
- Gradation d'une découpe créée proche du saillant de poitrine (1/3) : elle évolue de 3 mm vers le côté.
- Gradation d'une découpe créée entre le saillant de poitrine et le côté (1/4) : elle évolue de 2,5 mm vers le côté.

Préparation

- Contrôler les longueurs des découpes bretelles devant entre elles ainsi que celles du dos.
- Relever les deux pièces du devant sur la même feuille, les découpes l'une à côté de l'autre. Idem sur le dos.
- Placer les lignes des grandes hanches sur un même plan (même hauteur).

Réalisation

Dans cet exercice de gradation, 2 méthodes sont proposées :
Méthode 1 (avec un tassement sur les découpes devant et dos) :

STRAP CUT WITH STACKING

Note: the goal of grading (with or without stacking) is to evolve the garment proportionally in all sizes in relation to the base size. In a model with a seam (strap cut, princess seam,…), it is important to first take into account the size evolution of the bust and waist measurements … and then shift the seam toward the inside of the garment while respecting its look and style.
In dress or jacket models for ready-to-wear, the evolution will be 40 mm on the side lines (see *Measurement chart*, p. 17) but an additional evolution (10 mm) will be added at the waist level in the seam(s). Concretely, the side waist measurement evolves 40 mm (as for bust and wide hips) but for the seams (or darts), the waist measurement will increase 10 mm more in relation to the evolution in the measurement chart, or 50 mm.
This is to respect a woman's morphology which tends to be rounder at the stomach.

Principle

If the seam is located at the garment's halfway mark, it will shift half of the evolution towards the side.
If the seam is found close to the bust tip, which means approximately 1/3 of the garment proportionally, it will shift 1/3 of the side evolution.
If the seam is found at 1/4 of the side, which represents approximately 1/4 of the garment proportionally, it will shift 1/4 of the side evolution. example: on front (for a 10 mm evolution towards the side):
- Grading a seam located close to the bust tip (1/3): it evolves 3 mm towards the side.
- Grading a seam located between bust tip and side (1/4): it evolves 2.5 mm towards the side.

Preparation

- Verify the lengths of front strap seams together as well as those on back.
- Trace two front pieces on the same piece of paper with seams next to each other. Do the same for back.
- Place wide hip lines at the same level.

Realization

In this grading exercise, 2 methods are proposed:
Method 1 (with stacking on front and back seams):
On each seam, the grading remains in place. An evolution will be done only on shoulder line, for the height.
The evolution of the 1/4 bust measurement, waist and wide hips

Sur chaque découpe, la gradation reste fixe. Une évolution se fera uniquement sur la ligne d'épaule, dans la hauteur.
L'évolution des 1/4 tours de poitrine, de taille, des grandes hanches (10 mm) est répartie entre les côtés (7 mm) et les milieux devant et dos (3 mm).
Avec un tassement sur la découpe, toutes les valeurs évoluant à l'horizontale, vont changer :
- Sur la pièce du côté, il faudra retirer 3 mm aux valeurs existantes (exemple sur la carrure : 6 mm - 3 mm = 3 mm).
- Sur la pièce du milieu, il faudra rajouter 3 mm aux valeurs existantes (exemple sur encolure-épaule : 2 mm - 3 mm = - 1mm).

Sur le même principe, ce travail peut se faire également en répartissant 6 mm sur les côtés et 4 mm sur les milieux.

(10 mm) is distributed between the sides (7 mm) and center front and back (3 mm).
With a stacking on the seam, all amounts evolving horizontally will change:

MESURES (en cm) MEASUREMENTS (in cm)	34	36	38	40	42	44	46	Évolutions de tailles (en mm) Size evolutions (in mm)
Longueur d'épaule / Shoulder length	11.2	11.6	12	12.4	12.8	13.2	13.6	4
1/2 carrure devant / 1/2 front shoulder width	16	16.25	16.5	16.75	17	17.25	17.5	2.5
1/2 carrure dos / 1/2 back shoulder width	17	17.25	17.5	17.75	18	18.25	18.5	2.5
Tour d'emmanchure / Armhole measurement	37.5	38.5	39.5	40.5	41.5	42.5	43.5	10
Tour de taille / Waist measurement	60	64	68	72	76	80	84	4
Tour de grandes hanches / Full hip measurement	88	92	94	98	102	106	110	4

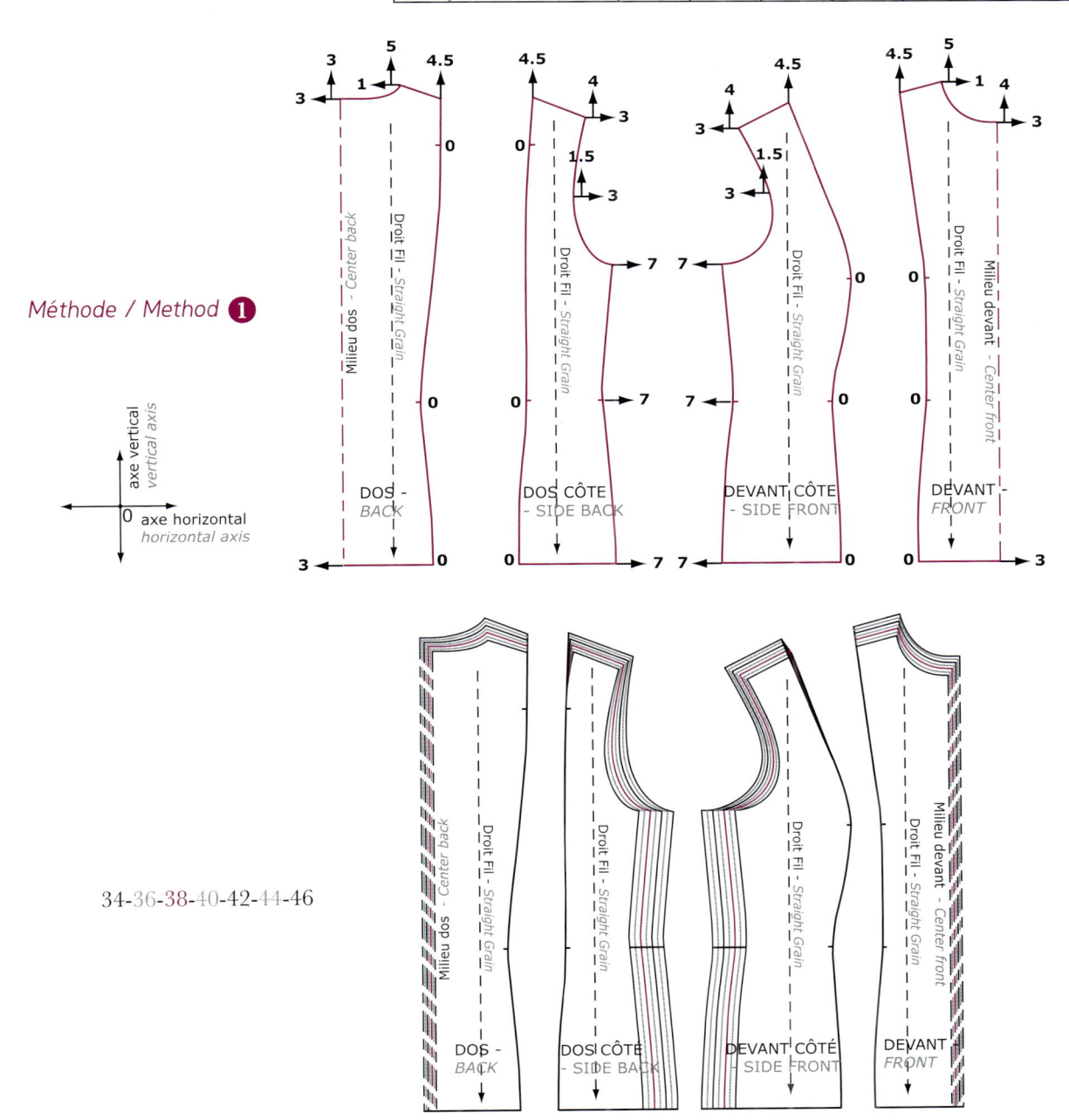

Méthode / Method ❶

axe vertical / vertical axis
0 axe horizontal / horizontal axis

34-36-38-40-42-44-46

MÉTHODE 2
AVEC UN SEUL TASSEMENT, SUR UN CÔTÉ DES DÉCOUPES DEVANT ET DOS

L'évolution de la découpe dans cette méthode (voir planche) suit le même principe que celle de la Méthode 1.

Avec un tassement sur une seule des découpes, toutes les valeurs évoluant à l'horizontal, vont changer :

- Sur la pièce du côté, il faudra retirer 6 mm aux valeurs existantes (exemple sur le côté : 10 mm - 6 mm = 4 mm).

Normalement, l'évolution de la découpe se déplace de 3 mm vers le côté. Dans cet exercice, elle se déplace de 3 mm mais vers le milieu devant.

- Sur la pièce du milieu, il faudra rajouter 3 mm aux valeurs existantes (exemple sur encolure-épaule : 2 mm - 3 mm = - 1 mm).

Contrôle final

Apporter toutes les vérifications nécessaires (cf. *Méthodes générales de gradation*, p. 8).

- On side piece, it is necessary to remove 3 mm from the existing amounts (example on cross: 6 mm - 3 mm = 3 mm).
- On center piece, it is necessary to add 3 mm to the existing amounts (example at neckline-shoulder: 2 mm - 3 mm = - 1 mm).

In the same principle, this work can also be done by distributing 6 mm on sides and 4 mm to centers.

METHOD 2
WITH A SINGLE STACKING ON ONE SIDE OF FRONT AND BACK SEAMS

The seam evolution in this method (see board) follows the same principle as that of Method 1.

With a stacking on a single seam, all amounts evolve horizontally and will change:

- On the side piece, it is necessary to remove 6 mm from the existing amounts (example on side: 10 mm - 6 mm = 4 mm).

Generally, the seam evolution shifts 3 mm towards the side. In this exercise, it shifts 3 mm but towards center front.

- On the center piece, it is necessary to add 3 mm to the existing amounts (example at neckline-shoulder: 2 mm - 3 mm = - 1 mm).

Final verification

Apply all the necessary verifications (see *General grading methods*, p. 8).

MESURES (en cm) MEASUREMENTS (in cm)	TAILLES / SIZES							Évolutions de tailles (en mm) Size evolutions (in mm)
	34	36	38	40	42	44	46	
Longueur d'épaule Shoulder length	11.2	11.6	12	12.4	12.8	13.2	13.6	4
1/2 carrure devant 1/2 front shoulder width	16	16.25	16.5	16.75	17	17.25	17.5	2.5
1/2 carrure dos 1/2 back shoulder width	17	17.25	17.5	17.75	18	18.25	18.5	2.5
Tour d'emmanchure Armhole measurement	37.5	38.5	39.5	40.5	41.5	42.5	43.5	10
Tour de taille Waist measurement	60	64	68	72	76	80	84	4
Tour de grandes hanches Full hip measurement	88	92	94	98	102	106	110	4

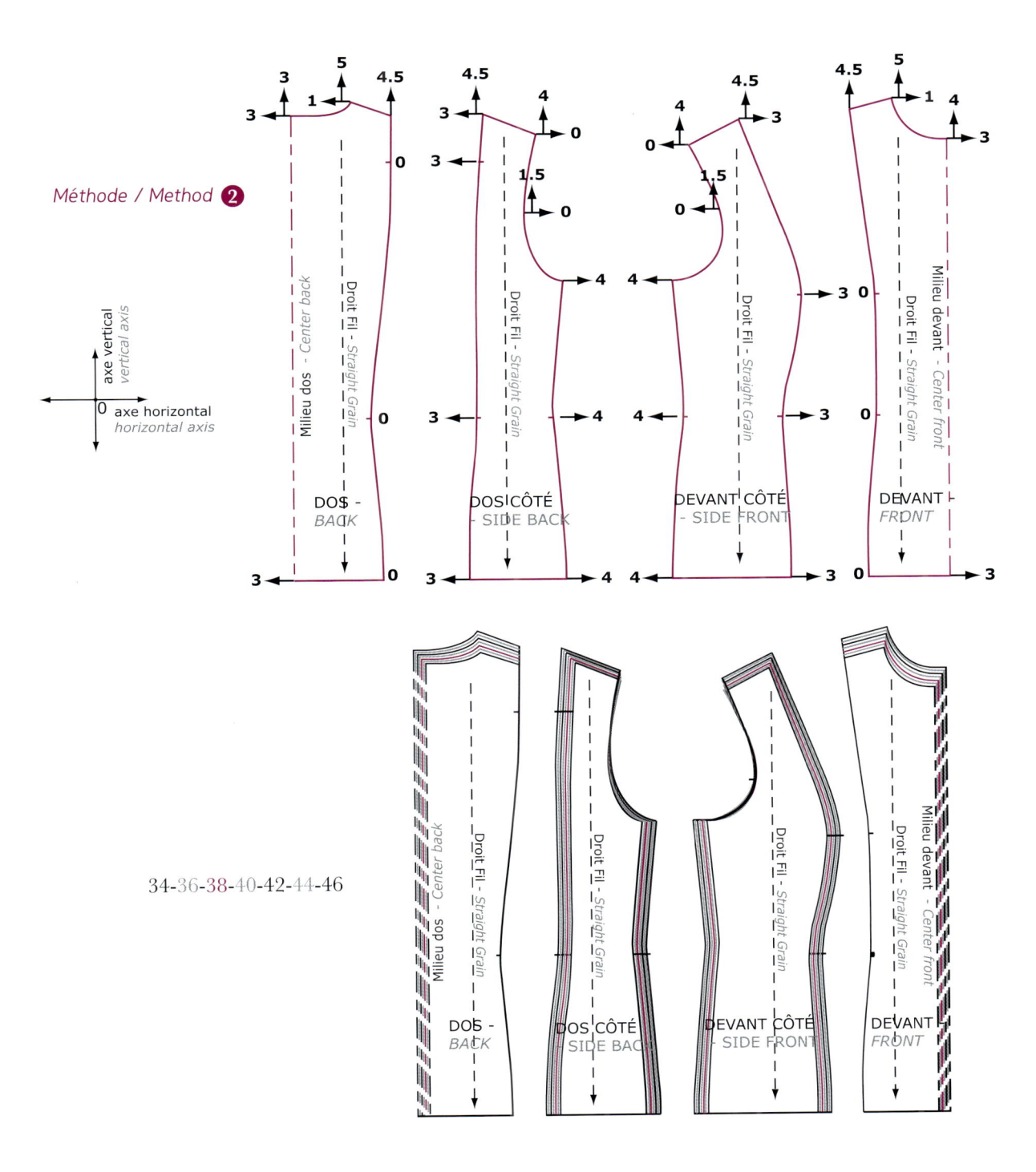

Méthode / Method ❷

34-36-38-40-42-44-46

DÉCOUPE PRINCESSE
AVEC ET SANS TASSEMENT

Préparation cf. *Découpe bretelle*, p. 64

Réalisation

Dans cet exercice, sont proposées 2 méthodes de travail :

MÉTHODE 1
AVEC UN TASSEMENT SUR LES DÉCOUPES DEVANT ET DOS
L'évolution des 1/4 tours de poitrine, de taille, des grandes hanches (10 mm) est répartie entre les côtés et les milieux devant et dos. Sur chaque découpe, la gradation reste fixe sauf sur la partie emmanchure où l'on portera la valeur de l'évolution de la carrure - la valeur du tassement :
- Côtés : 7 mm.
- Milieux devant et dos : 3 mm (valeur du tassement).
- Découpe princesse sur l'emmanchure : ressortir de 3 mm (pour une évolution de 6 mm) (cf. *Corsage à pinces*, p. 46) et remonter de 1,5 mm.

Sur le même principe, ce travail peut se faire également en répartissant 6 mm sur les côtés et 4 mm sur les milieux.

MÉTHODE 2
Dans cet exercice, la gradation se fait par les côtés. La découpe se déplace vers le côté de 6 mm.
- Côtés : 10 mm.
- Milieux devant et dos : la gradation reste fixe à l'horizontale. Les encolures évoluent à la verticale.
- Découpe princesse sur l'emmanchure : ressortir de 6 mm (cf. *Corsage à pinces*, p. 46) et remonter de 1,5 mm.

Contrôle final

Apporter toutes les vérifications nécessaires (cf. *Méthodes générales de gradation*, p. 8).

PRINCESS CUT
WITH AND WITHOUT STACKING

Preparation see *Strap cut*, p. 64

Realization

In this exercise, 2 work methods are proposed:

METHOD 1
WITH STACKING ON FRONT AND BACK SEAMS
In this exercise, 2 work methods are proposed:
Method 1 (with stacking on front and back seams)
The evolution of the 1/4 bust, waist and wide hip measurements (10 mm) is distributed between the sides and center back and front. On each seam, the grading stays in place except for the armhole where we add the shoulder width evolution amount - the stacking amount:
- Sides: 7 mm.
- Center front and back: 3 mm (amount of stacking).
- Princess seam at armhole: extend 3 mm (for an evolution of 6 mm) (see *Darted bodice*, p. 46) and raise it 1.5 mm.

On the same principle, this work can also be done by distributing 6 mm on sides and 4 mm at centers.

METHOD 2
In this exercise, grading is done on the sides. The seam is shifted towards the side by 6 mm.
- Sides: 10 mm.
- Center front and back: the grading remains in place horizontally. The necklines evolve vertically.
- Princess seam at armhole: extend 6 mm (see *Darted bodice*, p. 46) and raise it 1.5 mm.

Final verification

Apply all the necessary verifications (see *General grading methods*, p. 8).

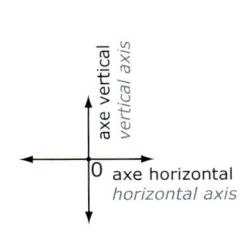

MESURES (en cm) MEASUREMENTS (in cm)	TAILLES / SIZES							Évolutions de tailles (en mm) Size evolutions (in mm)
	34	36	38	40	42	44	46	
Longueur d'épaule / Shoulder length	11.2	11.6	12	12.4	12.8	13.2	13.6	4
1/2 carrure devant / 1/2 front shoulder width	16	16.25	16.5	16.75	17	17.25	17.5	2.5
1/2 carrure dos / 1/2 back shoulder width	17	17.25	17.5	17.75	18	18.25	18.5	2.5
Tour d'emmanchure / Armhole measurement	37.5	38.5	39.5	40.5	41.5	42.5	43.5	10
Tour de taille / Waist measurement	60	64	68	72	76	80	84	4
Tour de grandes hanches / Full hip measurement	88	92	94	98	102	106	110	4

Méthode / Method ❶

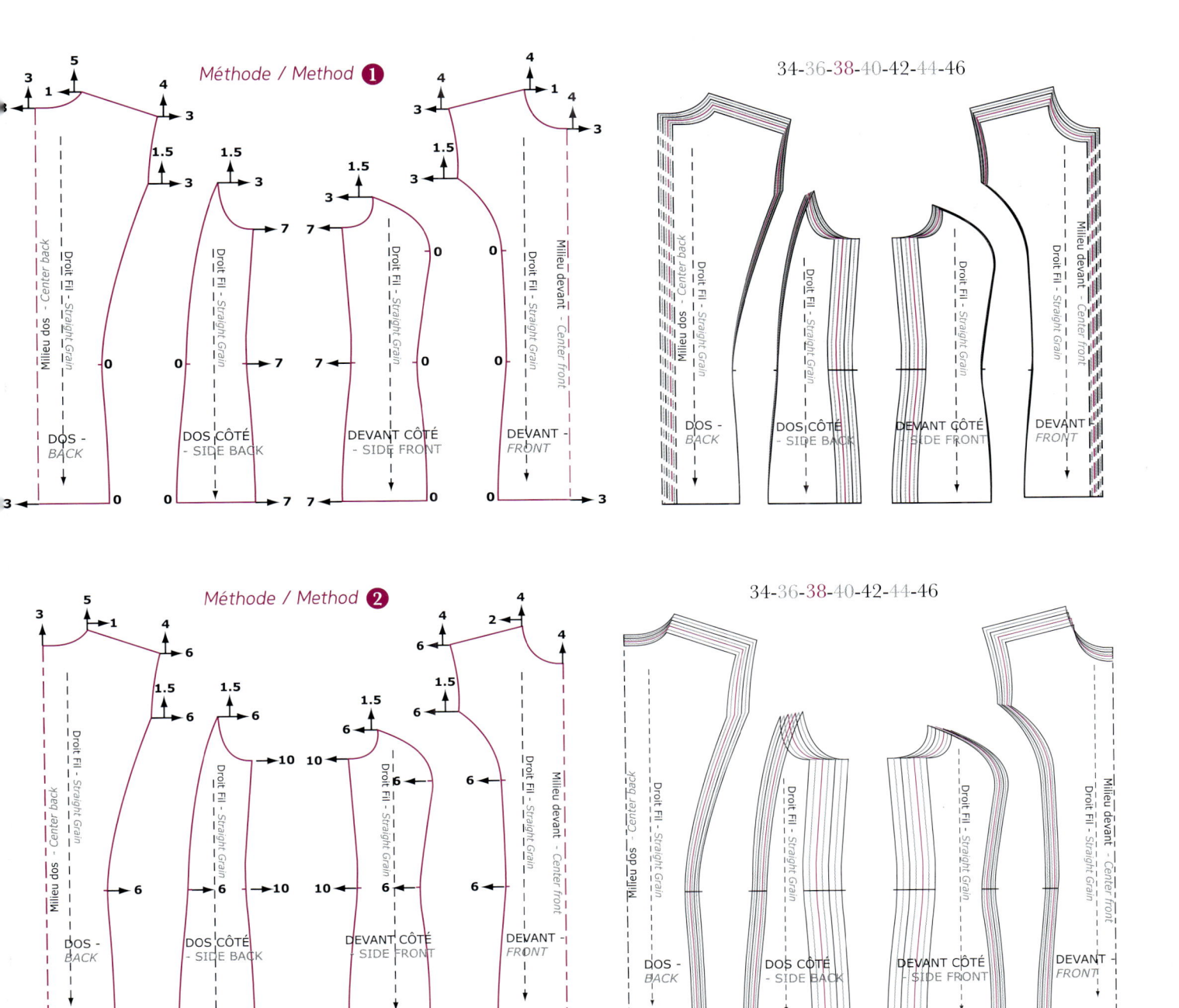

34-36-38-40-42-44-46

Méthode / Method ❷

34-36-38-40-42-44-46

TAILLEUR AVEC PETIT CÔTÉ

SMALL SIDE SUIT

Note : la gradation d'un tailleur avec un petit côté suivra le même principe que celle d'une découpe bretelle (cf. *Découpe bretelle*, p. 64).
Dans l'exercice proposé, le tailleur ne possède pas de couture côté mais une découpe dos et deux sur le devant. L'évolution des 1/2 tours de poitrine, taille et grandes hanches (20 mm) va être répartie proportionnellement dans la découpe dos et dans une découpe du devant.
La découpe bretelle se déplacera de 4 mm vers le côté.

Note: grading a suit jacket with a small side will follow the same principle as that of the strap cut (see *Strap cut*, p. 64).
In the proposed exercise, the suit does not have a side seam but has 1 back seam and two front seams. The evolution of the 1/2 bust, waist and wide hip measurements (20 mm) will be distributed proportionally in the back seam and in one front seam. The strap seam will shift 4 mm towards the side.

Préparation

- Contrôler les longueurs des découpes devant entre elles ainsi que celles du dos.
- Relever les deux pièces du devant sur la même feuille, les découpes l'une à côté de l'autre. Idem sur le dos.
- Placer les lignes des grandes hanches sur un même plan (même hauteur).

Preparation

- Verify the lengths of front seams together as well as those of back seams.
- Trace the two front pieces on the same paper with seams next to one another. The same for back.
- Place the wide hip lines at same level.

Réalisation

Sur le devant

L'évolution du devant (10 mm) sera portée sur la découpe du petit côté : 2,5 mm sur le petit côté et 7,5 mm sur le devant côté. Pour la découpe du milieu devant, elle se déplacera de 4 mm en direction du petit côté.

Sur le dos

L'évolution du dos (qui aurait du être porté sur la ligne de côté) se trouve de chaque côté de la découpe (5 mm).

Realization

On front

The evolution of front (10 mm) will be brought to the seam of small side: 2.5 mm on small side and 7.5 mm on side front. For the center front seam, it will be shifted 4 mm in the direction of the small side.

On back

The evolution of back (which will have been brought to the side line) is done on each side of the seam (5 mm).

Contrôle final

Apporter toutes les vérifications nécessaires (cf. *Méthodes générales de gradation*, p. 8).

Final verification

Apply all the necessary verifications (see *General grading methods*, p. 8).

MESURES (en cm) MEASUREMENTS (in cm)	\multicolumn{7}{c	}{TAILLES / SIZES}	Évolutions de tailles (en mm) Size evolutions (in mm)
	34	36	38	40	42	44	46	
Longueur d'épaule / Shoulder length	11.2	11.6	12	12.4	12.8	13.2	13.6	4
1/2 carrure devant / 1/2 front shoulder width	16	16.25	16.5	16.75	17	17.25	17.5	2.5
1/2 carrure dos / 1/2 back shoulder width	17	17.25	17.5	17.75	18	18.25	18.5	2.5
Tour d'emmanchure / Armhole measurement	37.5	38.5	39.5	40.5	41.5	42.5	43.5	10
Tour de taille / Waist measurement	60	64	68	72	76	80	84	4
Tour de grandes hanches / Full hip measurement	88	92	94	98	102	106	110	4

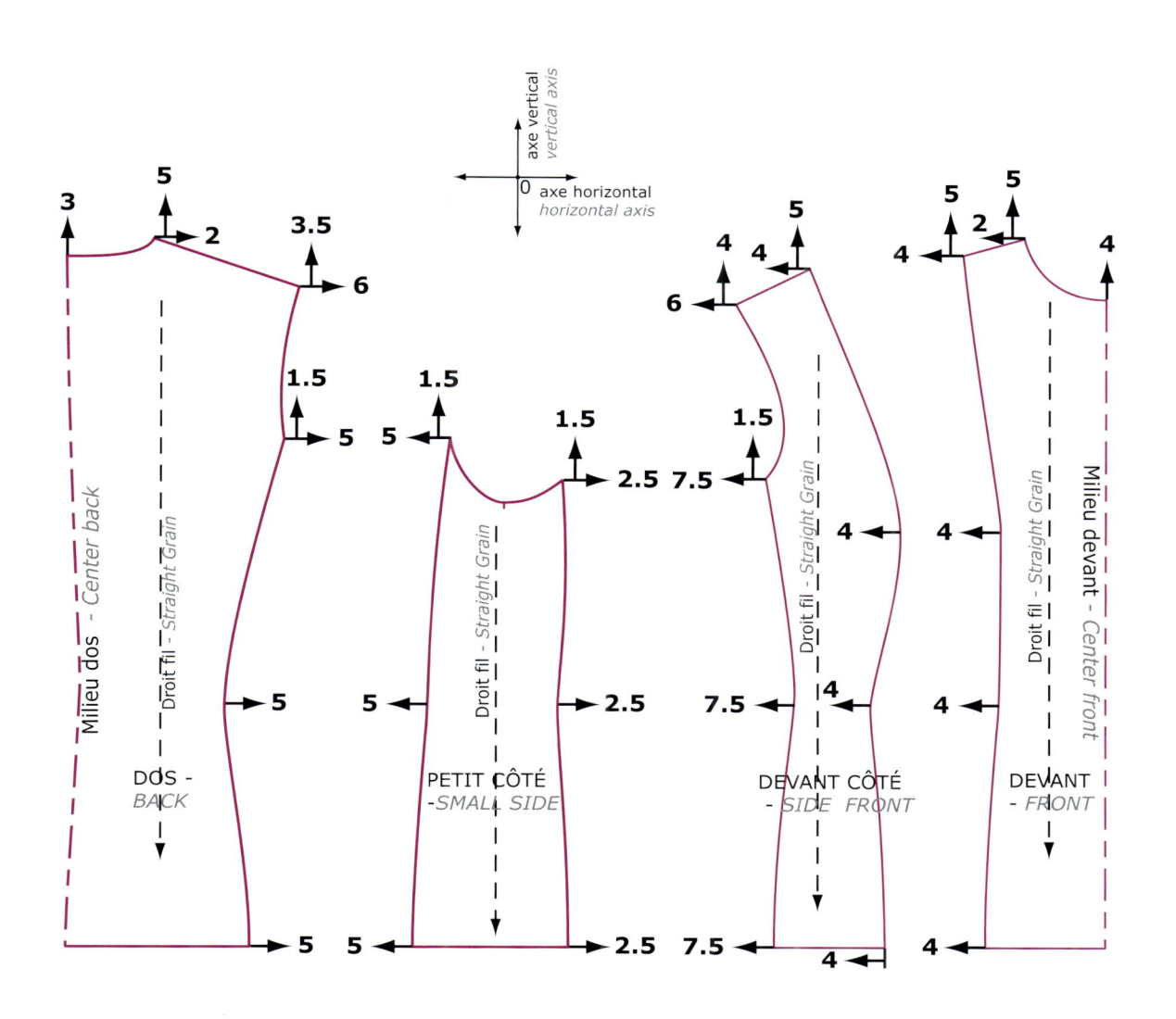

34-36-38-40-42-44-46

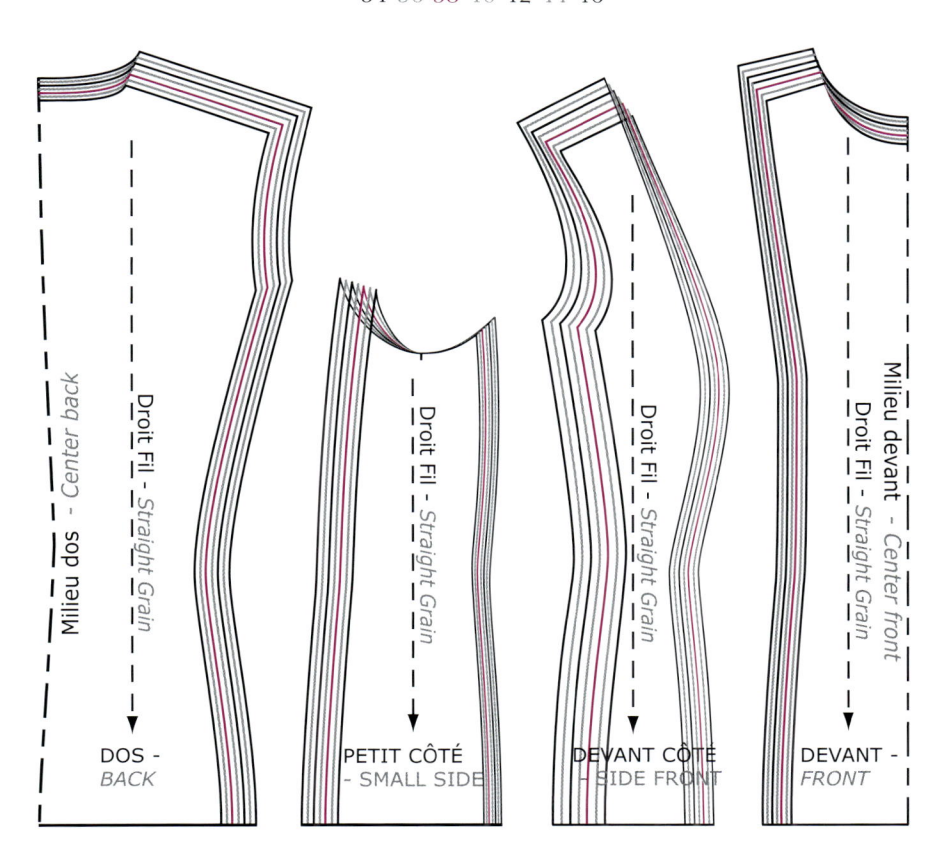

MODÈLE / MODEL

T-SHIRT MANCHE COURTE AVEC PATTE DE BOUTONNAGE

SHORT SLEEVE T-SHIRT WITH POLO PLACKET

Note : pour chaque modèle contenu dans cette méthode de gradation, les valeurs indiquées sur la planche de gradation sont données à titre d'exemples. Elles respectent les évolutions référencées dans le tableau de mesures ainsi que la matière dans laquelle est produit le vêtement (ici, en maille).
Chaque entreprise travaille avec ses propres progressions en fonction du style, des tissus choisis et de la fabrication.

Préparation

- Contrôler les lignes d'assemblages du modèle (les lignes de côtés, les emmanchures avec la tête de manche, etc.
- S'assurer que les crans de montage du modèle correspondent aux crans de montage de la manche.

Réalisation

Le modèle se grade en utilisant les mêmes principes que le corsage maille pour le corps (cf. *Corsage maille*, p. 62) et la manche basse (cf. *Manche basse avec poignet*, p. 80).

Corsage devant

Point bas du vêtement-côté (gradation oblique) : ressortir de 10 mm et descendre de 5 mm.
5 mm = 2,5 mm (1/2 évolution de la hauteur taille devant) + 2,5 mm (= évolution du modèle. Elle peut être supérieure en fonction des entreprises).

GRADATION DE LA PATTE POLO : la pièce de la patte polo gardera le même volume dans toutes les tailles. Seul le pointage de la patte polo, sur le vêtement, subira une évolution : la même que le point milieu devant-encolure (2,5 mm).

Corsage dos

Même logique que sur le devant (avec un changement de valeurs pour l'encolure dos).

Manche devant

La découpe dessus de manche évolue uniquement sur la tête de manche (remonter de 3 mm) et le dessous de manche (ressortir de 6 mm). Les 2 boutons-boutonnières présents sur le dessus de la manche n'évoluent pas : ils suivent la découpe de la manche.

Col (maille)

Dans des modèles réalisés en maille, les cols peuvent être tricotés directement à partir de machines spéciales (Tricoteuse rectiligne à double fonture) ou coupés dans un tricot linéaire. Dans les deux cas, un **groupement de taille** s'effectuera : (T.34 : 0) (T.36 → T.38 : 20 mm) (T.40 → T.42 : 20 mm.) (T.44 → T.46 : 20 mm) (T.48 : 0).

Note: for each model contained in this method of grading, the amounts indicated on the grading board are given as examples. They respect both the evolutions found in the measurement chart as well as the material used to make the garment (here in a knit).
Each company uses their own grading increases based on their style, fabrics and manufacturing techniques.

Preparation

- Verify the model's construction lines (side lines, armholes with sleeve cap, etc…)
- Verify that the model's construction notches correspond to the construction notches on sleeve.

Realization

The model is graded using the same principles as the knit undershirt (see *Knit bodice*, p. 62) and the low sleeve (see *Low sleeve with cuff*, p. 80).

Front bodice

Bottom of garment-side point (diagonal grading): extend 10 mm and drop 5 mm.
5 mm = 2.5 mm (1/2 evolution of front waist length) + 2.5 mm (= evolution of model. It can be greater, depending on the company standards).

GRADING THE POLO PLACKET : the polo placket piece will keep the same shape in all sizes. Only the polo placket points on the garment will evolve: the same as center front-neckline point (2.5 mm).

Back bodice

The same logic as on front (with a change in amounts for back neckline).

Front sleeve

The underarm seam will evolve only on the sleeve cap (raise 3 mm) and under-sleeve (extend 6 mm).
The 2 buttons-buttonholes on the sleeve do not evolve: they follow the sleeve seam.

Collar (knit)

In the knit models, collars can be knit directly on special machines (Linear double-knit machine) or cut in knit fabric. In both cases, sizes will be grouped:
(S.34: 0) (S.36 → S.38: 20 mm) (S.40 → S.42: 20 mm.) (S.44 → S.46: 20 mm) (S.48: 0).

Contrôle final

Apporter toutes les vérifications nécessaires (cf. *Méthodes générales de gradation*, p. 8).

Final verification

Apply all the necessary verifications (see *General grading methods*, p. 8).

MESURES (en cm) / MEASUREMENTS (in cm)	34	36	38	40	42	44	46	Évolutions de tailles (en mm) / Size evolutions (in mm)
1/2 tour d'encolure / 1/2 neckline measurement	17	17.5	18	18.5	19	19.5	20	5
Longueur d'épaule / Shoulder length	11.2	11.6	12	12.4	12.8	13.2	13.6	4
1/2 carrure devant / 1/2 front shoulder width	16	16.25	16.5	16.75	17	17.25	17.5	2.5
1/2 carrure dos / 1/2 back shoulder width	17	17.25	17.5	17.75	18	18.25	18.5	2.5
Tour d'emmanchure / Armhole measurement	37.5	38.5	39.5	40.5	41.5	42.5	43.5	10

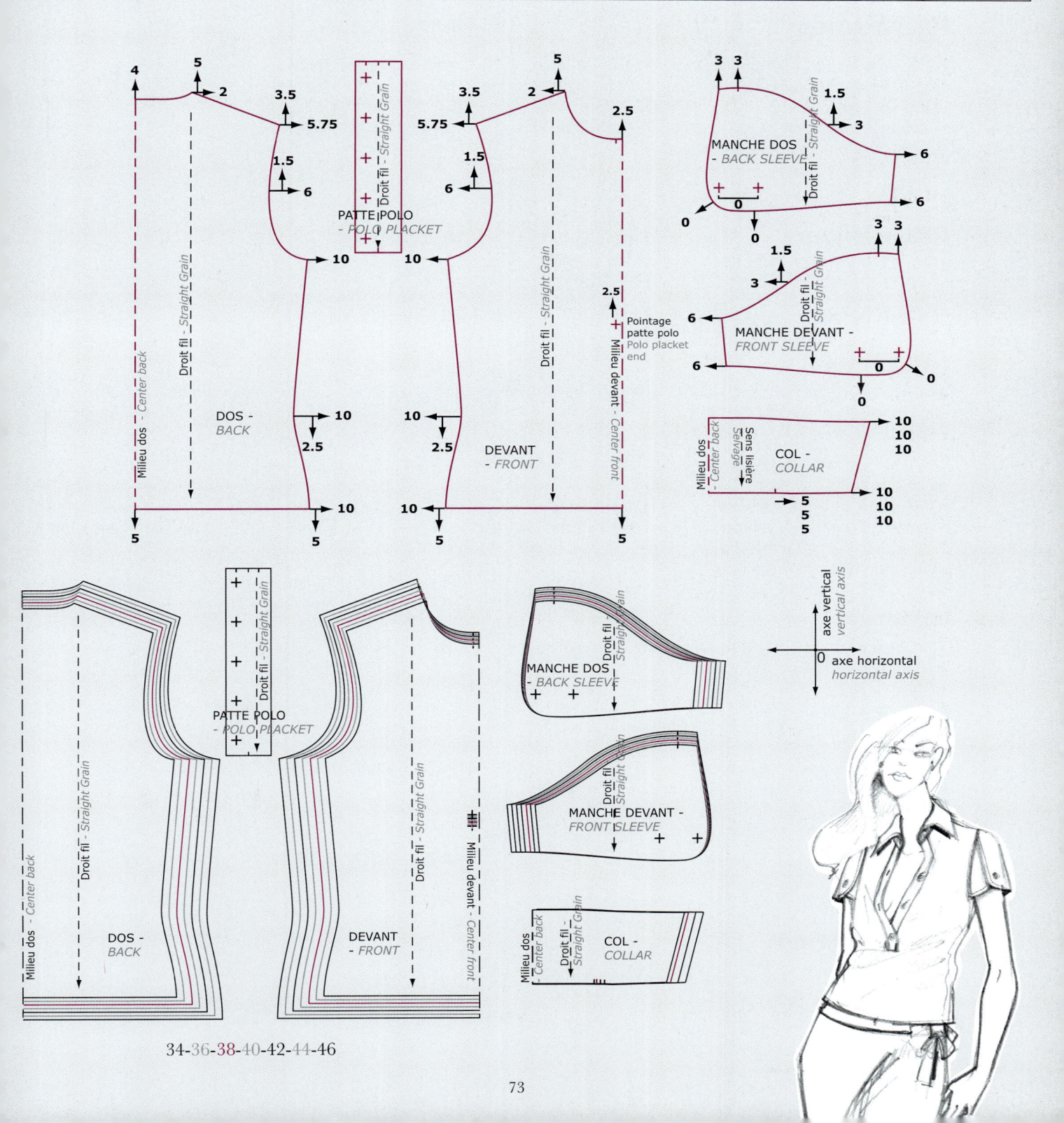

34-36-38-40-42-44-46

73

MODÈLE / MODEL

T-SHIRT MANCHE LONGUE AVEC CAPUCHE

LONG SLEEVE T-SHIRT WITH HOOD

Préparation

- Contrôler les lignes d'assemblages du modèle (les lignes de côtés, les emmanchures avec la tête de manche, la capuche avec l'encolure.
- S'assurer que les crans de montage du modèle correspondent aux crans de montage de la manche.

Préparation

- Verify the model's construction lines (side lines, armholes with sleeve cap, hood with neckline.)
- Check that the model's construction notches correspond to construction notches of sleeve.

Réalisation

Le modèle se grade en utilisant les mêmes principes que le corsage maille pour le corps (cf. *Corsage de base maille*, p. 62) et la manche basse (cf. *Manche basse avec poignet*, p. 80).

Corsage devant

Attention : respecter l'évolution de la ligne d'épaule : 4 mm par taille.
La gradation doit évoluer parallèlement de la ligne d'épaule de base.

GRADATION DU BAS DE VÊTEMENT

- Descendre de 5 mm en parallèle à la ligne de base.
5 mm = 2,5 mm (1/2 évolution de la hauteur taille devant) + 2,5 mm (= évolution du modèle : elle peut être supérieure en fonction des entreprises).

Corsage dos

Même logique que sur le devant (avec un changement de valeurs pour l'encolure dos).

Capuche

L'encolure de la capuche suit l'évolution de celle de l'encolure du vêtement : ressortir de 5 mm.
Le cran épaule se déplace de 2,5 mm vers le devant de la capuche.
La hauteur de la capuche (sur l'ouverture) augmente de 2,5 mm par taille.

Contrôle final

Apporter toutes les vérifications nécessaires (cf. *Méthodes générales de gradation*, p. 8).

Realization

The model is graded by using the same principles as the knit undershirt (see *Knit bodice block*, p. 62) and low sleeve (see *Low sleeve with cuff*, p. 80).

Front bodice

Attention: respect the shoulder line evolution: 4 mm per size. The grading must evolve parallel to the block shoulder line.

GRADING BOTTOM OF GARMENT

- Drop 5 mm parallel to base line.
5 mm = 2.5 mm (1/2 evolution of front waist length) + 2.5 mm (= evolution of model: it can be greater, depending on the company's standards).

Back bodice

Same logic as for front (with a change in amounts for back neckline).

Hood

The hood neckline follows the evolution of garment neckline: extend 5 mm.
The shoulder notch shifts 2.5 mm towards front of hood.
Hood height (at opening) increases 2.5 mm per size.

Final verification

Apply all the necessary verifications (see *General grading methods*, p. 8).

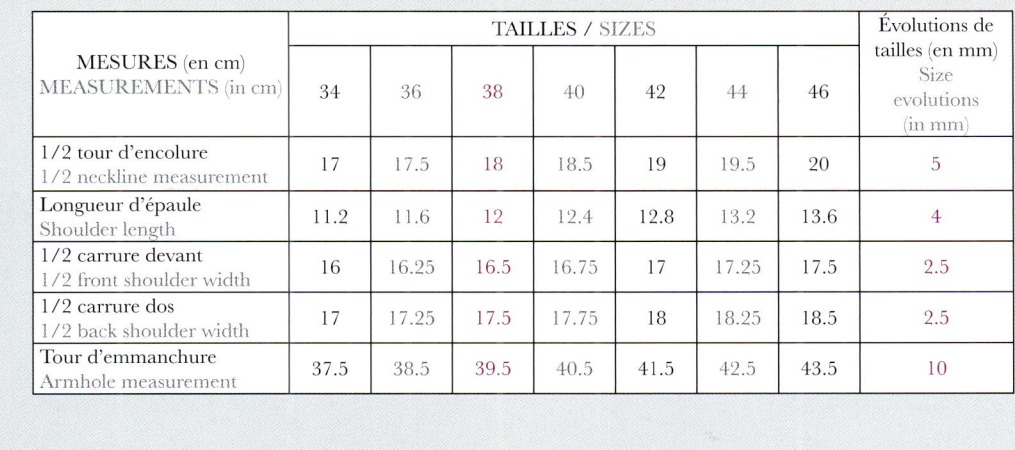

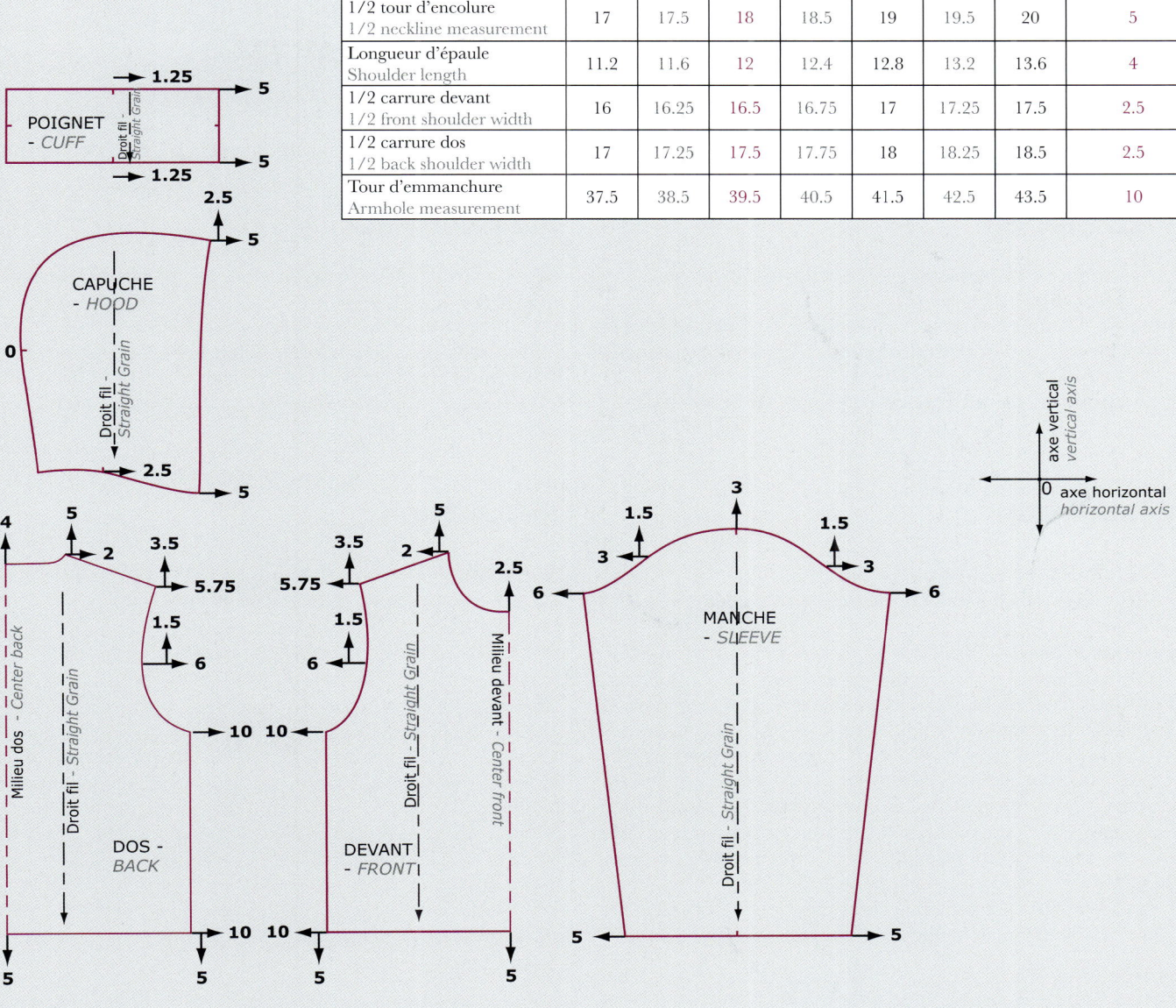

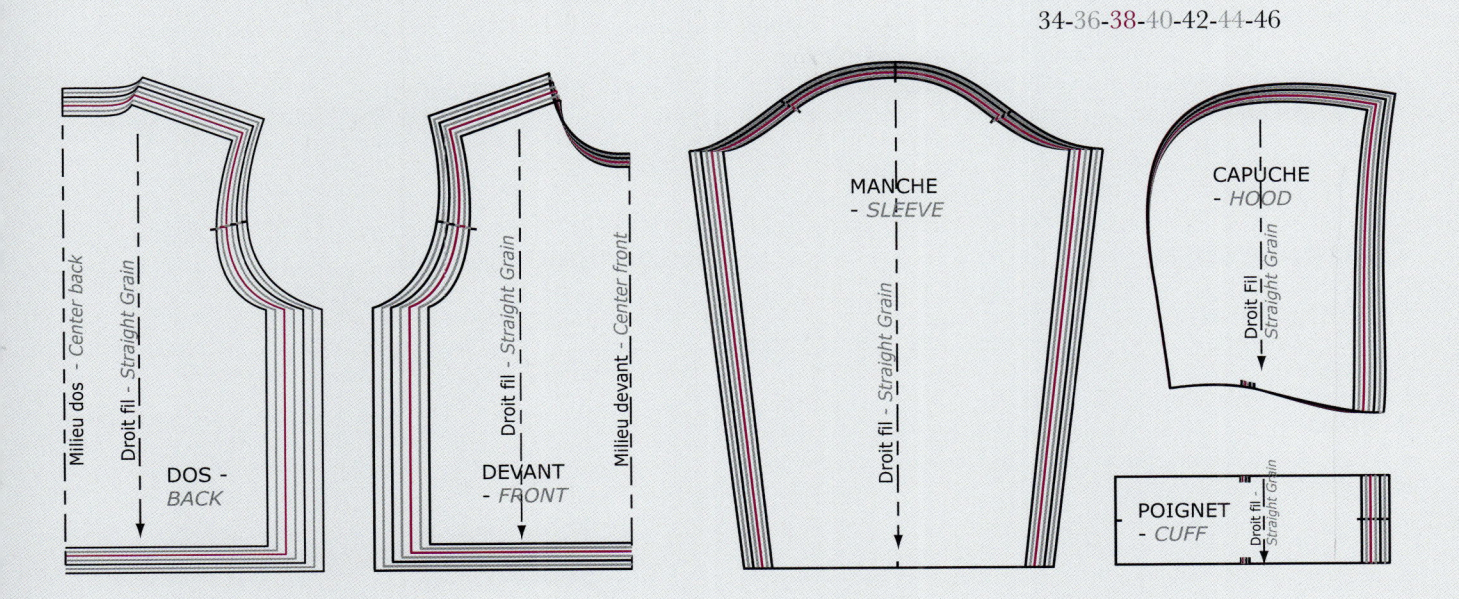

MESURES (en cm) / MEASUREMENTS (in cm)	TAILLES / SIZES							Évolutions de tailles (en mm) Size evolutions (in mm)
	34	36	38	40	42	44	46	
1/2 tour d'encolure / 1/2 neckline measurement	17	17.5	18	18.5	19	19.5	20	5
Longueur d'épaule / Shoulder length	11.2	11.6	12	12.4	12.8	13.2	13.6	4
1/2 carrure devant / 1/2 front shoulder width	16	16.25	16.5	16.75	17	17.25	17.5	2.5
1/2 carrure dos / 1/2 back shoulder width	17	17.25	17.5	17.75	18	18.25	18.5	2.5
Tour d'emmanchure / Armhole measurement	37.5	38.5	39.5	40.5	41.5	42.5	43.5	10

34-36-38-40-42-44-46

MANCHE DE BASE

Préparation

- Grader les emmanchures devant et dos du vêtement (cf. *Corsage à pinces*, p. 46).
- Sur la TB, mesurer et relever les longueurs emmanchures devant et dos : du dessous de bras à la carrure puis de la carrure à l'épaule.
- Contrôler ces mesures relevées avec celles de la manche.

Réalisation

GRADATION DE LA TÊTE DE MANCHE

Points dessous de bras (gradation horizontale) : ressortir de 6 mm.
Points carrure devant et dos (gradation horizontale) : ressortir de 3 mm (dans des modèles, ce point remontera de 1,5 à 2 mm).
Point sommet de la manche (milieu de manche) (gradation verticale) : remonter de 4 mm.
Tracer la gradation de la T < et T > en passant par les différents points travaillés précédemment. Les lignes, au départ du dessous de bras, doivent être gradées en parallèle : porter une diagonale à 45° entre la ligne du dessous de bras et les points carrure devant et dos (voir planche). Sur cette droite, pointer les tailles intermédiaires, entre la T < et la T >.
Les crans de montage d'emmanchures s'adaptent à l'évolution des crans du vêtement : ils évoluent à l'horizontale et à la verticale.

GRADATION DU BRAS

Points bas de manche (gradation horizontale) : ressortir de chaque côté de 6 mm.
Cette valeur dépendra du style du vêtement : pour une manche cintrée, on évoluera +/- de 2,5 mm. La gradation peut ne pas être constante : on fera un groupement de tailles.
Note : pour une manche courte, porter la même évolution qu'une manche longue.

Contrôle final

Comparer la longueur :
- Dessous de bras-carrure devant de manche avec celle du vêtement.
- Carrure devant-épaule emmanchure avec celle du vêtement.
- Dessous de bras-carrure dos de manche avec celle du vêtement.
- Carrure dos-épaule emmanchure avec celle du vêtement.

BASIC SLEEVE

Preparation

- Grade front and back armholes of garment (see *Darted bodice*, p. 46).
- On BS, measure and trace front and back armhole lengths: from underarm to shoulder width, and then from shoulder width to shoulder.
- Verify these traced measurements with those of the sleeve.

Realization

GRADING THE SLEEVE CAP

Underarm points (horizontal grading): extend 6 mm.
Front and back shoulder width points (horizontal grading): extend 3 mm (in models, this point will be raised from 1.5 to 2 mm).
Top of sleeve point (center of sleeve) (vertical grading): raise 4 mm.
Trace grading of S < and S > in passing by the different points previously worked. The lines, beginning from under arm, must be graded in parallel: make a 45° diagonal line between the underarm line and front and back shoulder width points (see board). On this straight line, mark intermediary sizes with points, between S < and S >.
The armhole construction notches will adapt to the evolution of garment notches: they evolve horizontally and vertically.

GRADING THE SLEEVE

Bottom of sleeve points (horizontal grading): extend on each side 6 mm.
This amount will depend on style of garment: for a tight sleeve, we will evolve +/- 2.5 mm. The grading does not have to be consistent: we will group sizes.
Note: for a short sleeve, use the same evolution as for a long sleeve.

Final verification

Compare the lengths:
- Underarm-front sleeve shoulder width with that of the garment.
- Front shoulder width-armhole shoulder with that of the garment.
- Underarm-back sleeve shoulder width with that of the garment.
- Back shoulder width-armhole shoulder with that of the garment.

4

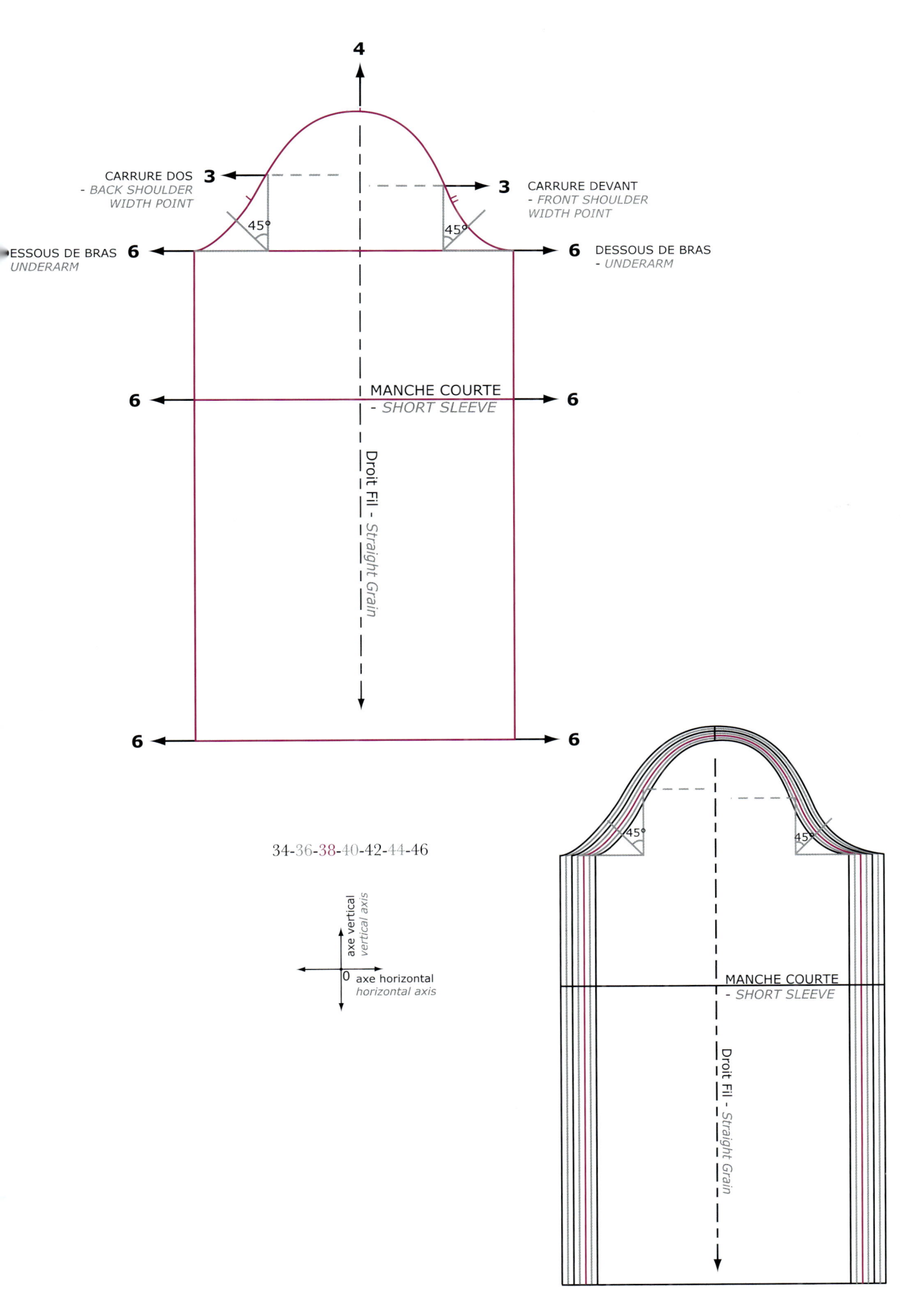

3 ← CARRURE DOS
- BACK SHOULDER WIDTH POINT

3 → CARRURE DEVANT
- FRONT SHOULDER WIDTH POINT

45°   45°

6 ← DESSOUS DE BRAS
UNDERARM

6 DESSOUS DE BRAS
- UNDERARM

6 ←   → **6**

MANCHE COURTE
- SHORT SLEEVE

Droit Fil - *Straight Grain*

6 ←   → **6**

34-36-**38**-40-42-44-46

axe vertical
vertical axis

0 axe horizontal
horizontal axis

MANCHE COURTE
- SHORT SLEEVE

Droit Fil - *Straight Grain*

77

SHIRT SLEEVE WITH CUFF

Preparation

- Grade front and back armholes of garment: at the level of shoulder widths (front and back), extend 6 mm and raise 1.5 mm (to conserve the parallel lines).
- On the BS, measure and trace the underarm-shoulder width length and then the shoulder width-shoulder-armhole length on front and back.
- Verify these traced measurements with those of the sleeve.

Realization

Same principle as for *Basic sleeve*, p. 76.

Sleeve

Front and back shoulder width points (diagonal grading): extend 3 mm and raise 1.5 mm.

GRADING BOTTOM OF SLEEVE

Bottom of sleeve points: extend 2.5 mm (amount for a classic sleeve).

Pleats:
- The 2 edges of 1st pleat (on back part) shift 1.25 mm towards back side of sleeve.
- The 2 edges of 2nd pleat (center of sleeve) shift 1 mm towards back part of sleeve.

The pleat depths remain consistent in all sizes because the cuff evolves the same amount as sleeve.
If the sleeve evolution is greater than that of the cuff, the pleat depths will also be graded. Ex.:
- Evolution of sleeve: 6 mm x 2 = 12 mm.
- Evolution of cuff: 5 mm.

12 mm - 5 mm = 7 mm. This amount is to be distributed between the 2 pleats (or 3.5 mm per pleat).

Cuff

Cuff evolution (horizontal grading): extend each side 2.5 mm. The cuff grading will follow the sleeve grading: 2 x 2.5 mm = 5 mm.

We can distribute this amount on each side of the cuff or bring the total to one side (see example on board and on stack).

Buttons-buttonholes: their grading will follow the evolution of the side lines to which they are attached.

Final verification

Apply all the necessary verifications (see *Basic sleeve*, p. 76).

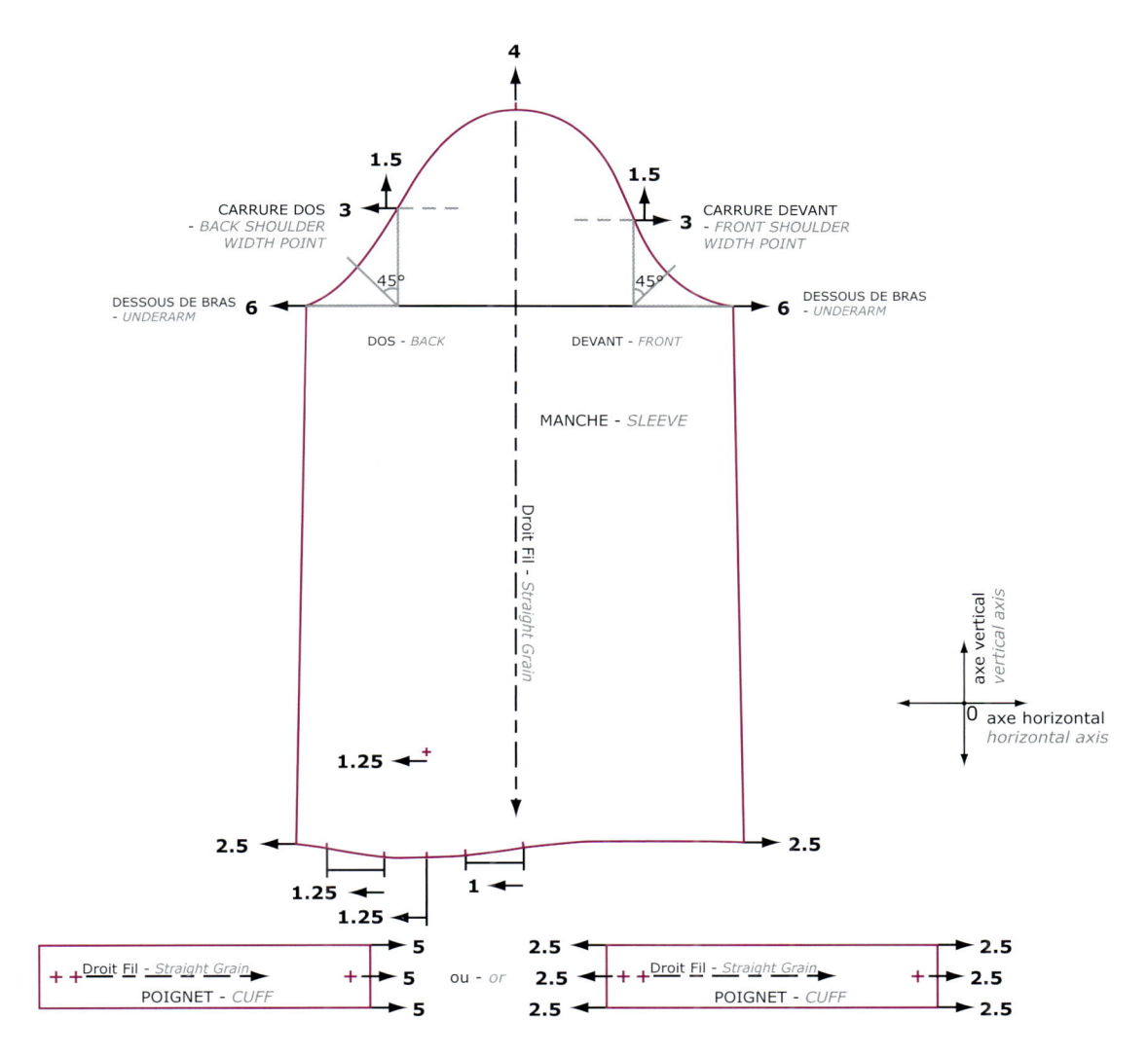

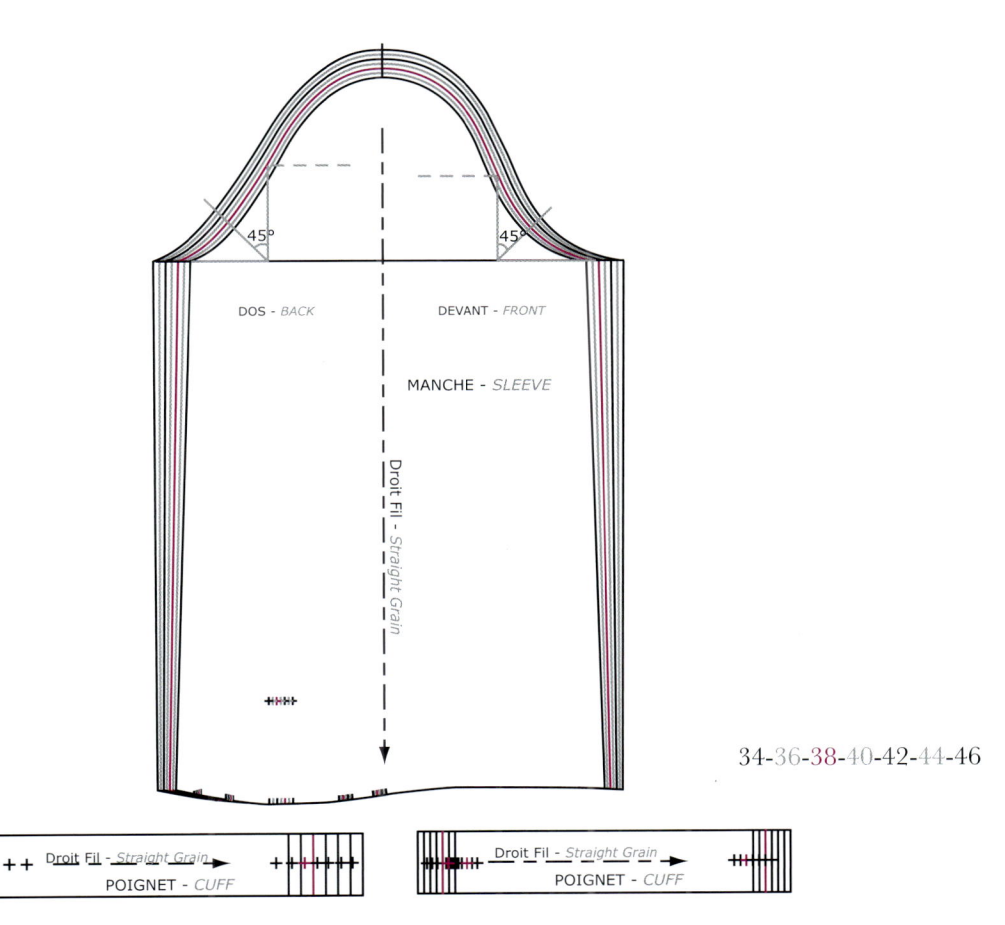

4

1.5 **1.5**

CARRURE DOS **3** **3** CARRURE DEVANT
- *BACK SHOULDER* - *FRONT SHOULDER*
WIDTH POINT *WIDTH POINT*

45° 45°

DESSOUS DE BRAS **6** **6** DESSOUS DE BRAS
- *UNDERARM* - *UNDERARM*

DOS - *BACK* DEVANT - *FRONT*

MANCHE - *SLEEVE*

Droit Fil - *Straight Grain*

axe vertical
vertical axis

0 axe horizontal
horizontal axis

1.25

2.5 **2.5**

1.25 **1**

1.25

++ Droit Fil - *Straight Grain* → **5** **2.5** ← ++ Droit Fil - *Straight Grain* → **2.5**
POIGNET - *CUFF* **5** ou - *or* **2.5** POIGNET - *CUFF* **2.5**
5 **2.5** **2.5**

45° 45°

DOS - *BACK* DEVANT - *FRONT*

MANCHE - *SLEEVE*

Droit Fil - *Straight Grain*

34-36-**38**-40-42-44-46

++ Droit Fil - *Straight Grain* → Droit Fil - *Straight Grain* →
POIGNET - *CUFF* POIGNET - *CUFF*

LOW SLEEVE WITH CUFF

Preparation see *Shirt sleeve with cuff*, p. 78

Note: grading a low sleeve made in a stretch fabric (Knit) is worked in the same way as the woven. Only the evolutions of the bottom sleeve differ.

Realization Same principle as *Basic sleeve*, p. 76

Sleeve

GRADING SLEEVE CAP

Top of sleeve point (center of sleeve) (vertical grading):
In contrast with the shirt sleeve, the low sleeve does not include an amount for ease. For this reason, the top of sleeve cap will increase **3 mm** per size instead of **4 mm** (shirt sleeve).
The armhole construction notches adapt to the evolution of garment notches: they evolve horizontally and vertically.

GRADING BOTTOM OF SLEEVE

Bottom of sleeve points (woven): extend 2.5 mm (amount for a classic sleeve).
Bottom of sleeve points (knit): extend 5 mm (amount for a classic sleeve).
Pleats: the 2 edges of 1st pleat (back) shift 1.25 mm towards back side of sleeve.
the 2 edges of 2nd pleat (center of sleeve) shift 1 mm towards back part of sleeve.
The pleat depths remain consistent in all sizes because the cuff evolves the same amount as sleeve.
- If the sleeve evolution is greater than that of the cuff, the pleat depth will also be graded. Ex.: evolution of sleeve: 6 mm x 2 = 12 mm.
- Evolution of cuff: 5 mm.

12 mm - 5 mm = 7 mm. This amount is to be distributed between the 2 pleats (or 3.5 mm per pleat).

Cuff

Evolution of cuff (horizontal grading): bring the entire evolution to a single side.
The cuff grading will follow the sleeve grading: 2 x 2.5 mm = 5 mm.
Buttons-buttonholes: their grading will follow the evolution of the side lines to which they are attached.

Contrôle final

Apporter toutes les vérifications nécessaires (cf. *Manche de base*, p. 74).

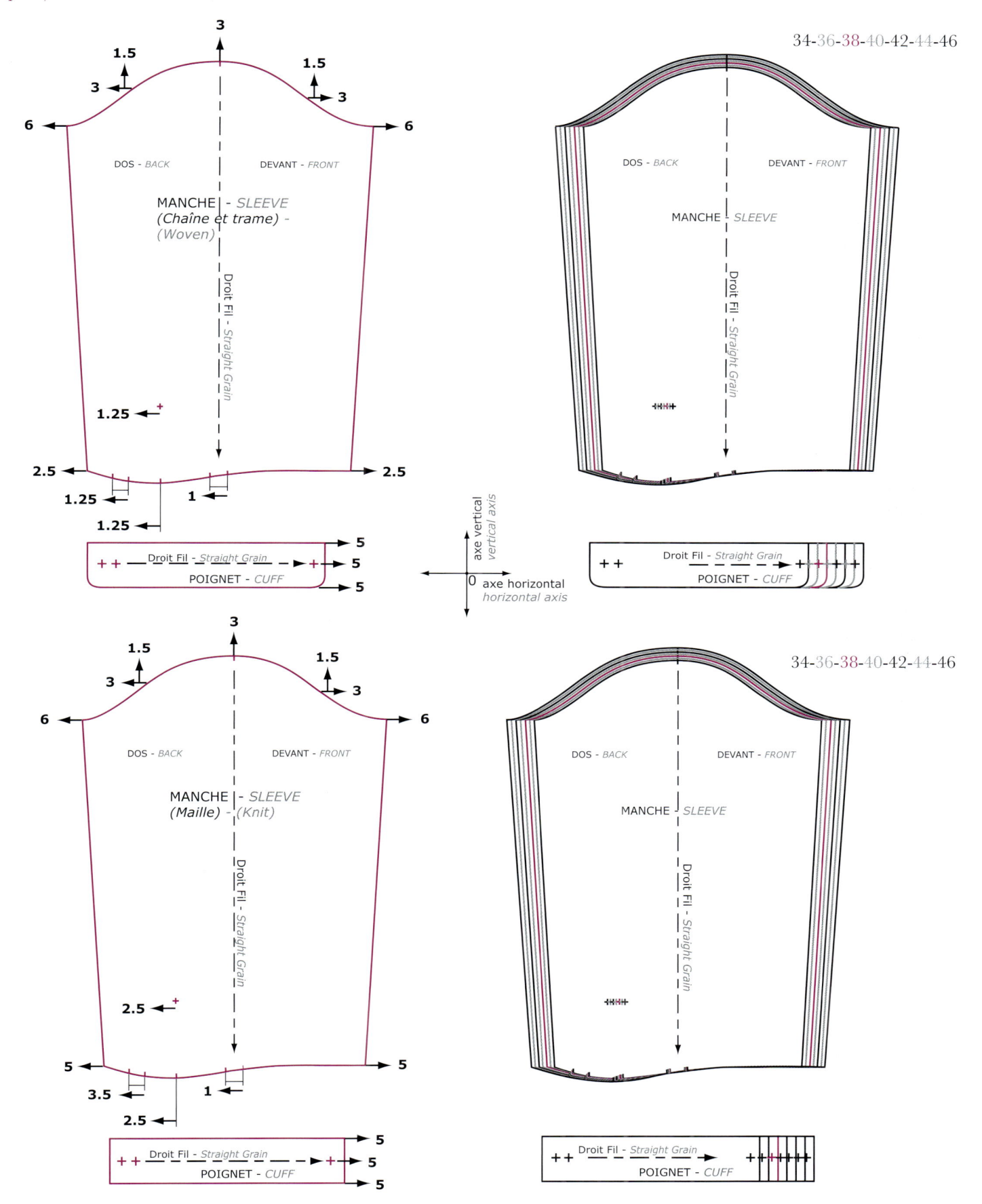

Final verification

Apply all the necessary verifications (see *Basic sleeve*, p. 74).

MANCHE TAILLEUR

Préparation

- Grader les emmanchures devant et dos du vêtement (cf. *Corsage à pinces*, p. 46).
- Sur la TB, mesurer et relever les longueurs emmanchures devant et dos.
- Contrôler ces mesures relevées avec celles de la manche.
- La manche tailleur suit le même principe que celui de la manche de base (cf. *Manche de base*, p. 76). L'évolution du dessous de bras (12 mm) se trouve répartie de chaque côté de la couture dos de manche. Ainsi, l'emmanchure n'est pas déformée.

Réalisation

GRADATION DU DESSUS DE MANCHE (TÊTE DE MANCHE)

Point sommet de la manche (milieu de manche) (gradation oblique) : remonter de 4 mm et ressortir de 2,5 mm.
Point couture dos (gradation oblique) : ressortir de 6 mm et remonter de 1,5 mm.
La couture dos peut rester fixe ou évoluer en hauteur. Elle suivra la découpe princesse du corsage dos.
Point couture devant : gradation fixe.

GRADATION DU DESSUS DE MANCHE (BAS DE MANCHE)

Point couture dos (gradation horizontale) : ressortir de 3 mm.
Le pli fente suivra l'évolution du bas de manche.
Les boutonnières suivront l'évolution du bas de manche (3 mm).
Point couture devant : gradation fixe.

GRADATION DU DESSOUS DE MANCHE

Elle suit la même logique que la gradation du dessus de manche.
En traçant la gradation du dessous de manche, respecter une platitude pour toutes les tailles.
Les boutons suivront l'évolution du bas de manche (3 mm).
Note : grader le Droit Fil des dessus et dessous de manche à l'horizontale, proportionnellement à l'évolution des manches (entre 2,5 mm et 3 mm).

Contrôle final

Apporter toutes les vérifications nécessaires (cf. *Manche de base*, p. 76).

SUIT SLEEVE

Preparation

- Grade front and back armholes of garment (see *Darted bodice*, p. 46).
- On the BS, measure and trace front and back sleeve lengths.
- Verify these measurements traced with those of the sleeve.
- The suit sleeve follows the same principle as that of the basic sleeve (see *Basic sleeve*, p. 76). The underarm evolution (12 mm) is distributed on each side of back sleeve seam. Thus, the armhole is not deformed.

Realization

GRADING UPPER SLEEVE (SLEEVE CAP)

Top of sleeve point (center of sleeve) (diagonal grading): raise 4 mm and extend 2.5 mm.
Back seam point (diagonal grading): extend 6 mm and raise 1.5 mm.
The back seam can remain in place or evolve in height. It will follow the princess cut of back bodice.
Front seam point: fixed grading.

GRADING UPPER SLEEVE (BOTTOM OF SLEEVE)

Back seam point (horizontal grading): extend 3 mm.
The vent pleat will follow the evolution of the bottom of sleeve.
The buttonholes will follow the evolution of the bottom of sleeve (3 mm).
Front seam point: fixed grading.

GRADING UNDER SLEEVE

It follows the same logic as grading the upper sleeve.
In tracing the under sleeve grading, respect a flatness for all sizes.
The buttons follow the evolution of the bottom of sleeve (3 mm).
Note: grade the Straight Grain of upper and lower sleeve pieces horizontally, in proportion to the Evolution of sleeves (between 2.5 mm and 3 mm).

Final verification

Apply all the necessary verifications (see *Basic sleeve*, p. 76).

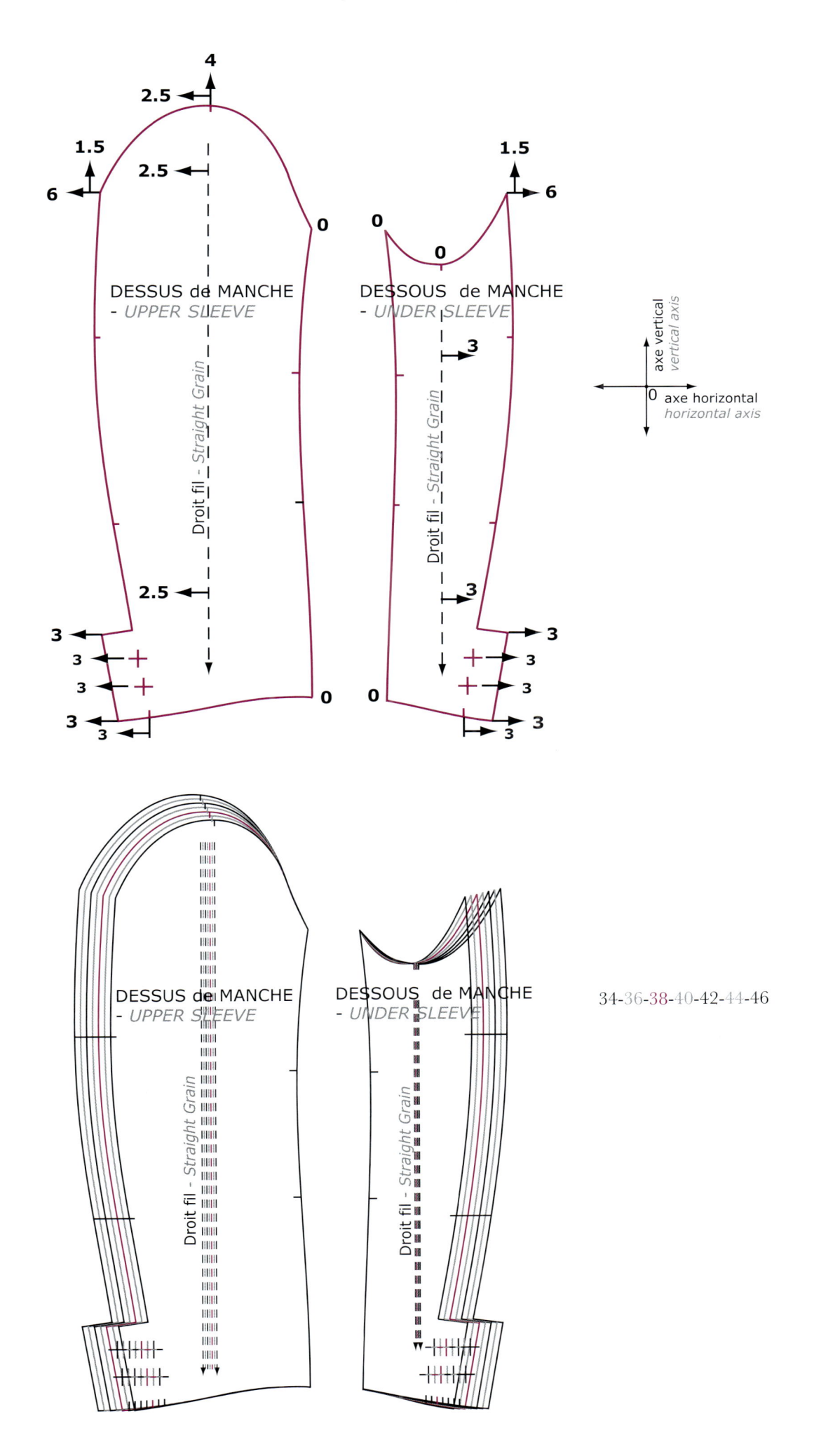

RAGLAN SLEEVE WITHOUT STACKING
METHOD 1

Preparation

- Compare the bodice front and back raglan seam lengths with those of the sleeve.
- Compare the front length under sleeve with that of the back.
- Place the sleeve front next to the bodice front (placing seam lines parallel) which will facilitate grading: thus the amounts indicated on the front will be noted on the sleeve (see board).

Do the same for back.

Grading can be done by the sides and raglan seams (Method 1) or by the center front and back (Method 2) with a stacking on seams.

Realization

METHOD 1
BY SIDES AND SEAMS

The grading will be identical to that of the basic bodice (see *Darted bodice*, p. 46).

The raglan seam will follow the neckline evolution. The amounts indicated on the board are variable in terms of the seam's location on the neckline, which can be traced at different heights. The grading of this seam must be proportional to the grading of the 1/2 neckline.

Front

GRADING FRONT NECKLINE (ON BODICE AND SLEEVE)

Center front-neckline point (vertical grading) (on bodice): raise 4 mm.
Shoulder-neckline point (diagonal grading) (on sleeve): extend 2 mm and raise 5 mm.
Attention: grading is done in parallel and horizontally in relation to the Straight Grain of bodice, not the sleeve (see board).
Raglan seam-neckline point (diagonal grading) (on bodice and on sleeve): extend 1 mm and raise 4 mm.

GRADING SIDE LINE

Underarm point (horizontal grading): extend 10 mm perpendicularly at center front.
Side-bottom of bodice point (diagonal grading): extend 10 mm and drop 2.5 mm, perpendicularly and in parallel to center front.

MESURES (en cm) MEASUREMENTS (in cm)	TAILLES / SIZES							Évolutions de tailles (en mm) Size evolutions (in mm)
	34	36	38	40	42	44	46	
1/2 tour d'encolure 1/2 neckline measurement	17	17.5	18	18.5	19	19.5	20	5
Longueur d'épaule Shoulder length	11.2	11.6	12	12.4	12.8	13.2	13.6	4
1/2 carrure devant 1/2 front shoulder width	16	16.25	16.5	16.75	17	17.25	17.5	2.5
1/2 carrure dos 1/2 back shoulder width	17	17.25	17.5	17.75	18	18.25	18.5	2.5
Tour d'emmanchure Armhole measurement	37.5	38.5	39.5	40.5	41.5	42.5	43.5	10

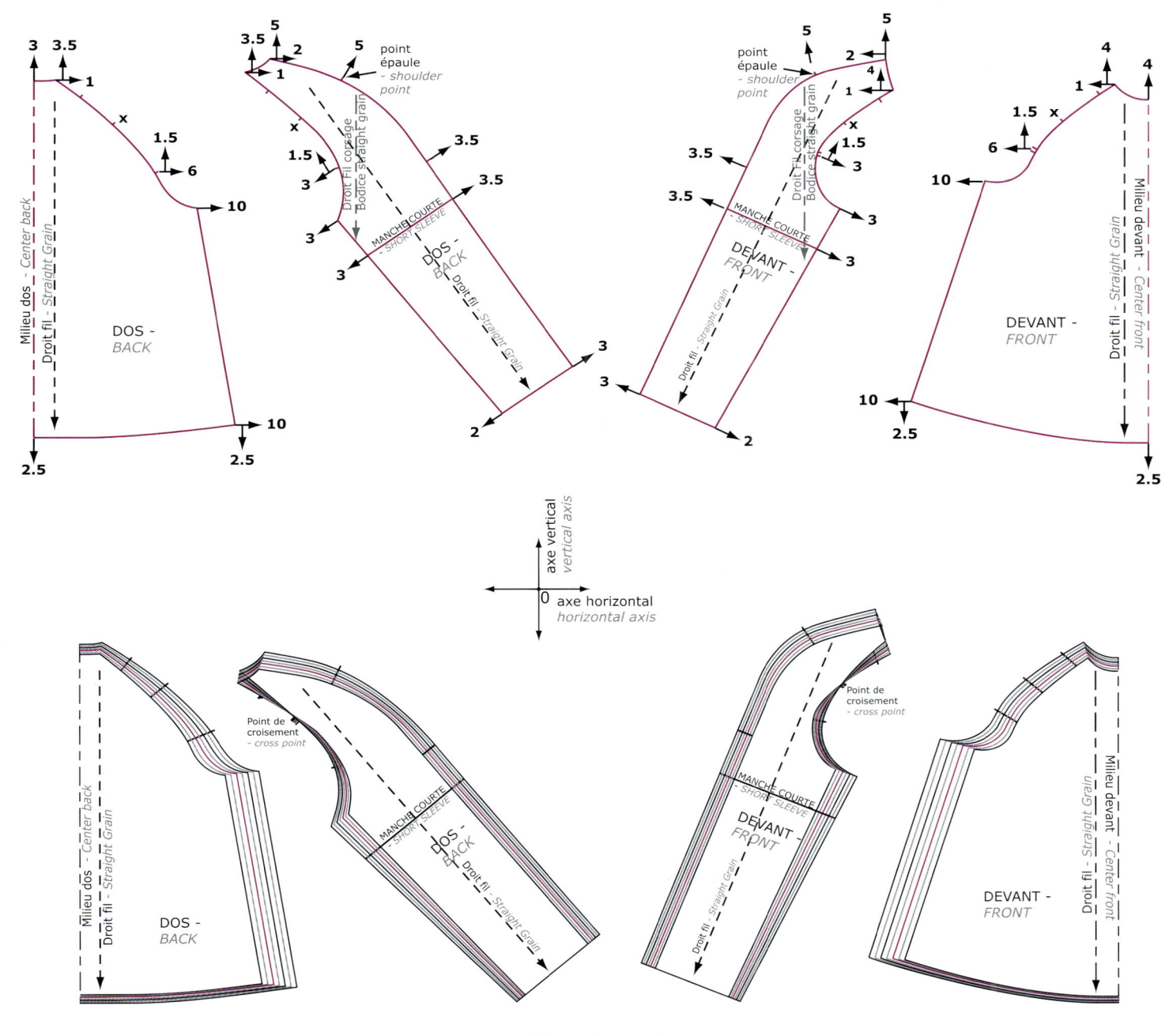

34-36-38-40-42-44-46

GRADATION DU BAS DU VÊTEMENT
Point bas du vêtement-milieu devant (gradation verticale) : descendre de 2.5 mm.

GRADATION DU DESSOUS DE BRAS (SUR LA MANCHE)
Point dessous de bras (gradation oblique) : ressortir de 3 mm, perpendiculairement au Droit Fil de la manche.
Point bas de manche-côté (gradation oblique) : ressortir de 2 mm, perpendiculairement au Droit Fil de la manche.

GRADATION DU DESSUS DE MANCHE
Point épaule (gradation oblique) : remonter de 5 mm.
Point bas de manche (gradation oblique) : ressortir de 3 mm.
Grader proportionnellement et en parallèle la ligne du dessus de manche en passant par le point épaule.

(En informatique, la manche se présentera avec le DF à l'horizontal. Les points dessous de bras et bas de manche évolueront en « Y » uniquement).

GRADATION DE LA DÉCOUPE RAGLAN (SUR LE CORSAGE)
Point carrure devant (2 crans) (gradation oblique) : ressortir de 6 mm et remonter de 1.5 mm, perpendiculairement et en parallèle au milieu devant.
Tracer le raglan, de l'encolure au dessous de bras, en passant par le point de carrure, et en parallèle dans toutes les tailles.

GRADATION DE LA DÉCOUPE RAGLAN (SUR LA MANCHE)
Point carrure devant (2 crans) (gradation oblique) : ressortir de 3 mm et remonter de 1.5 mm, perpendiculairement et en parallèle au Droit Fil de la manche.
Tracer le raglan, de l'encolure au dessous de bras, en passant par le point de carrure.
Sur la découpe raglan devant, grader les 2 crans de montage perpendiculairement à la ligne.
Adapter la gradation des crans de raccords de la manche à ceux du corsage.

Dos
Le travail de gradation de la manche dos sera identique à celui de la manche devant.

Contrôle final

Apporter toutes les vérifications nécessaires (cf. *Manche de base*, p. 76).

GRADING BOTTOM OF GARMENT
Bottom of garment-center front point (vertical grading): drop 2.5 mm.

GRADING UNDERARM (ON SLEEVE)
Underarm point (diagonal grading): extend 3 mm in perpendicular to Straight Grain of sleeve.
Bottom of sleeve-side point (diagonal grading): extend 2 mm in perpendicular to Straight Grain of sleeve.

GRADING UPPER SLEEVE
Shoulder point (diagonal grading): raise 5 mm.
Bottom of sleeve point (diagonal grading): extend 3 mm.
Grade upper sleeve line proportionally and in parallel, passing by the shoulder point.

(By computer, the sleeve will be shown with the SG horizontally.
The underarm and bottom-of-sleeve points will evolve in "Y" only.)

GRADING RAGLAN SEAM (ON BODICE)
Front shoulder width point (2 notches) (diagonal grading): extend 6 mm and raise 1.5 mm perpendicularly and in parallel to center front.
Trace the raglan from neckline to underarm, in passing by the shoulder width point.
Grading the raglan seam (on sleeve)
Front shoulder width point (2 notches) (diagonal grading): extend 3 mm and raise 1.5 mm, perpendicularly and in parallel to Straight Grain of sleeve.
Trace the raglan from neckline to underarm in passing by shoulder width point, it is parallel in all sizes.
On the front raglan seam, grade the 2 construction notches perpendicularly to the line.
Adapt the grading of the sleeve construction notches to those of the bodice.

Back
Grading the back sleeve will be identical to that of grading the front sleeve.

Final verification

Apply all the necessary verifications (see *Basic sleeve*, p. 76).

MESURES (en cm) MEASUREMENTS (in cm)	TAILLES / SIZES							Évolutions de tailles (en mm) Size evolutions (in mm)
	34	36	38	40	42	44	46	
1/2 tour d'encolure 1/2 neckline measurement	17	17.5	18	18.5	19	19.5	20	5
Longueur d'épaule Shoulder length	11.2	11.6	12	12.4	12.8	13.2	13.6	4
1/2 carrure devant 1/2 front shoulder width	16	16.25	16.5	16.75	17	17.25	17.5	2.5
1/2 carrure dos 1/2 back shoulder width	17	17.25	17.5	17.75	18	18.25	18.5	2.5
Tour d'emmanchure Armhole measurement	37.5	38.5	39.5	40.5	41.5	42.5	43.5	10

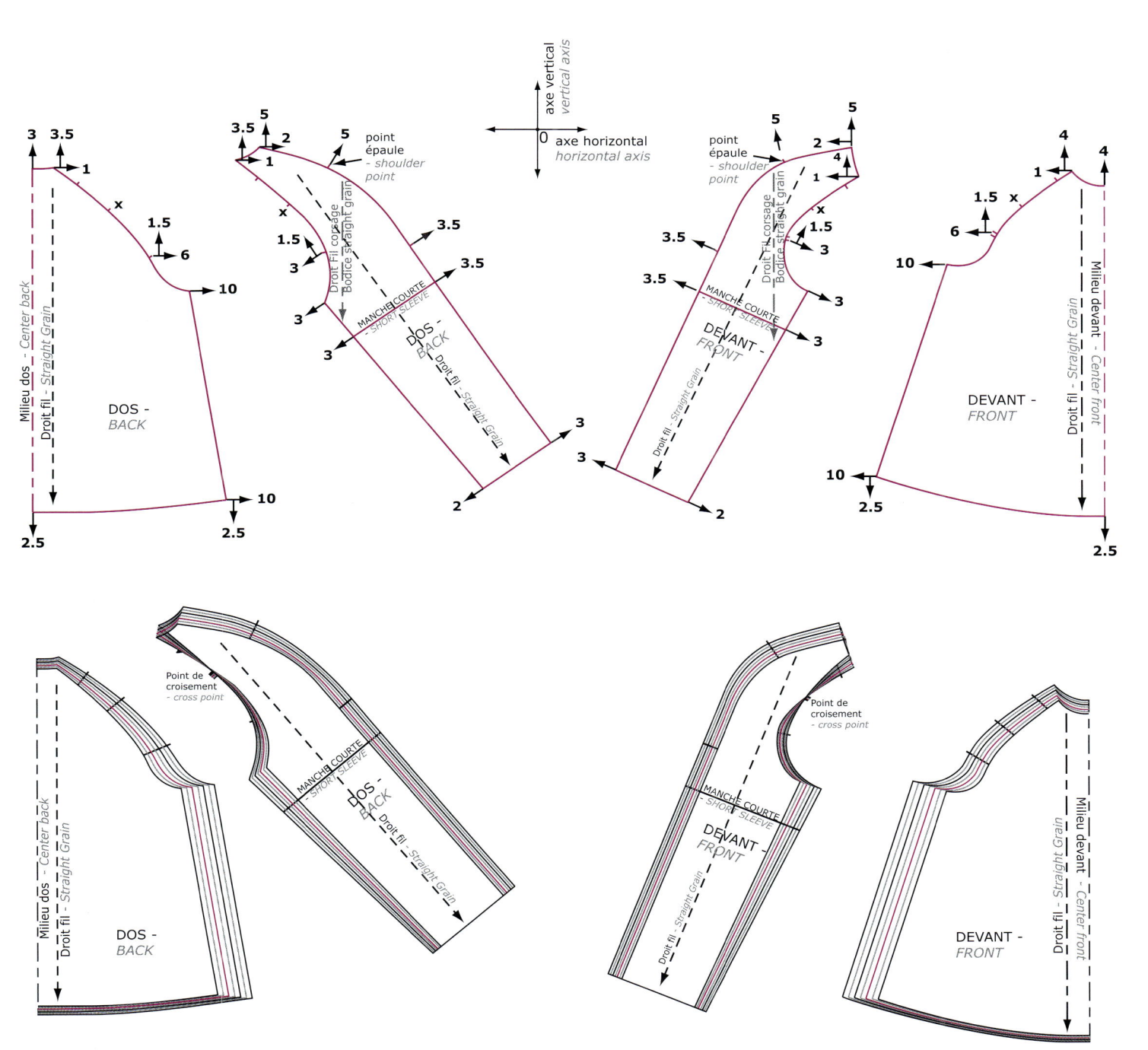

34-36-38-40-42-44-46

RAGLAN SLEEVE WITH STACKING
METHOD 2

Preparation

The grading will be identical to that of the basic bodice (see *Darted bodice*, p. 46). However, in this method, the evolutions of plumb lines (bust, waist, wide hips) will be distributed between the sides and centers with a stacking at the front and back shoulder width points (fixed point: "*0"). This method will avoid deforming the raglan seams.
The raglan seam will follow the neckline evolution. The amounts indicated on the board are variable in terms of the seam's location on the neckline, which can be traced at different heights. The grading for this seam must be proportional to grading the 1/2 neckline. The same logic as in Method 1 (see *Raglan sleeve*, p. 84).

Realization

Front

The 1/2 front shoulder width of bodice extends 6 mm. Stacking will be done at this point, all the grading will shift this amount towards the center front. On shoulder width point, the point will be fixed.
For all other amounts evolving horizontally, simply add 6 mm. The 1/2 front shoulder width extends 3 mm, the grading will shift this amount horizontally.

GRADING FRONT NECKLINE (ON BODICE AND SLEEVE)

Attention: grading is done in parallel and perpendicularly in relation to Straight Grain of the bodice and the sleeve (see board). Since the evolution of the 1/2 front shoulder width of bodice is different from that of the sleeve, the amounts given will adapt to them.

GRADING THE SIDE LINE

Underarm point (horizontal grading): extend 4 mm, perpendicularly to center front.
Side-bottom of bodice point (diagonal grading): extend 4 mm and drop 2.5 mm, perpendicularly and in parallel to center front.

GRADING UNDERARM (ON SLEEVE)

Underarm point: since the evolution is the same amount as the grading shift (3 mm), the point remains fixed.
Bottom of sleeve-side point (diagonal grading): bring in 1 mm, perpendicularly to Straight Grain of sleeve to keep the bottom of sleeve evolution (5 mm).

MESURES (en cm) / MEASUREMENTS (in cm)	\multicolumn{7}{c	}{TAILLES / SIZES}	Évolutions de tailles (en mm) Size evolutions (in mm)
	34	36	38	40	42	44	46	
1/2 tour d'encolure / 1/2 neckline measurement	17	17.5	18	18.5	19	19.5	20	5
Longueur d'épaule / Shoulder length	11.2	11.6	12	12.4	12.8	13.2	13.6	4
1/2 carrure devant / 1/2 front shoulder width	16	16.25	16.5	16.75	17	17.25	17.5	2.5
1/2 carrure dos / 1/2 back shoulder width	17	17.25	17.5	17.75	18	18.25	18.5	2.5
Tour d'emmanchure / Armhole measurement	37.5	38.5	39.5	40.5	41.5	42.5	43.5	10

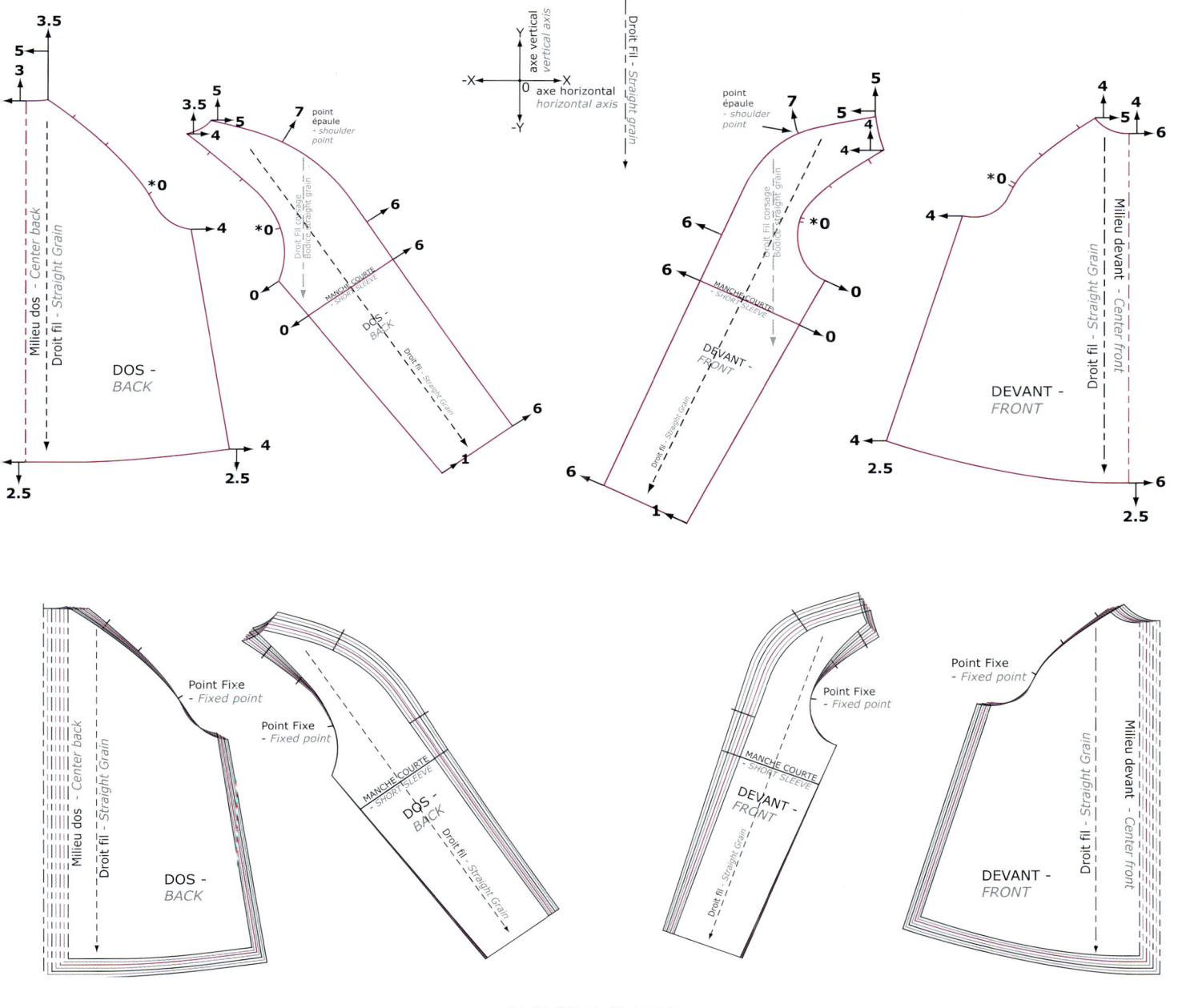

34-36-38-40-42-44-46

perpendiculairement au Droit Fil de la manche pour garder l'évolution bas de manche (5 mm).

GRADATION DU DESSUS DE MANCHE

Point épaule (gradation oblique) : remonter de 7 mm pour garder une gradation proportionnelle entre le point d'encolure et le point du dessous de bras.

Point bas de manche (gradation oblique) : ressortir de 6 mm.
- Grader proportionnellement et en parallèle la ligne de dessus de manche en passant par le point d'épaule.

(En informatique, la manche se présentera avec le DF à l'horizontal. Les points dessous de bras et bas de manche évolueront en « Y » uniquement).

Pour les autres valeurs, la pièce sera orientée temporairement par rapport au corsage de façon à recopier les évolutions du corsage sur la manche (créer un « repère gradation » sur la manche).

GRADATION DE LA DÉCOUPE RAGLAN (SUR LE CORSAGE)

Point carrure devant (**2 crans**) (gradation oblique) : Ce point étant le point de tassement, il reste fixe dans toutes les tailles.
- Tracer le raglan, de l'encolure au dessous de bras, en passant par le point carrure (« *0 »).

GRADATION DE LA DÉCOUPE RAGLAN (SUR LA MANCHE)

Point carrure devant (**2 crans**) (gradation oblique) : Ce point étant le point de tassement, il reste fixe dans toutes les tailles.
- Tracer le raglan, de l'encolure au dessous de bras, en passant par le point carrure (« *0 »).
- Adapter la gradation des crans de raccords de la manche à ceux du corsage.

Dos

Le travail de gradation de la manche dos sera identique à celui de la manche devant.

Attention : penser à grader le Droit Fil de toutes les pièces dans la largeur (valeur de l'évolution du point où se situe le tassement).

Contrôle final

Apporter toutes les vérifications nécessaires (cf. *Manche de base*, p. 76).

GRADING TOP OF SLEEVE

Shoulder point (diagonal grading): raise 7 mm to keep a proportional grading between the neckline point and the underarm point.

Bottom of sleeve point (diagonal grading): extend 6 mm.
- Grade upper sleeve line proportionally and in parallel, passing through shoulder point.

(On the computer, the sleeve will be shown with the SG horizontally. The underarm and bottom-of-sleeve points will evolve in "Y" only).

For the other amounts, the piece will be temporarily placed in relation to the bodice in a way to recopy the bodice evolutions on the sleeve (create a "grading reference" on sleeve).

GRADING RAGLAN SEAM (ON BODICE)

Front shoulder width point (**2 notches**) (diagonal grading): Since this point is the stacking point, it remains fixed in all sizes.
- Trace the raglan from neckline to underarm, in passing by the shoulder width point ("*0").

GRADING RAGLAN SEAM (ON SLEEVE)

Front shoulder width point (**2 notches**) (diagonal grading): Since this point is the stacking point, it remains fixed in all sizes.
- Trace the raglan from neckline to underarm, in passing by the shoulder width point ("*0").
- Adapt the grading of construction notches on sleeve to those of the bodice.

Back

Grading the sleeve back will be identical to that of the sleeve front.

Attention: remember to grade the Straight Grain of all pieces in width (amount of evolution from the point where stacking is located).

Final verification

Apply all the necessary verifications (see *Basic sleeve*, p. 76).

MESURES (en cm) / MEASUREMENTS (in cm)	\multicolumn{7}{c	}{TAILLES / SIZES}	Évolutions de tailles (en mm) / Size evolutions (in mm)
	34	36	38	40	42	44	46	
1/2 tour d'encolure / 1/2 neckline measurement	17	17.5	18	18.5	19	19.5	20	5
Longueur d'épaule / Shoulder length	11.2	11.6	12	12.4	12.8	13.2	13.6	4
1/2 carrure devant / 1/2 front shoulder width	16	16.25	16.5	16.75	17	17.25	17.5	2.5
1/2 carrure dos / 1/2 back shoulder width	17	17.25	17.5	17.75	18	18.25	18.5	2.5
Tour d'emmanchure / Armhole measurement	37.5	38.5	39.5	40.5	41.5	42.5	43.5	10

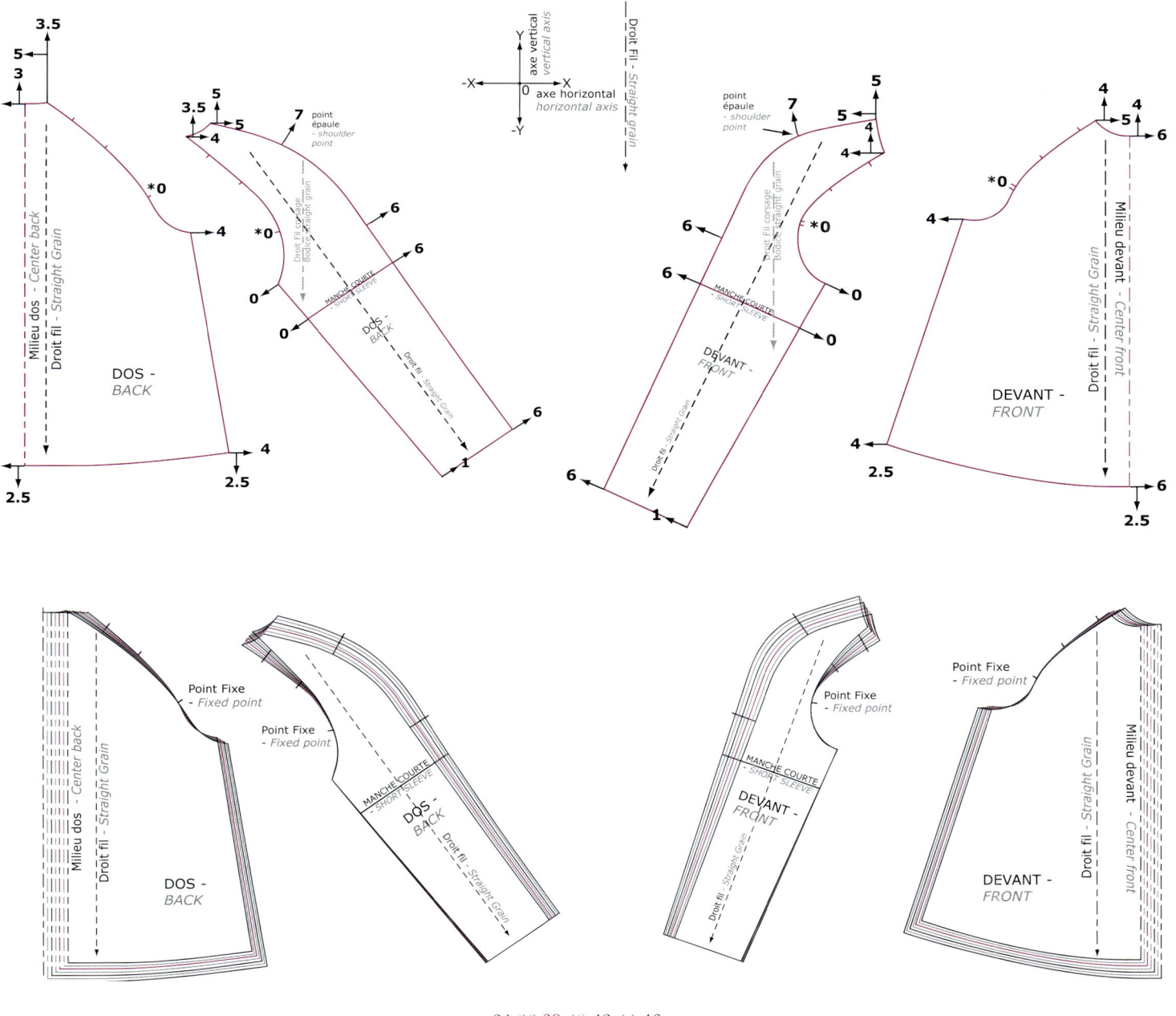

34-36-38-40-42-44-46

KIMONO SLEEVE WITH SELF-GUSSET

Preparation

- Compare the front and back kimono seam lengths of bodice with those of the sleeve.
- Verify that construction notches of the model correspond with those on the sleeve.
- Compare the length of front upper sleeve with that of the back.
- Place points on upper sleeves to evolve this section: shoulder points and points for underarm lines.

Note: in terms of the style of seams (on armhole, horizontal seam to armhole, …) grading can be done by the center front, back and sides (stacking) to avoid deforming the lines in all sizes. It can be done only by the sides. Be careful to trace the lines in parallel to those of the Base Size.

For technical, esthetic or proportional reasons, the seam can remain fixed in height or it can evolve. The piecing can shift towards the neckline on the entire length from 2.5 mm to 5 mm, depending on the importance we want to give it.

We can also choose to do a stacking on the seam, which will simplify the grading and avoid deforming this line. In this exercise, the line will shift 3 mm per size with a stacking on the seam. Because of this, the neckline will evolve 1 mm instead of 4 mm and the bottom of garment 8 mm instead of 5 mm. The kimono sleeve grading follows the same principal as the raglan sleeve Method 2 with stacking (see *Raglan sleeve with stacking* - Method 2, p. 88).

Realization

Front bodice

GRADING FRONT SLEEVE SEAM

The seam evolves 3 mm towards neckline. It will remain fixed (because of stacking). This amount will be removed from the front neckline of sleeve.

Center front-seam point (vertical grading):
- Place a point (*0) at beginning of the seam curve in direction of armhole. This point will serve as a departure point for the curve in all sizes. It will be fixed.

Seam-underarm point (diagonal grading):
- Perpendicularly to center front, extend it 10 mm and then drop it 3 mm (because of stacking: the amount of seam evolution).

MESURES (en cm) MEASUREMENTS (in cm)	TAILLES / SIZES							Évolutions de tailles (en mm) Size evolutions (in mm)
	34	36	38	40	42	44	46	
1/2 tour d'encolure 1/2 neckline measurement	17	17.5	18	18.5	19	19.5	20	5
Longueur d'épaule Shoulder length	11.2	11.6	12	12.4	12.8	13.2	13.6	4
1/2 carrure devant 1/2 front shoulder width	16	16.25	16.5	16.75	17	17.25	17.5	2.5
1/2 carrure dos 1/2 back shoulder width	17	17.25	17.5	17.75	18	18.25	18.5	2.5
Tour d'emmanchure Armhole measurement	37.5	38.5	39.5	40.5	41.5	42.5	43.5	10

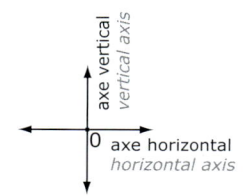

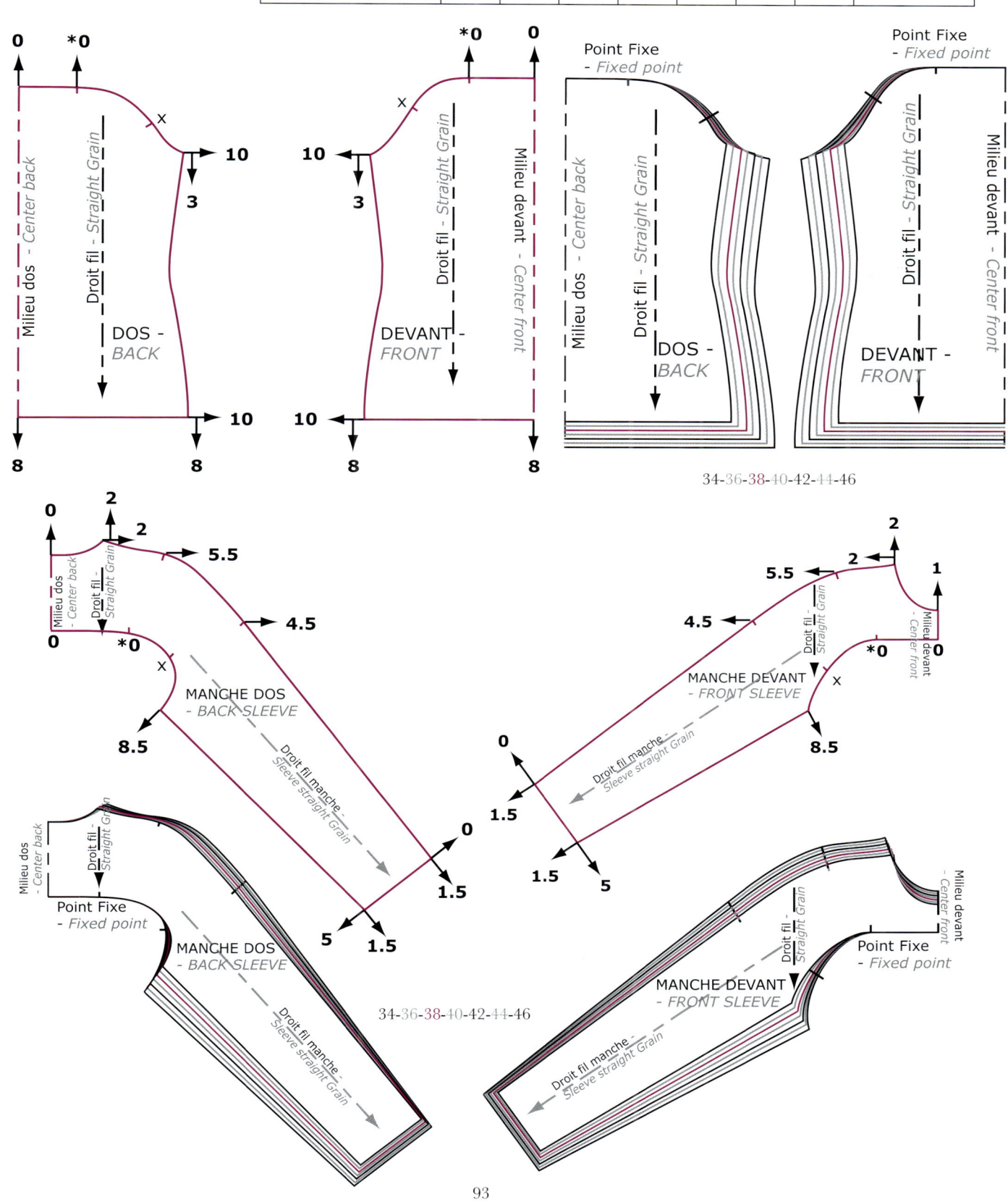

34-36-38-40-42-44-46

93

GRADING THE SIDE LINE

Side-bottom of garment point (diagonal grading):
- Perpendicularly to center front, extend it 10 mm and drop it 8 mm = 5 mm (bottom of garment evolution) + 3 mm (stacking of seam).

GRADING BOTTOM OF GARMENT

Bottom of garment-center front point (vertical grading): drop 8 mm.

Back bodice

The same logic as for front.

Front sleeve

GRADING THE SEAM

Center front-seam point (fixed grading):
As on the front, place a point (*0) at the beginning of curve at the same distance as that from front. The grading is fixed at center front at this point.

Seam-underarm point (diagonal grading):
Extend perpendicularly to Straight Grain of sleeve (not the garment) by 8.5 mm.

GRADING BOTTOM OF SLEEVE

Bottom of upper and under sleeve point (diagonal grading):
- Evolution will be done only at the points under sleeve (because of stacking): extend 5 mm.

Perpendicularly drop from bottom of sleeve, and in parallel 1.5 mm.

(On the computer, the piece will be pivoted to show the bottom of sleeve horizontally and the evolution will be in x: 5 mm and in Y: -1.5 mm).

GRADING UPPER SLEEVE

Upper sleeve-neckline point (diagonal grading): extend 2 mm and raise 2 mm.

Shoulder point (horizontal grading):
Perpendicularly to center front and horizontally, extend 5.5 mm.

Upper sleeve point (= underarm point) (horizontal grading): as for previous point, extend 4.5 mm.

Back sleeve

The same principle as for front sleeve, only certain amounts will change.
Once grading of seams has been done, grade the front and back armhole notches and then those of sleeves («x» notches).

Final verification

Apply all the necessary verifications (see *Basic sleeve*, p. 76).

MESURES (en cm) / MEASUREMENTS (in cm)	TAILLES / SIZES							Évolutions de tailles (en mm) / Size evolutions (in mm)
	34	36	38	40	42	44	46	
1/2 tour d'encolure / 1/2 neckline measurement	17	17.5	18	18.5	19	19.5	20	5
Longueur d'épaule / Shoulder length	11.2	11.6	12	12.4	12.8	13.2	13.6	4
1/2 carrure devant / 1/2 front shoulder width	16	16.25	16.5	16.75	17	17.25	17.5	2.5
1/2 carrure dos / 1/2 back shoulder width	17	17.25	17.5	17.75	18	18.25	18.5	2.5
Tour d'emmanchure / Armhole measurement	37.5	38.5	39.5	40.5	41.5	42.5	43.5	10

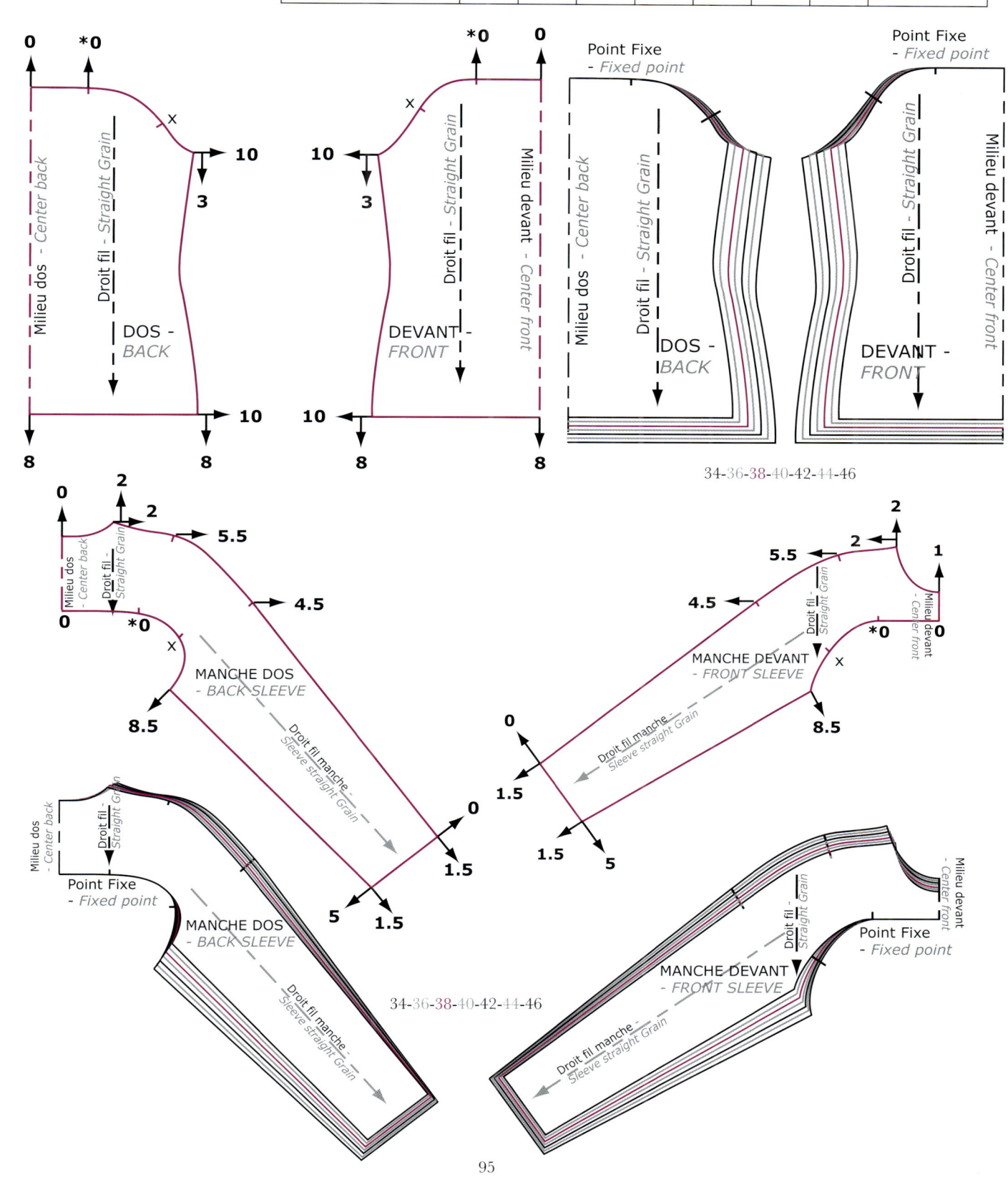

34-36-38-40-42-44-46

COLS OFFICIER / CHEMISIER / ROND

Préparation

Mesurer le 1/2 tour d'encolure (devant et dos) avec précision.

Réalisation

COL OFFICIER (OU PIED DE COL POUR COL CHEMISIER)

La 1/2 encolure (devant et dos) évolue de 5 mm, la gradation se fera par le milieu dos.
Le cran d'épaule se décale de 2,5 mm vers le milieu dos, en suivant la courbe d'encolure du col.
Le devant reste fixe.

(En informatique, l'évolution peut être donnée également par le milieu dos pour appliquer ensuite un tassement de gradation sur cette ligne (de façon à répartir la gradation aux deux extrémités).

COL CHEMISIER

Même travail que pour le col officier.

COL ROND

- Suivre le principe du col officier-chemisier.

MÉTHODE 1 *Figure 1*

Cette méthode permet, par la gradation, de creuser l'encolure du col.
- Porter les 5 mm d'évolution de la 1/2 encolure sur le milieu dos et évoluer le cran épaule de 2,5 mm vers le dos.

MÉTHODE 2 *Figure 2*

Cette méthode permet, par la gradation, d'ouvrir l'encolure du col.
La gradation se fera par l'épaule et le milieu devant. Le dos restera fixe.
- Sur le point milieu devant, ressortir de 4 mm et descendre de 1 mm.
- Faire évoluer le cran d'épaule de 2,5 mm vers le milieu devant.
- Pour garder la même largeur de col dans toutes les tailles, proche de la ligne d'épaule, vers le devant, faire évoluer l'encolure et le bord de col de 1,5 mm à l'horizontale et de 1,8 mm à la verticale.

Contrôle final

Comparer les longueurs :
 - Encolure devant du corsage avec l'encolure devant du col.
 - Encolure dos du corsage avec l'encolure dos du col.

MANDARIN / SHIRT / ROUND COLLARS

Preparation

Measure 1/2 the neck measurement (front and back) with precision.

Realization

MANDARIN COLLAR (OR COLLAR STAND FOR SHIRT COLLAR)

The 1/2 neckline (front and back) evolves 5 mm, grading will be done from center back.
The shoulder notch shifts 2.5 mm towards center back, following curve of collar neckline.
The front remains in place.

(By computer, the evolution can also be given at center back and then applied by a grading stack on this line (a way to continue to extend grading towards two extreme sizes).

SHIRT COLLAR

Same process as for mandarin collar.

ROUND COLLAR

- Follow the principle of the mandarin collar.

METHOD 1 *Diagram 1*

In grading, this method scoops out the collar neckline.
- Add 5 mm of evolution to 1/2 neckline at center back and evolve the shoulder notch 2.5 mm towards the back.

METHOD 2 *Diagram 2*

In grading, this method opens up the collar neckline.
Grading will be done from shoulder and center front. The back remains in place.
- At center front point, extend it 4 mm and drop it 1 mm.
- Evolve the shoulder notch 2.5 mm towards center front.
- To keep the same width of the collar in all sizes, close to shoulder line and moving towards front, evolve neckline and collar edge 1.5 mm horizontally and 1.8 mm vertically.

Final verification

Compare lengths:
 - Front bodice neckline with front collar neckline.
 - Back bodice neckline with back collar neckline.

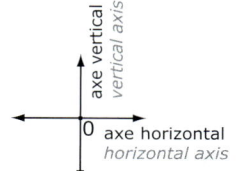

| MESURES (en cm) | TAILLES / SIZES ||||||| Évolutions de tailles (en mm) |
MEASUREMENTS (in cm)	34	36	38	40	42	44	46	Size evolutions (in mm)
1/2 tour d'encolure 1/2 neck measurement	17	17.5	18	18.5	19	19.5	20	5

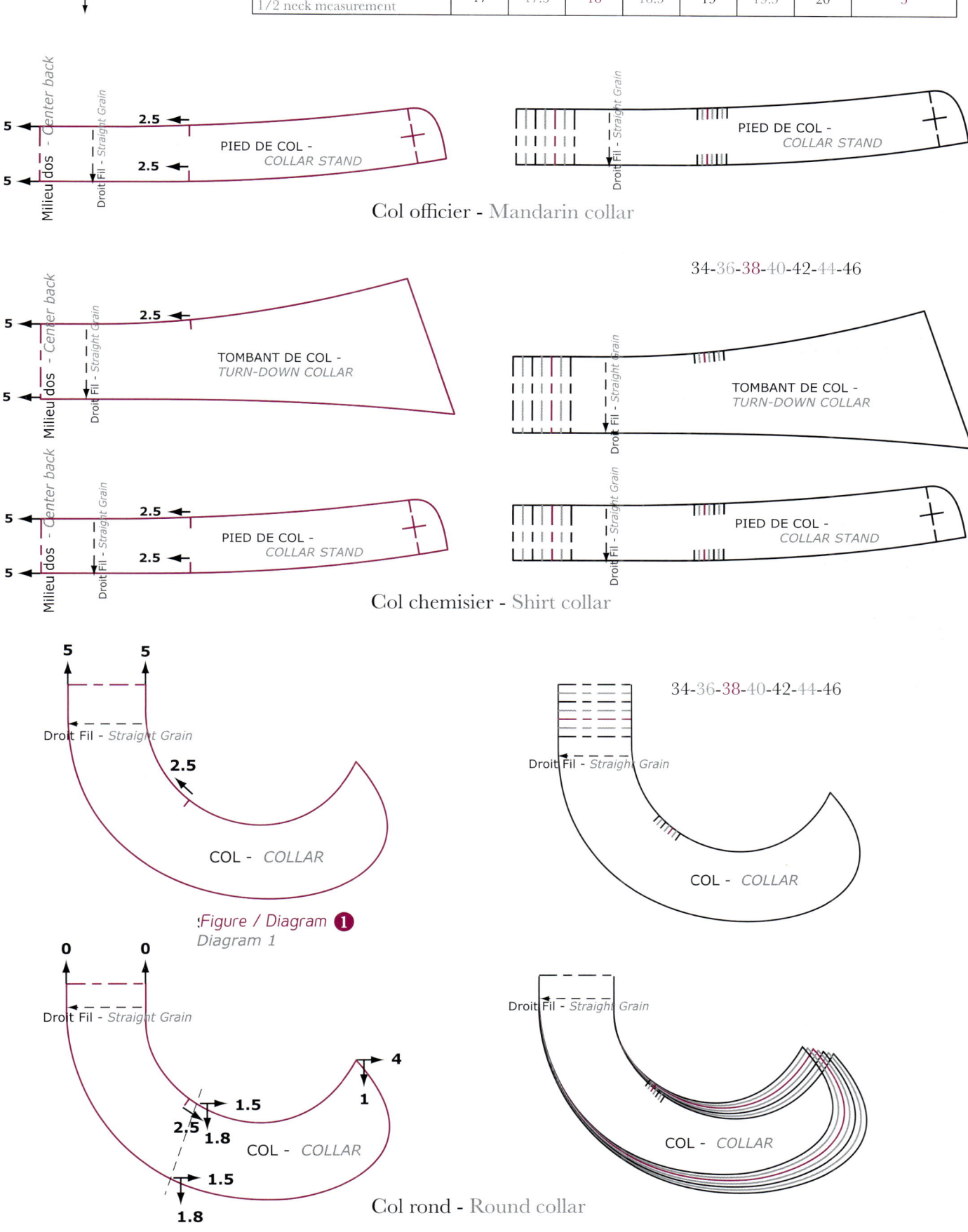

Col officier - Mandarin collar

Col chemisier - Shirt collar

Figure / Diagram ❶
Diagram 1

Col rond - Round collar

Figure / Diagram ❷

COL TAILLEUR

Préparation

- Mesurer le 1/2 tour d'encolure devant et dos du corsage puis du col avec précision.

Réalisation

1re possibilité : le col tailleur augmente légèrement et proportionnellement dans les grandes tailles et diminue dans les petites tailles (col, revers, parementure) (voir planche et souche).

SUR LE CORSAGE

Le départ du revers (point départ cassure) reste fixe. Seules, les parties encolure et revers vont évoluer.
Cran d'anglaise (gradation oblique) : cette partie du col augmente de 1 mm par taille. Sur la ligne de l'encolure, qui est déjà gradée, porter l'évolution du cran.
- Remonter de 2,5 mm et porter 0,5 mm vers l'incrustation.

SUR LE DESSUS ET DESSOUS DE COL

La gradation se fera de chaque côté de l'encolure du col.
Point milieu dos (gradation horizontale) : ressortir de 2,5 mm.
Point épaule (cran) : il reste fixe.
Point incrustation du col (gradation oblique) : dans le prolongement de la ligne d'encolure, ressortir de 2,5 mm.
Point pointe du col (gradation horizontale) : ressortir de 2,5 mm. Ainsi, cette ligne augmente de 1 mm par taille.
Point bord de col (gradation oblique) : ressortir de 2,75 mm et decendre de 0,5 mm. (La ligne du bord de col augmente de 1 mm par taille).

SUR LA PAREMENTURE : elle suivra exactement la gradation du corsage.

SUR L'ENFORME DOS : il aura une évolution constante dans toutes les tailles. Donner les mêmes valeurs de gradation que sur l'encolure dos.

2e possibilité : le col tailleur garde la même proportion dans toutes les tailles (col, revers, parementure) (cf. *Col châle*, p. 100).

SUR LE CORSAGE : le départ du revers (point départ cassure) évolue dans la hauteur de la même façon que toute la partie encolure (ex : 2,5 mm).

Cran anglaise (gradation oblique) : cette partie de l'encolure suit l'évolution du col qui est fixe. Sur la ligne de l'encolure, qui est déjà gradée, porter l'évolution du cran qui est identique à celle du col.
- Remonter de 2,5 mm et porter 1,5 mm vers l'incrustation.

SUR LA PAREMENTURE : elle suivra exactement la gradation du corsage.

SUR L'ENFORME DOS : il aura une évolution constante dans toutes les tailles. Donner les mêmes valeurs de gradation que sur l'encolure dos du corsage.

SUIT COLLAR

Preparation

- Precisely measure 1/2 the front and back neckline measurements and then the collar.

Realization

1st possibility: the suit collar increases slightly and proportionally in the large sizes and diminishes in the small sizes (collar, lapel, facing) (see board and stack).

ON BODICE

The beginning of lapel (beginning of break point) remains in place. Only, the neckline and lapel parts will evolve.
Collar notch (diagonal grading): this part of the collar increases 1 mm per size. On the neckline, which is already graded, add the notch evolution.
- Raise 2.5 mm and extend it 0.5 mm towards inset.

ON UPPER AND UNDER COLLAR

The grading is done on each side of collar neckline.
Center back point (horizontal grading): extend 2.5 mm.
Shoulder point (notch): the point remains in place.
Collar inset point (diagonal grading): in the continuation of the neckline, extend it 2.5 mm.
Collar tip point (diagonal grading): extend 2.5 mm. Thus this line will increase 1 mm per size.
Collar edge point (diagonal grading): extend 2.75 mm and drop 0.5 mm (this line increases 1 mm per size).
The edge collar line increases 1 mm per size.

ON FACING: it will exactly follow the bodice grading.

ON BACK INTERFACING: it will have a constant evolution in all sizes. Give same amounts to grading as on back neckline.

2nd possibility: the suit collar keeps the same proportions in all sizes (collar, lapel, facing) (see *Shawl collar*, p. 100).

ON BODICE: the beginning of lapel (beginning of break point) evolves in the height the same way as the entire neckline part (ex: 2.5 mm).
Collar notch (diagonal grading): this part of the neckline follows the evolution of the collar which stays in place. On the neckline, which is already graded, evolve the notch identically to the collar evolution .
- Raise it 2.5 mm and extend it 1.5 mm towards the inset piece.

ON FACING: it will exactly follow the bodice grading.

ON BACK INTERFACING: it will have a constant evolution in all sizes. Give the same grading amounts as on back neckline of bodice.

Contrôle final

Comparer les longueurs :
- 1/2 encolure du corsage avec la 1/2 encolure du col.
- de la partie incrustation du col au cran anglaise (sur le devant, la parementure et le col).
- du revers (sur le corsage et la parementure).

Final verification

Compare lengths:
- 1/2 bodice neckline with 1/2 collar neckline.
- of inset part of collar at collar notch (on front, facing and collar).
- lapel (on bodice and facing).

MESURES (en cm) MEASUREMENTS (in cm)	TAILLES / SIZES							Évolutions de tailles (en mm) Size evolutions (in mm)
	34	36	38	40	42	44	46	
1/2 tour d'encolure 1/2 neck measurement	17	17.5	18	18.5	19	19.5	20	5

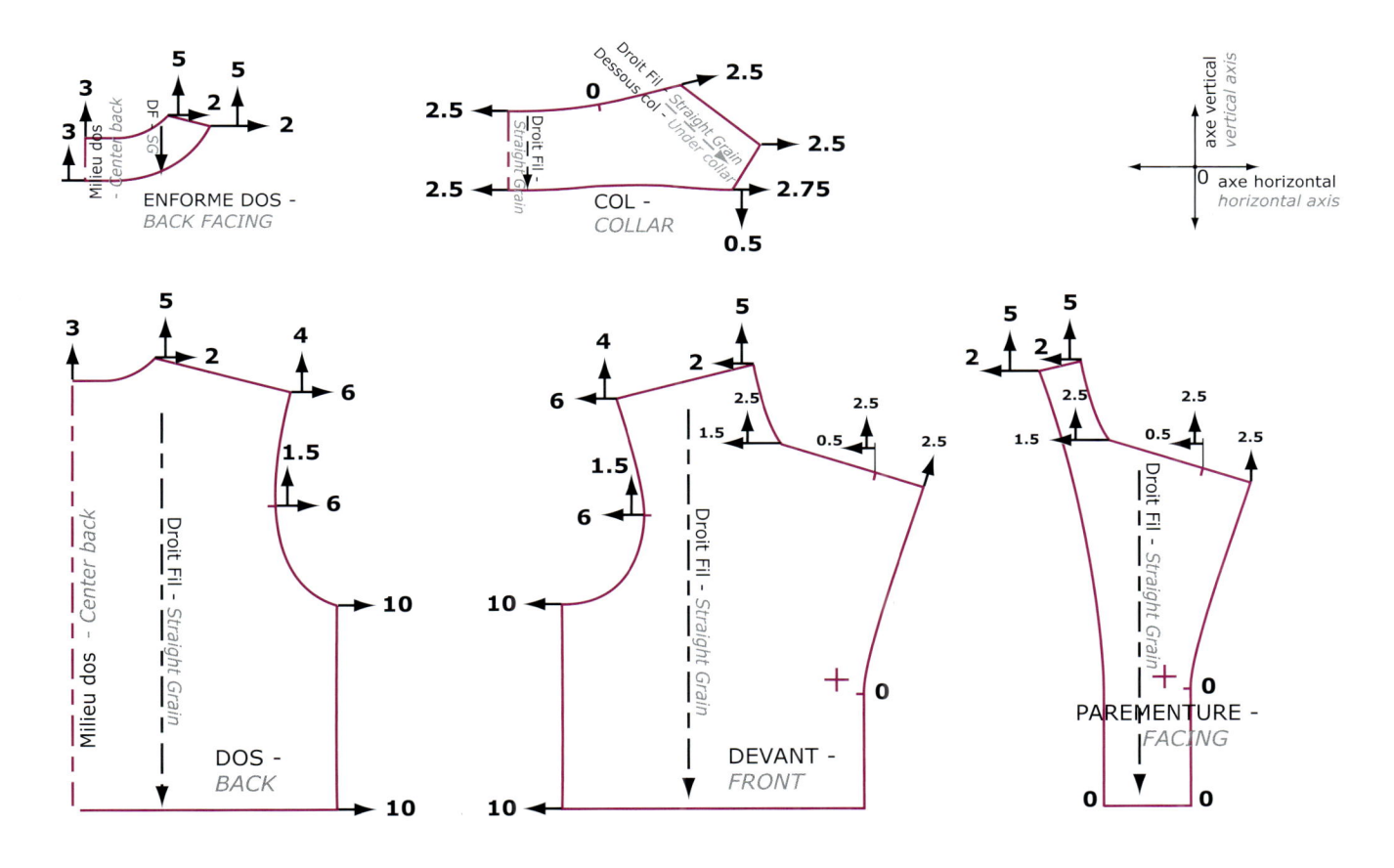

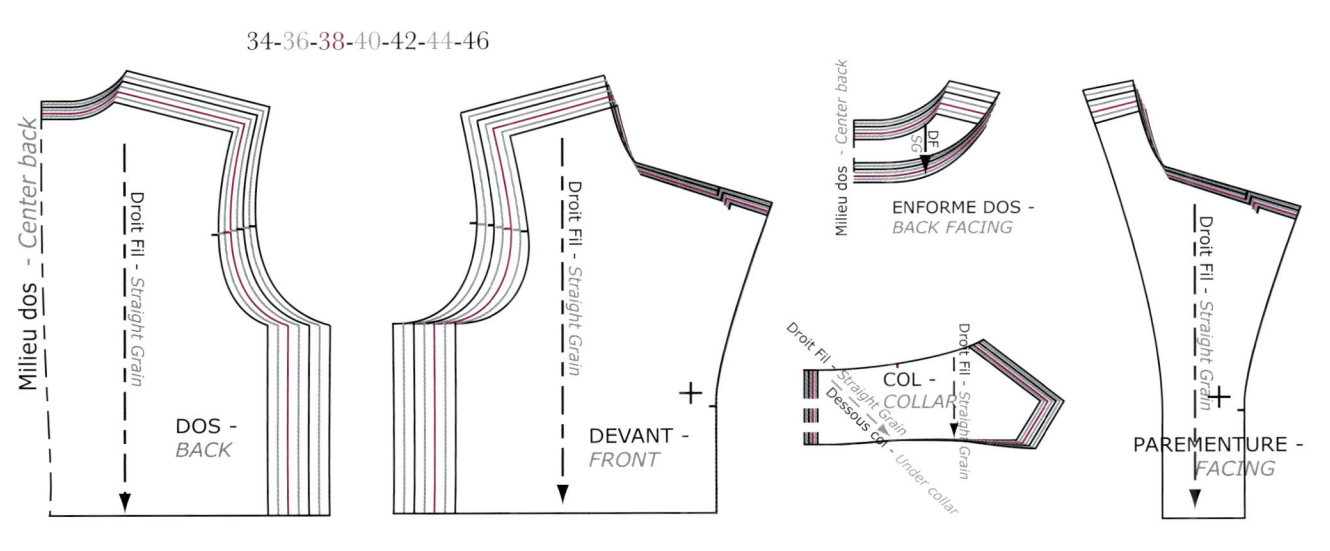

COL CHÂLE

Préparation

Mesurer le 1/2 tour d'encolure devant et dos du corsage puis du col avec précision.

Réalisation

Le col châle suit la même logique que pour le col tailleur.

1ʳᵉ possibilité : le col châle augmente légèrement et proportionnellement dans les grandes tailles et diminue dans les petites tailles (col, revers, parementure) (cf. *Col tailleur*, p. 98).

2ᵉ possibilité : le col châle garde la même proportion dans toutes les tailles (col, revers, parementure, enforme dos) (voir planche).

SUR LE CORSAGE : toute la partie revers va suivre, en hauteur, l'évolution de la 1/2 encolure devant.
Point épaule-encolure (gradation oblique) : remonter de 5 mm et ressortir de 2 mm.
Point incrustation du col et point bord du revers (gradation oblique) : remonter de 2,5 mm et ressortir de 1,5 mm.
Point départ du revers (départ de la cassure) (gradation verticale) : remonter de 2,5 mm.

SUR LA PAREMENTURE (AVEC LE DESSUS DE COL) : elle suivra exactement la gradation du corsage ainsi que l'évolution de la 1/2 encolure dos (voir planche).
Sur la ligne milieu dos, porter l'évolution de la 1/2 encolure dos en parallèle à la ligne de base (7,5 mm).

(En informatique, l'évolution sera en X : - 4,5 mm et en Y : 6,5 mm (valeurs indiquées en gris sur la planche). Cette pièce pourra être orientée temporairement avec le milieu dos à l'horizontale où l'on y portera l'évolution en Y : 7,5 mm).

SUR LE DESSOUS DE COL : la gradation se fera sur la partie devant du col.
Point épaule (cran) : il évolue de 2,5 mm par taille en direction du devant du col.

SUR L'ENFORME DOS : il aura une évolution constante dans toutes les tailles. Donner les mêmes valeurs de gradation que sur l'encolure dos du corsage.

Contrôle final

Comparer les longueurs :
- 1/2 encolure dos du corsage avec celle du col.
- du bord de col (du départ du revers au milieu dos).

SHAWL COLLAR

Preparation

Precisely measure 1/2 front and back bodice neckline measurements and then collar neckline.

Realization

The shawl collar follows the same logic as for the suit collar.

1st possibility: the shawl collar will increase slightly and proportionally in large sizes and diminish in small sizes (collar, lapel, facing) (see *Suit collar*, p. 98).

2nd possibility: the shawl collar keeps the same proportion in all sizes (collar, lapel, facing, back interfacing) (see board).

ON BODICE: the entire lapel section will follow, height-wise, the evolution of 1/2 the front neckline.
Shoulder-neckline point (diagonal grading): raise 5 mm and extend 2 mm.
Collar inset point and collar edge point (diagonal grading): raise 2.5 mm and extend 1.5 mm.
Beginning of lapel point (beginning of break) (vertical grading): raise by 2.5 mm.

ON FACING (WITH UPPER COLLAR): it will exactly follow the bodice grading as well as the evolution of 1/2 the back neckline (see board).
On center back line, bring the evolution of 1/2 the back neckline parallel to the block line (7.5 mm).

(On the computer, the evolution will be, for X: - 4.5 mm and for Y: 6.5 mm (see grey amounts on board). This piece can be temporarily pivoted to make the center back horizontal where we will give it an evolution of Y: 7.5 mm).

ON UNDER COLLAR: grading will be done on front part of collar.
Shoulder point (notch): it will evolve 2.5 mm per size in direction of the collar front.

ON BACK INTERFACING: it will have a constant evolution in all sizes. Give same amounts of grading as on back neckline of bodice.

Final verification

Compare lengths:
- 1/2 back neckline of bodice with that of collar.
- edge of collar (beginning at lapel at center back).

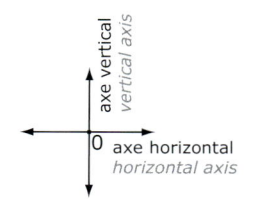

MESURES (en cm) MEASUREMENTS (in cm)	TAILLES / SIZES							Évolutions de tailles (en mm) Size evolutions (in mm)
	34	36	38	40	42	44	46	
1/2 tour d'encolure 1/2 neck measurement	17	17.5	18	18.5	19	19.5	20	5

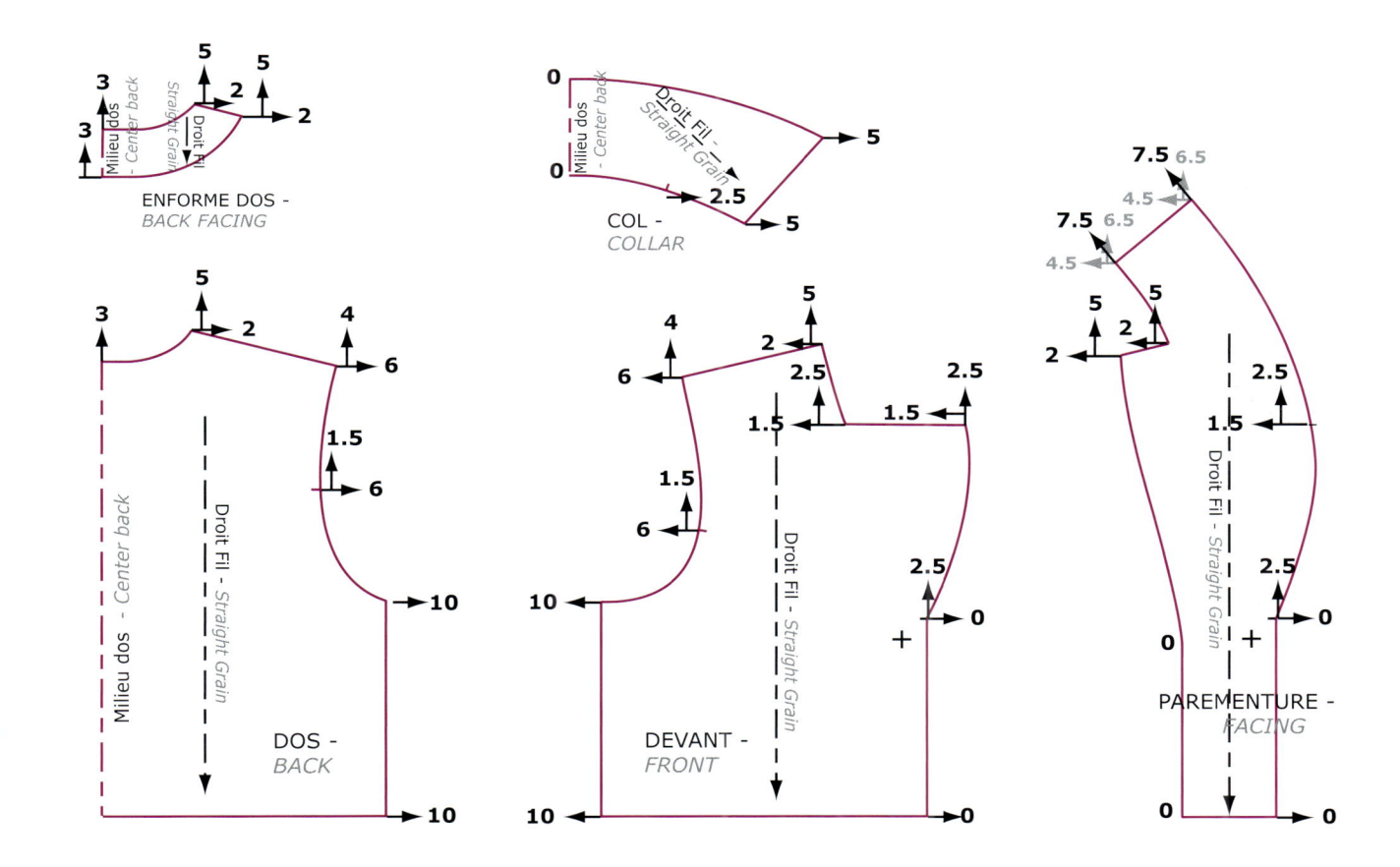

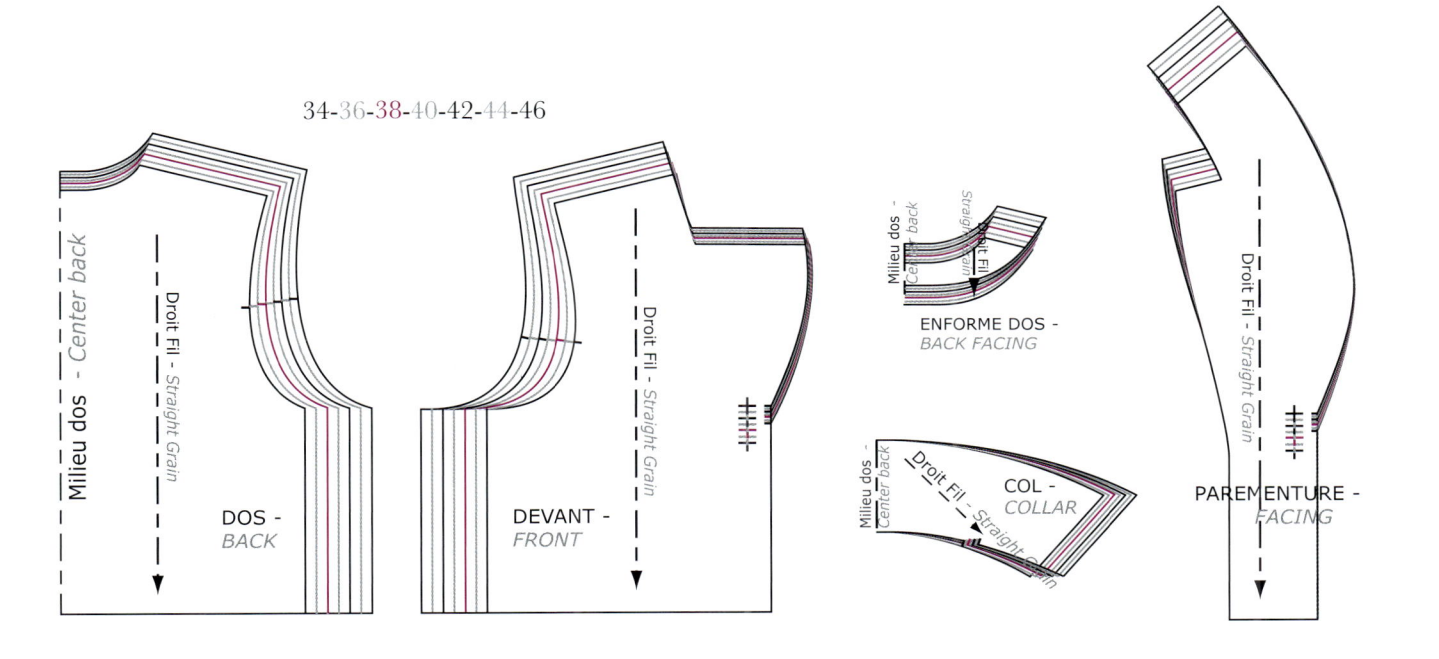

ENFORME DOS - *BACK FACING*

COL - *COLLAR*

DOS - *BACK*

DEVANT - *FRONT*

PAREMENTURE - *FACING*

34-36-38-40-42-44-46

101

PANTALON JEANS

Préparation

- Placer le dos et le devant côte à côte, le dos à gauche et le devant à droite.
- Caler les lignes de grandes hanches sur un même plan.

Réalisation

Devant

La hauteur du montant augmente de 5 mm (voir *Tableau de mesures*, p. 17) : on va effectuer un tassement sur la ligne du montant, ce qui fera remonter la ligne de taille de 5 mm.
Le tour de taille et des grandes hanches évoluent de 10 mm. Cette valeur étant répartie sur les milieux d'enfourchures et les côtés, on augmentera de 5 mm sur chaque extrémité.
Point taille milieu devant-enfourchure (gradation oblique) : remonter et ressortir de 5 mm.
Point enfourchure (gradation horizontale) : ressortir de 5 mm.
Points bas de jambe (gradation horizontale) : augmenter de chaque côté de 2,5 mm.
- Tracer la ligne d'entrejambe dans toutes les tailles, du point enfourchure au point bas de jambe.

De chaque côté du genou, donner une gradation proportionnelle par rapport aux 2 valeurs d'évolutions tracées de part et d'autre (x*).
Point ligne grandes hanches (gradation horizontale) : ressortir de 5 mm.
Point côté-taille (gradation oblique) : ressortir et remonter de 5 mm.
Note : sur la ligne de côté, tracer une gradation parallèle de la taille jusqu'aux grandes hanches.

Dos

Même logique que sur le devant.
Note : en fonction des modèles, porter une gradation dans la longueur, exemple :
(T.34 : - 10 mm)
(T.36/T.38/T.40 : fixe)
(T.42/T.44/T.46 : + 10 mm).

Contrôle final

- Mesurer les tailles devant et dos et comparer avec l'évolution du tableau.
- Comparer les longueurs des lignes de côté et d'entrejambe.

JEAN TROUSERS

Preparation

- Place back and front side to side, with back on left and front on right.
- Align wide hip lines at same level.

Realization

Front

Crotch depth increases 5 mm (see *Measurement chart*, p. 17): we will do a compression on crotch depth line, which will raise waist line by 5 mm.
Waist and wide hip measurements will evolve 10 mm. This amount will be distributed at crotch centers and sides, we will increase it 5 mm on each side.
Center waist front-crotch point (diagonal grading): raise and extend by 5 mm.
Crotch point (horizontal grading): extend 5 mm.
Leg bottom points (horizontal grading): increase 2.5 mm on each side.
- Trace inside leg line in all sizes, from crotch point to point at bottom of leg.

On each side of knee, grade proportionally in relation to the 2 evolution amounts traced on each side (X*).
Wide hip line point (horizontal grading): extend 5 mm.
Side-waist point (diagonal grading): extend and raise 5 mm.
Note: on side line, trace waist all the way to wide hips in a parallel grading.

Back

Same logic as for front.
Note: depending on model, grade length as well:
Example:
(S.34: - 10 mm)
(S.36/S.38/S.40: fixed)
(S.42/S.44/S.46: + 10 mm).

Final verification

- Measure front and back sizes and compare with evolution on chart.
- Compare lengths of side lines and inside leg lines.

MESURES (en cm) MEASUREMENTS (cm)	TAILLES - SIZES							Évolutions de tailles (en mm) Size evolutions (in mm)
	34	36	38	40	42	44	46	
Tour de taille Waist measurement	60	64	68	72	76	80	84	40
Tour de grandes hanches Full hip measurement	86	90	94	98	102	106	110	40
Hauteur taille-hanches Waist to hip length	22	22	22	22	22	22	22	0
Hauteur du montant Riser measurement	25.5	26	26.5	27	27.5	28	28.5	5
Enfourchure Crotch measurement	56	58	60	62	64	66	68	20
Hauteur taille au genou Waist to knee	56	57	58	59	60	61	62	10

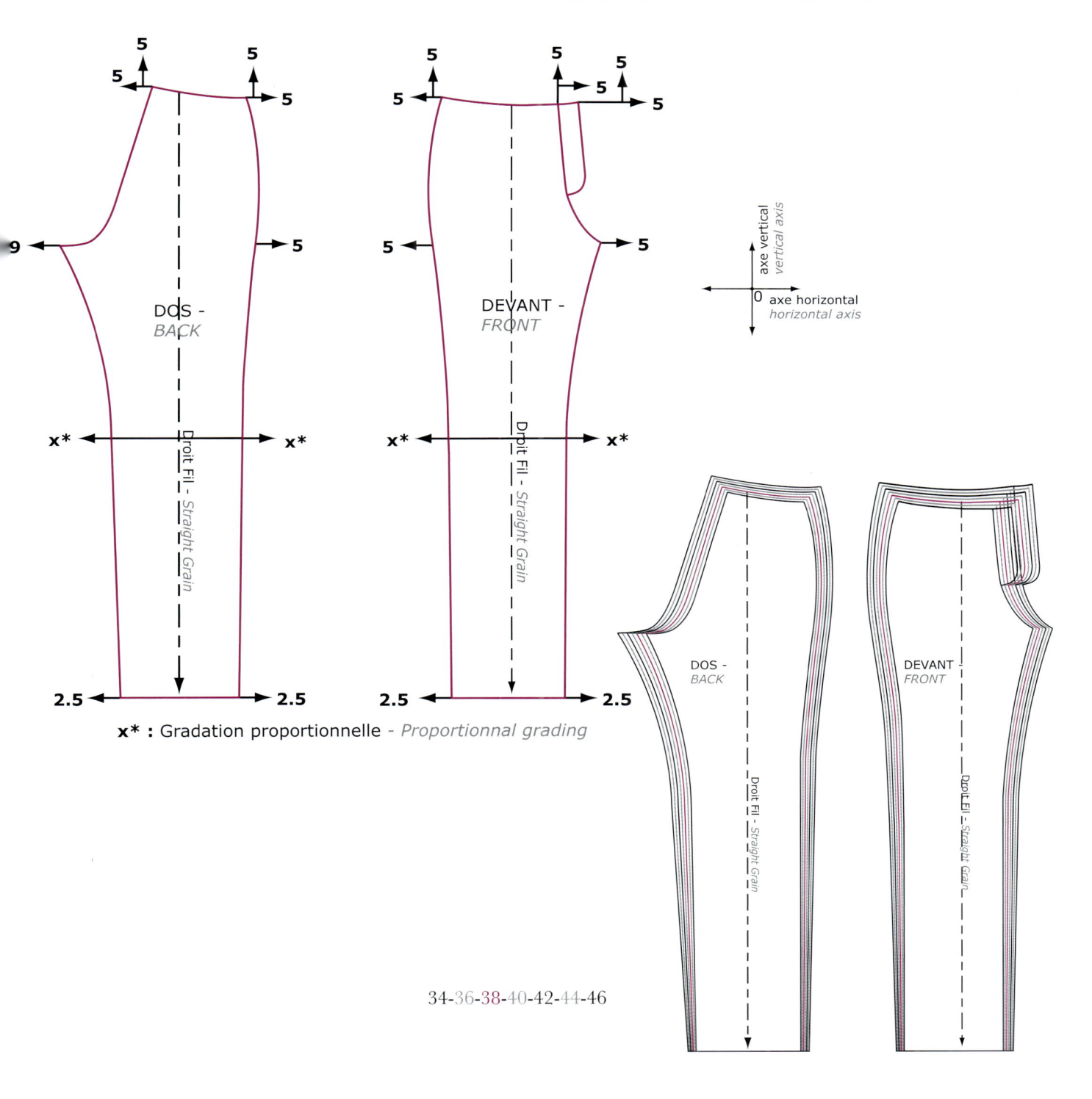

x* : Gradation proportionnelle - *Proportionnal grading*

34-36-38-40-42-44-46

MODÈLE / MODEL

PANTALON JEAN'S

Réalisation

La démarche de la gradation de ce modèle est exactement la même que celle du pantalon jean ci-dessus.

Devant

Ouverture de poche et fond de poche : l'ouverture de poche va évoluer par taille de 2.5mm. Cette progression va se faire sur la ligne de taille et également sur la ligne de côté.
Point taille-ouverture poche (gradation oblique) : remonter de 5mm (évolution de la ligne de taille) et ressortir de 2.5 mm (au lieu de 5 mm pour suivre l'évolution du côté, ce qui donnerait une ouverture constante dans toutes les tailles).
Point côté-ouverture poche (gradation oblique) : ressortir de 5 mm (évolution du côté) et remonter de 2.5 mm (au lieu de 5 mm pour suivre l'évolution de la ligne de taille).

GRADATION FOND DE POCHE (GRADATION FIXE)
Dans un souci de prix de revient, le fond de poche aura le même volume dans toutes les tailles.

GRADATION POINTAGES POCHE BRIQUET ET POCHE DOS (GRADATION VERTICALE)
La poche briquet ainsi que la poche dos gardent le volume de la TB. Les pointages de ces deux poches suivront le déplacement de la taille et du côté, ils remonteront donc de 5 mm et se déplaceront vers le côté de 5 mm.

Dos

Même logique que sur le devant (changement d'évolution sur l'enfourchure dos)
Gradation rehausse dos :
La pièce rehausse dos va évoluer proportionnellement à la ligne de taille.
La gradation de la découpe se fera en parallèle. Elle évoluera de 2.5 mm.
Droit Fil : étant au centre de la jambe, il reste fixe.

Contrôle final

Apporter toutes les vérifications nécessaires (cf. *Pantalon jeans*, p. 102).

JEAN TROUSERS

Realization

The approach to grading this model is exactly the same as that of the jean trouser (see above).

Front

Pocket opening and pocket back: pocket opening will evolve 2.5 mm per size. This progression will be done on both waist line and side line.
Waist-pocket opening point (diagonal grading): raise by 5 mm (evolution of waist line) and extend by 2.5 mm (instead of 5 mm to follow evolution of side, this will maintain a consistent opening for all sizes).
Side-pocket opening point (diagonal grading): extend 5 mm (evolution of side) and raise 2.5 mm (instead of 5mm to follow evolution of waist line).

GRADING POCKET BACK (FIXED GRADING)
To keep manufacturing costs down, pocket back will have the same volume for all sizes.

GRADING POINTS FOR LIGHTER POCKET AND BACK POCKET (VERTICAL GRADING)
Both the lighter pocket and the back pocket will have the same volume as in BS for all sizes. The grading points for these two pockets will follow the waist and side movements, they will thus be raised 5 mm and move 5 mm towards the side.

Back

Same logic as for front (change of evolution on back crotch).
Back yoke grading:
The back yoke piece will evolve proportionally to the waist line. The seam grading will be done in parallel. It will evolve by 2.5 mm.
Straight grain: being at the center of leg, it remains fixed.

Final verification

Apply all the necessary verifications (see *Jeans trousers*, p. 102).

MESURES (en cm) MEASUREMENTS (cm)	TAILLES - SIZES							Évolutions de tailles (en mm) Size evolutions (in mm)
	34	36	38	40	42	44	46	
Tour de taille / Waist measurement	60	64	68	72	76	80	84	40
Tour de grandes hanches / Full hip measurement	86	90	94	98	102	106	110	40
Hauteur taille-hanches / Waist to hip length	22	22	22	22	22	22	22	0
Hauteur du montant / Riser measurement	25.5	26	26.5	27	27.5	28	28.5	5
Enfourchure / Crotch measurement	56	58	60	62	64	66	68	20
Hauteur taille au genou / Waist to knee	56	57	58	59	60	61	62	10

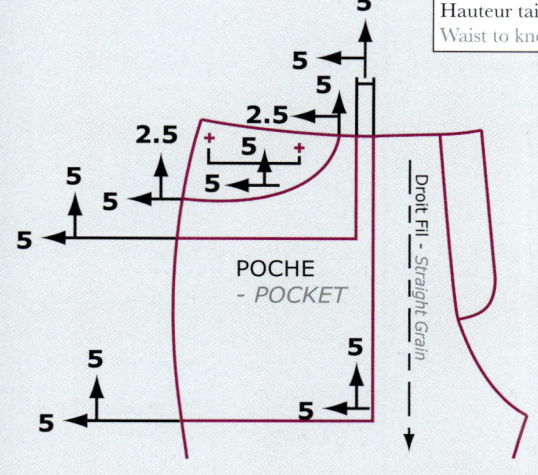

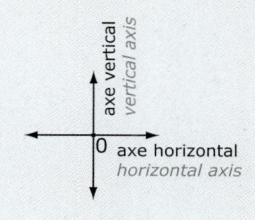

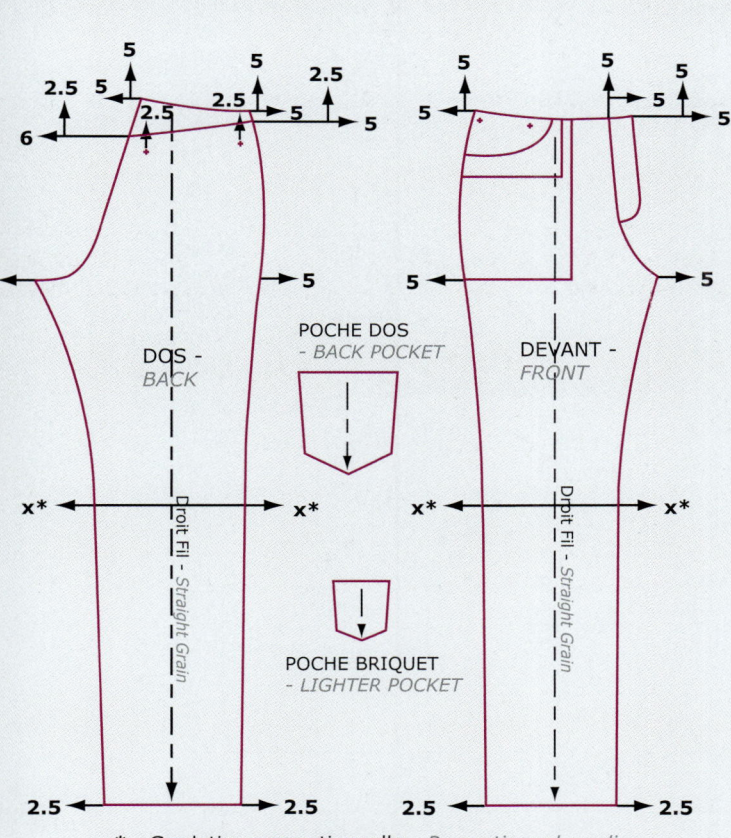

POCHE - *POCKET*

DOS - *BACK*

POCHE DOS - *BACK POCKET*

DEVANT - *FRONT*

POCHE BRIQUET - *LIGHTER POCKET*

CEINTURE - *WAISTBAND*

x* : Gradation proportionnelle - *Proportionnal grading*

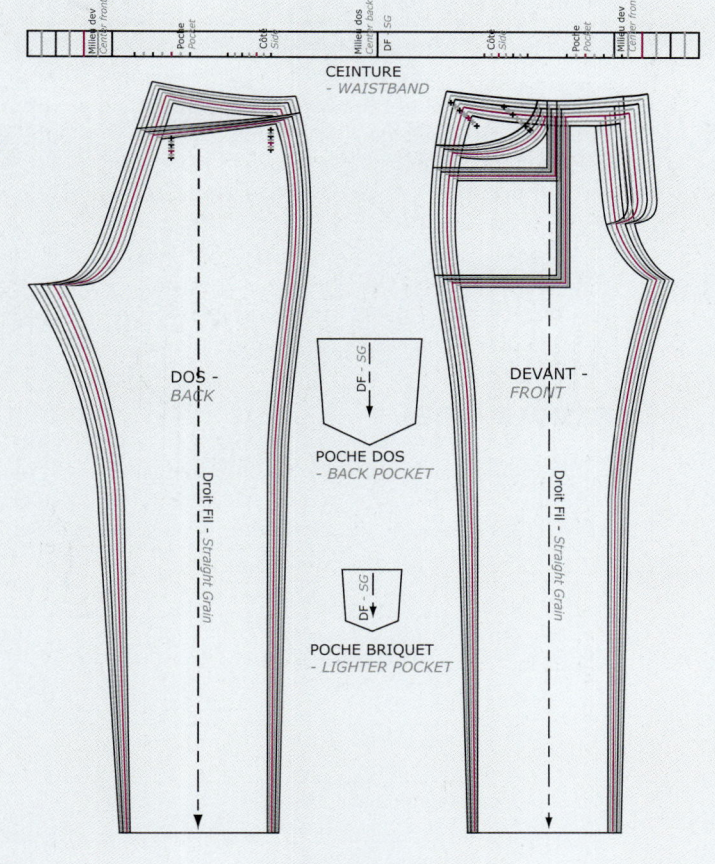

34-36-38-40-42-44-46

105

PANTALON PLAT DE VILLE BASE

FLAT CITY TROUSERS BLOCK

Préparation

- Placer le dos et le devant côte à côte (prévoir assez d'espace entre les deux formes), le dos à gauche et le devant à droite.
- Caler les lignes des grandes hanches sur un même plan.

Preparation

- Place back and front side to side (leave enough space between two pieces), with back on left and front on right.
- Align wide hip lines at same level.

Réalisation

La démarche de la gradation du pantalon à pinces est exactement la même que celle du pantalon jean's (cf. *Pantalon jeans*, p. 102). Pour un pantalon avec un bas de jambe large, il n'est pas nécessaire de grader ces deux points.

Pinces devant et dos

Les pinces se déplacent normalement de 5 mm vers le côté. En répartissant l'aisance du tour de taille sur chaque couture (milieux devant et dos, côtés), un tassement s'est effectué sur la pince : elle restera donc fixe.
Droit Fil : étant au centre de la jambe, il reste fixe.
Note : en fonction des modèles, porter une gradation dans la longueur, exemple :
(T.34 : -10 mm)
(T.36/T.38/T.40 : fixe)
(T.42/T.44/T.46 : +10 mm)

Realization

The approach to grading pants with darts is exactly the same as that of the jeans pant (see *Jeans trousers*, p. 102).
For trousers with a wide leg bottom, it is not necessary to grade these two points.

Front and back darts

Normally, darts are moved 5 mm towards the side. In distributing ease in the waist measurement at each seam (at center front and back, at sides), a compression will be done on dart: it will thus remain fixed.
Straight grain: being at center of leg, it remains fixed.
Note: depending on the model, grade the length, example:
(S.34: -10 mm)
(S.36/S.38/S.40: fixed)
(S.42/S.44/S.46: +10 mm)

Contrôle final

- Mesurer les tailles devant et dos et comparer avec l'évolution du tableau.
- Comparer les longueurs des lignes de côté et d'entrejambe.

Final verification

- Measure front and back waists and compare with evolution chart.
- Compare lengths of side lines and inner leg lines.

MESURES (en cm) MEASUREMENTS (cm)	34	36	38	40	42	44	46	Évolutions de tailles (en mm) Size evolutions (in mm)
Tour de taille / Waist measurement	60	64	68	72	76	80	84	40
Tour de grandes hanches / Full hip measurement	86	90	94	98	102	106	110	40
Hauteur taille-hanches / Waist to hip length	22	22	22	22	22	22	22	0
Hauteur du montant / Riser measurement	25.5	26	26.5	27	27.5	28	28.5	5
Enfourchure / Crotch measurement	56	58	60	62	64	66	68	20
Hauteur taille au genou / Waist to knee	56	57	58	59	60	61	62	10

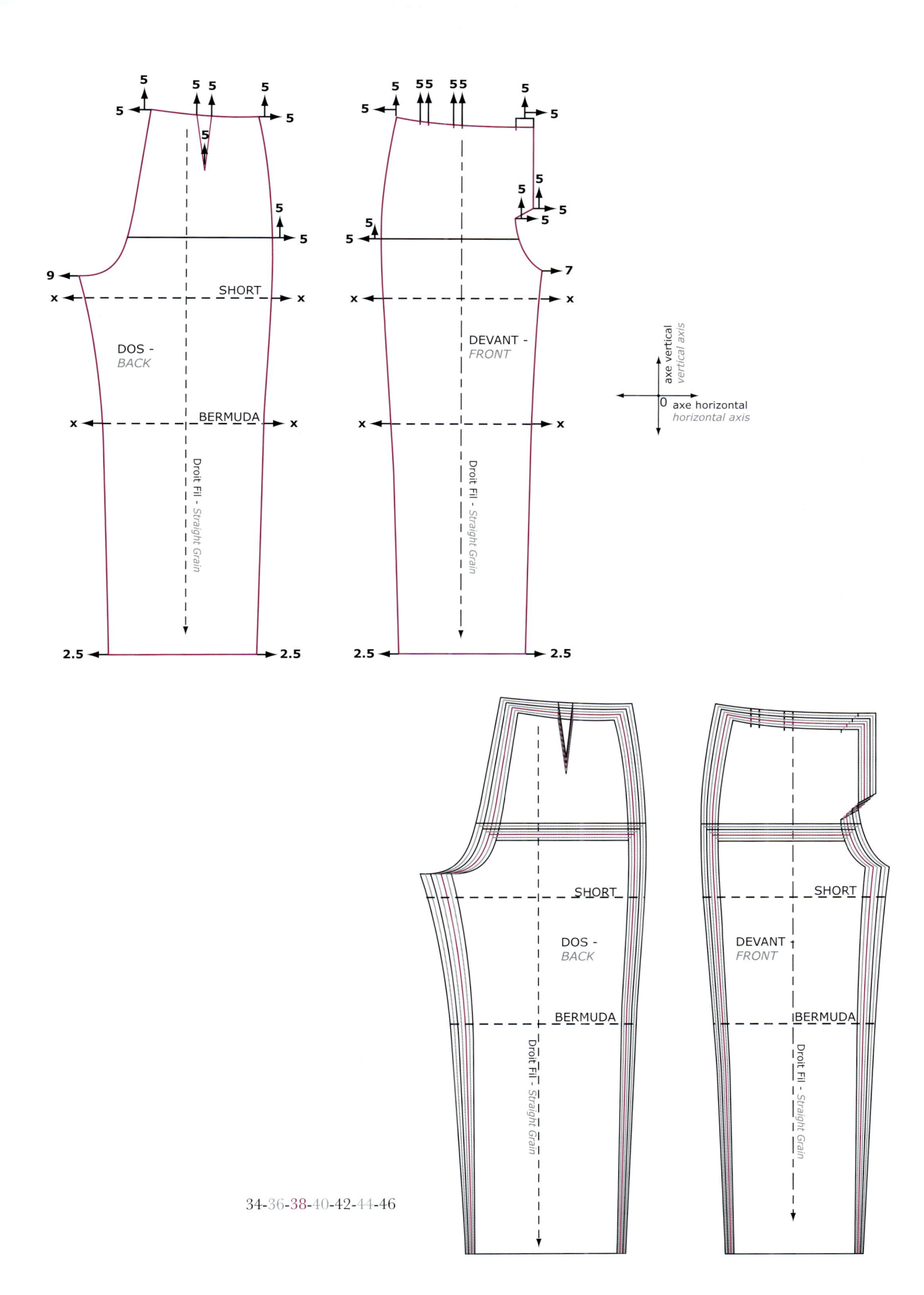

34-36-**38**-40-42-44-46

MODÈLE / MODEL

PANTALON À PINCES

FLAT TROUSERS

Réalisation

La démarche de la gradation de ce modèle est exactement la même que celle de la base, ci dessus.

Devant

Point milieu devant-enfourchure (gradation oblique) : ressortir et remonter de 5 mm.
Point enfourchure (gradation horizontale) : ressortir de 7 mm.
Points bas de jambe (gradation horizontale) : augmenter de chaque côté de 2.5 mm.
Point côté-taille (gradation oblique) : ressortir et remonter de 5 mm.

Dos

Même logique que sur le devant (changement d'évolution sur l'enfourchure dos).
Plis devant et pince dos : les plis comme la pince dos se déplacent normalement de 5 mm vers le côté. La progression du tour de taille a été portée sur les milieux et les côtés du pantalon. De ce fait, les plis et la pince dos n'évolueront qu'en hauteur, de 5 mm.
Poche devant et fond de poche : la poche et le fond de poche vont suivre l'évolution de la taille et du côté.
L'ouverture comme le fond de poche auront le même volume dans toutes les tailles.
Certaines entreprises feront le choix de faire évoluer l'ouverture de poche de 2.5 mm : cette progression se fera par la taille et le côté. Seul le fond de poche aura le même volume dans toutes les tailles.
Pointages poche dos (gradation verticale) : la poche passe-poilée et son fond de poche gardent le volume de la TB. Les pointages de cette poche suivront le déplacement de la taille, ils remonteront donc de 5 mm.
Droit Fil : étant au centre de la jambe, il reste fixe.

Contrôle final

Apporter toutes les vérifications nécessaires (cf. *Pantalon plat de ville*, p. 106).

Realization

The approach to grading this model is exactly the same as that of the flat trouser block above.

Front

Center front-crotch point (diagonal grading): extend and raise 5 mm.
Crotch point (horizontal grading): extend 7 mm.
Bottom leg points (horizontal grading): increase on each side by 2.5 mm.
Side-waist point (diagonal grading): extend and raise by 5 mm.

Back

Same logic as for front (change of evolution on back crotch).
Front pleat and back dart: the pleats, as with back dart, normally move 5 mm towards the side. The increased waist measurement is at centers and sides of trousers. Because of this, front pleat and back dart must only evolve in height, by 5 mm.
Front pocket and pocket back: the pocket and pocket back will follow the evolution of waist and side.
The opening, as with pocket back, will be the same amount in all sizes.
Certain companies may choose to evolve the pocket opening 2.5 mm per size: this increase will be at the waist and side. Only the pocket back will have the same shape in all sizes.
Back pocket points (vertical grading):
The piped pocket and its pocket back will be the same size as for the BS.
The points of this pocket will follow the waist movement, they will thus be raised 5 mm.
Straight Grain: Being at center of leg, it remains fixed.

Final verification

Apply all the necessary verifications (see *Flat city trousers*, p. 106).

109

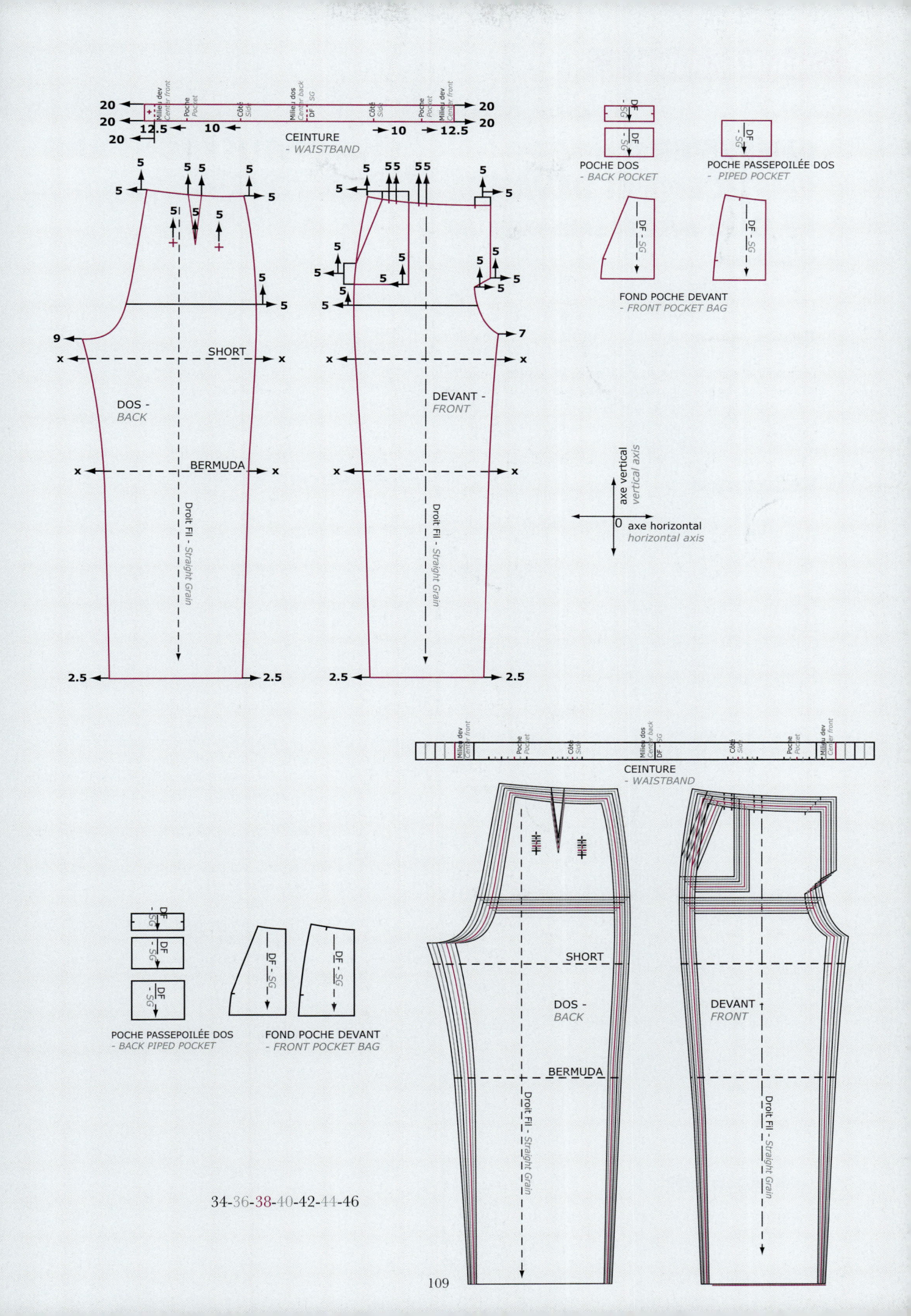

MODÈLE / MODEL

CHEMISIER À EMPIÈCEMENT DEVANT ET DOS AVEC ET SANS COUTURE D'ÉPAULE

Note : pour chaque modèle contenu dans cette méthode de gradation, les valeurs indiquées sur la planche de gradation sont données à titre d'exemples. Elles respectent les évolutions référencées dans le tableau de mesures ainsi que la matière dans laquelle est produit le vêtement. Chaque entreprise travaille avec ses propres progressions en fonction du style, des tissus choisis et de la fabrication.

Réalisation

Le modèle se grade en utilisant les mêmes principes que le corsage de base à pinces pour le corps (p. 46), la manche basse avec le poignet (p. 80) et le col (p. 96).
Pour la longueur de la chemise, certaines entreprises décideront d'allonger le bas de la chemise de 5 mm.

EMPIÈCEMENT DOS (AVEC COUTURE D'ÉPAULE) : il est considéré comme une découpe ; il va donc se grader proportionnellement à l'évolution du point encolure milieu dos. La découpe progresse vers l'encolure de 2,5 mm en parallèle, ressort de 6 mm (valeur de la carrure dos).

EMPIÈCEMENT (SANS COUTURE D'ÉPAULE) : pour faciliter la gradation de l'empiècement sans couture d'épaule, un tassement est effectué au niveau de la ligne d'épaule, sur le point encolure-épaule. Sans tassement, ce point ressort normalement de 2 mm et remonte de 5 mm (cf. *Corsage à pinces*, p. 46). Toute la gradation (sur le devant et dos) va se déplacer à l'horizontale de 2 mm et à la verticale (vers le bas) de 5 mm.

(Le Droit Fil de l'empiècement dos est positionné à la perpendiculaire au milieu dos). Il est possible de retourner temporairement cette pièce de sorte qu'elle soit dans la même direction que le corsage dos et ainsi faciliter le travail de gradation. Le milieu dos deviendra l'axe de gradation pour cette pièce. Ainsi, les valeurs données sur la planche pourront être utilisées telles quelles).

Après avoir pointé les évolutions dessous de bras, carrures, épaules et encolures, assembler le dos et le devant avec l'empiècement puis tracer les lignes d'emmanchures et d'encolures dans toutes les tailles.
Sur ce modèle, l'empiècement du devant va progresser de 2,5 mm par taille, en parallèle à la ligne de base, comme sur le dos. Utiliser la règle parallèle pour tracer ces nouvelles lignes, des lignes encolure vers les lignes emmanchure.

GRADATION DE LA LIGNE EMPIÈCEMENT DOS
L'empiècement dos progresse vers l'encolure de 2,5 mm par taille. Le corsage dos suivra la même progression.

Contrôle final

Apporter toutes les vérifications nécessaires (cf. *Méthodes générales de gradation*, p. 8).

SHIRT WITH FRONT AND BACK YOKE WITH OR WITHOUT SHOULDER SEAM

Attention: for each model included in this grading method, the amounts indicated on the grading board are given as examples. They respect the evolutions listed in the measurement chart.
Each company works with their own sizing in terms of their style, fabrics used and manufacturing techniques.

Realization

The model is graded by using the same principles as the darted bodice (p. 46), the low sleeve with cuff (p. 80) and the collar (p. 96).
For the shirt length, some companies will decide to lengthen the bottom of the skirt by 5 mm.

BACK YOKE (WITH SHOULDER SEAM): it is considered as a seam, it will thus be graded proportionally to the center back neckline point evolution.
The seam increases in parallel towards neckline by 2.5 mm and extends 6 mm (back shoulder width amount).

YOKE (WITHOUT SHOULDER SEAM): to facilitate grading this shirt with a yoke and no shoulder seam, a stacking is done at the shoulder line - at neckline-shoulder point.
Without stacking, this point would normally extend 2 mm and be raised 5 mm (see *Darted bodice*, p. 46).
All grading (on front and back) will shift horizontally 2 mm and vertically (towards bottom) 5 mm.

(The back yoke Straight Grain is positioned perpendicularly to center back. It is possible to turn this piece temporarily so it is in the same direction as back bodice, thus facilitating the grading. The center back will become the grading axis for this piece. Thus the amounts given on the board can be used as they are).
After having marked points for the underarm, shoulder widths and shoulder and necklines evolutions, assemble back and front with the yoke and then trace the armholes and necklines in all sizes.
On this model, the front yoke will increase 2.5 mm per size, in parallel to the block line, as on back. Use a ruler to trace these new parallel lines from neckline toward armhole line.

GRADING BACK YOKE LINE
The back yoke increases toward neckline 2.5 mm per size. The back bodice follows the same increase.

Final verification

Apply all the necessary verifications (see *General grading methods*, p. 8).

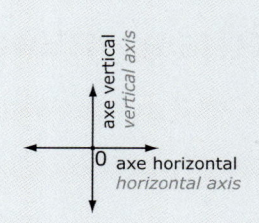

MESURES (en cm) MEASUREMENTS (in cm)	TAILLES / SIZES							Évolutions de tailles (en mm) Size evolutions (in mm)
	34	36	38	40	42	44	46	
1/2 tour d'encolure 1/2 neckline measurement	17	17.5	18	18.5	19	19.5	20	5
Longueur d'épaule Shoulder length	11.2	11.6	12	12.4	12.8	13.2	13.6	4
1/2 carrure devant 1/2 front shoulder width	16	16.25	16.5	16.75	17	17.25	17.5	2.5
1/2 carrure dos 1/2 back shoulder width	17	17.25	17.5	17.75	18	18.25	18.5	2.5
Tour d'emmanchure Armhole measurement	37.5	38.5	39.5	40.5	41.5	42.5	43.5	10

Empiècement dos avec couture d'épaule
Back yoke with shoulder seam

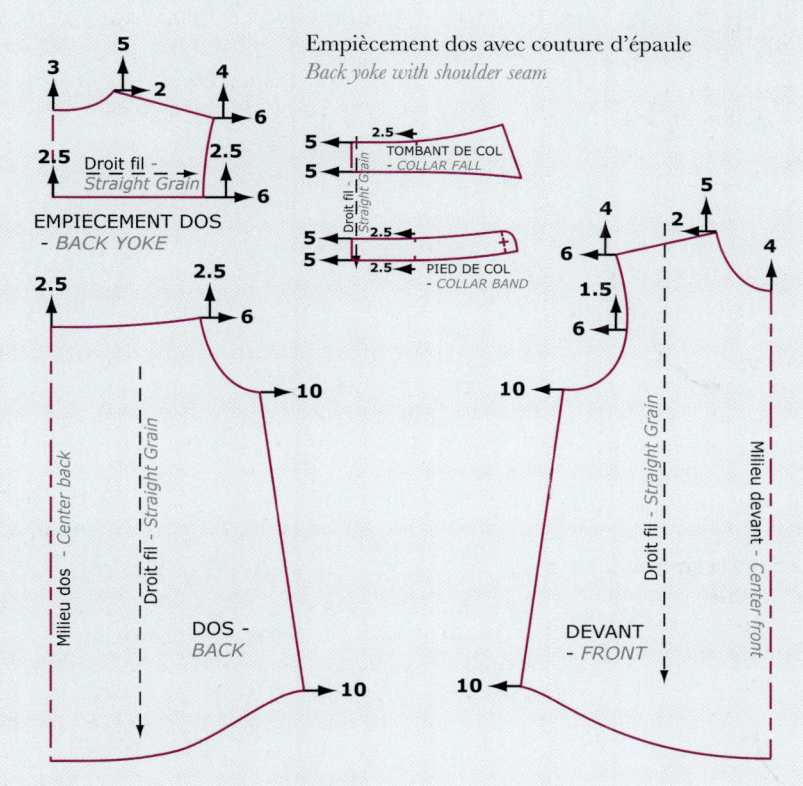

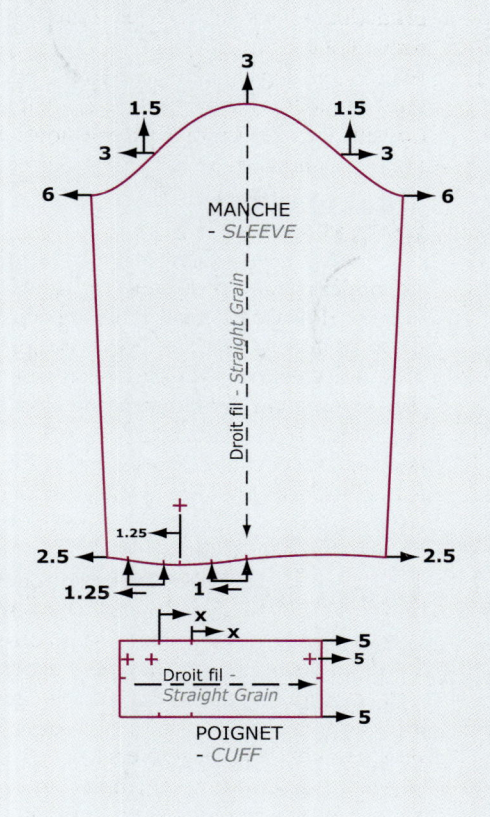

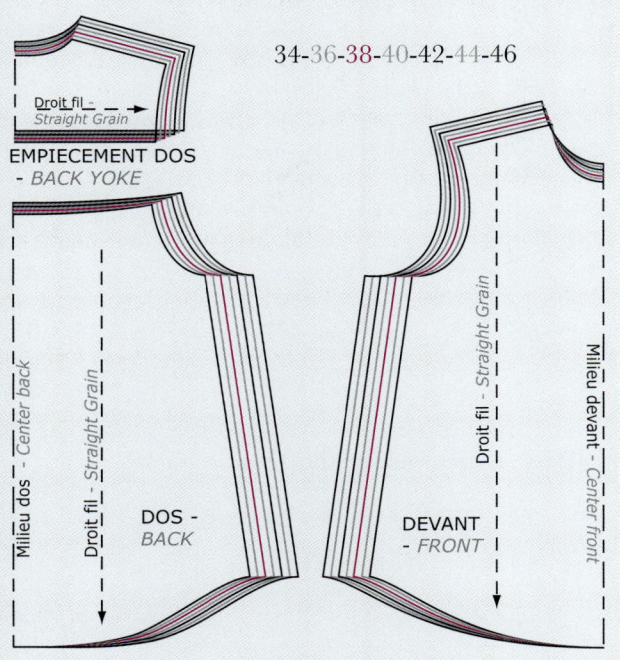

Empiècement sans couture d'épaule
Yoke without shoulder seam

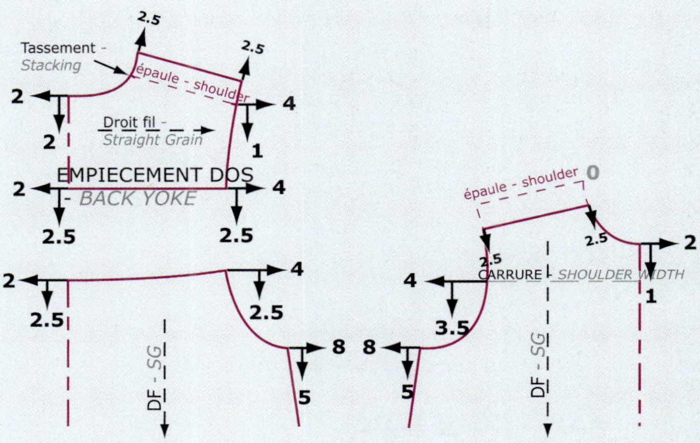

34-36-38-40-42-44-46

111

MODÈLE / MODEL

TAILLEUR AVEC DÉCOUPES BRETELLES

SUIT WITH STRAP CUT

Préparation

- Contrôler les lignes d'assemblages du modèle (les lignes de côté, les emmanchures avec la tête de manche, etc.).
- S'assurer que les crans de montage du modèle correspondent aux crans de montage de la manche.

Réalisation

Le modèle se grade en utilisant la même logique que la découpe bretelle (cf. *Découpe bretelle* - Méthode 1, p. 64) et la manche tailleur (cf. *Manche tailleur*, p. 82).
Pour faciliter la gradation de la découpe bretelle devant et dos, un tassement se fait sur celles-ci.
Sans tassement, les découpes se déplacent de 3 mm vers les côtés.
Les milieux devant et dos vont ressortir de 3 mm.
Les côtés devant et dos vont ressortir de 7 mm au lieu de 10 mm.

Corsage devant

GRADATION DE LA LIGNE DE TAILLE

Ce modèle est cintré à la taille au niveau des découpes et également des lignes de côtés.
Les crans taille sur chaque découpe vont se déplacer à la verticale de 2.5 mm (vers le bas), valeur qui correspond à la 1/2 évolution de la longueur taille devant et dos (l'autre moitié se trouvant dans l'évolution de l'encolure) (cf. *Corsage à pinces*, p. 46).

Patte de boutonnage devant

Elle suit la progression du milieu devant.

GRADATION DES BOUTONS ET BOUTONNIÈRES

Dans cet exercice, le tailleur n'évolue pas dans sa longueur.
Le premier bouton suit l'évolution du point encolure-milieu devant (Ex. : 4 mm).
Le dernier bouton reste fixe = 0.
Pour trouver la valeur d'évolution de chaque bouton et boutonnière : Diviser la valeur d'évolution du premier bouton (4 mm) par le nombre d'intervalles jusqu'au dernier bouton (5) = 0.8 mm (voir planche).

Contrôle final

Apporter toutes les vérifications nécessaires (cf. *Méthodes générales de gradation*, p. 8).

Preparation

- Verify the model's construction lines (side lines, armholes compared with sleeve cap, etc.).
- Verify that model construction notches correspond with the construction notches of sleeve.

Realization

The model is graded using the same logic as the strap cut (see *Strap cut* - Method 1, p. 64) and suit sleeve (see *Suit sleeve*, p. 82).
To facilitate grading the strap cut on the front and back, they are both stacked.
Without stacking, seams shift 3 mm toward sides.
The center front and back will both be extended 3 mm.
The front and back sides will extend 7 mm instead of 10 mm.

Bodice front

GRADING WAIST LINE

This model is fitted at the waist thanks to the seams - and also at the side lines.
The waist notches on each seam will be shifted vertically 2.5 mm (towards bottom), an amount which corresponds to 1/2 the evolution of front and back waist length (the other half is found in the neckline evolution) (see *Darted bodice*, p. 46).

Front buttoned tab

It follows the increase of center front.

GRADING BUTTONS AND BUTTONHOLES

In this exercise, the suit does not evolve in length.
The first button follows the evolution of the neckline-center front point (Ex.: 4 mm).
The last button stays in place = 0.
To find the evolution amount for each button and buttonhole: Divide the evolution amount of first button (4 mm) by the number of intervals all the way to last button (5) = 0.8 mm (see board).

Final verification

Apply all the necessary verifications (see *General grading methods*, p. 8).

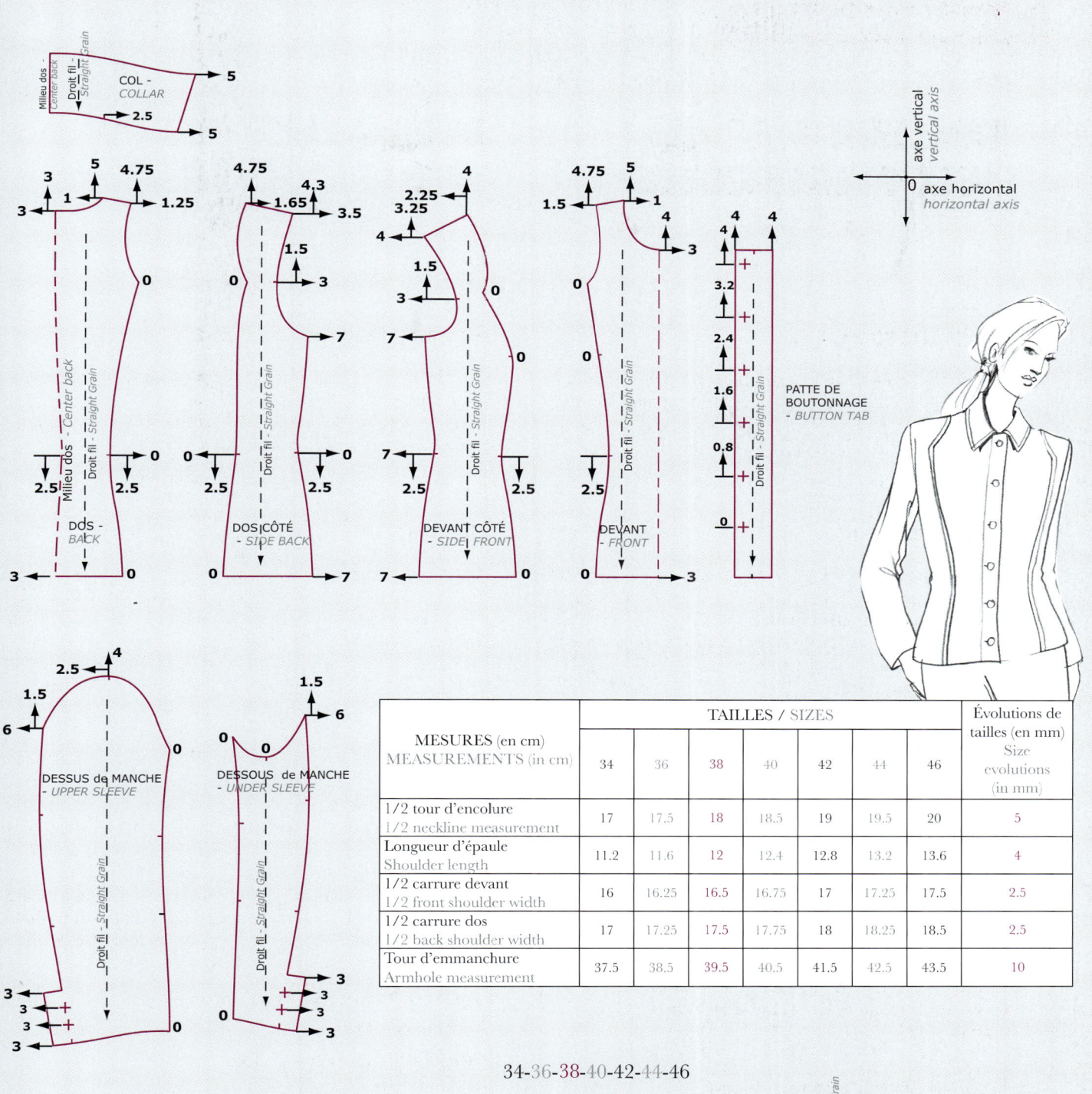

MESURES (en cm) MEASUREMENTS (in cm)	TAILLES / SIZES							Évolutions de tailles (en mm) Size evolutions (in mm)
	34	36	38	40	42	44	46	
1/2 tour d'encolure 1/2 neckline measurement	17	17.5	18	18.5	19	19.5	20	5
Longueur d'épaule Shoulder length	11.2	11.6	12	12.4	12.8	13.2	13.6	4
1/2 carrure devant 1/2 front shoulder width	16	16.25	16.5	16.75	17	17.25	17.5	2.5
1/2 carrure dos 1/2 back shoulder width	17	17.25	17.5	17.75	18	18.25	18.5	2.5
Tour d'emmanchure Armhole measurement	37.5	38.5	39.5	40.5	41.5	42.5	43.5	10

34-36-38-40-42-44-46

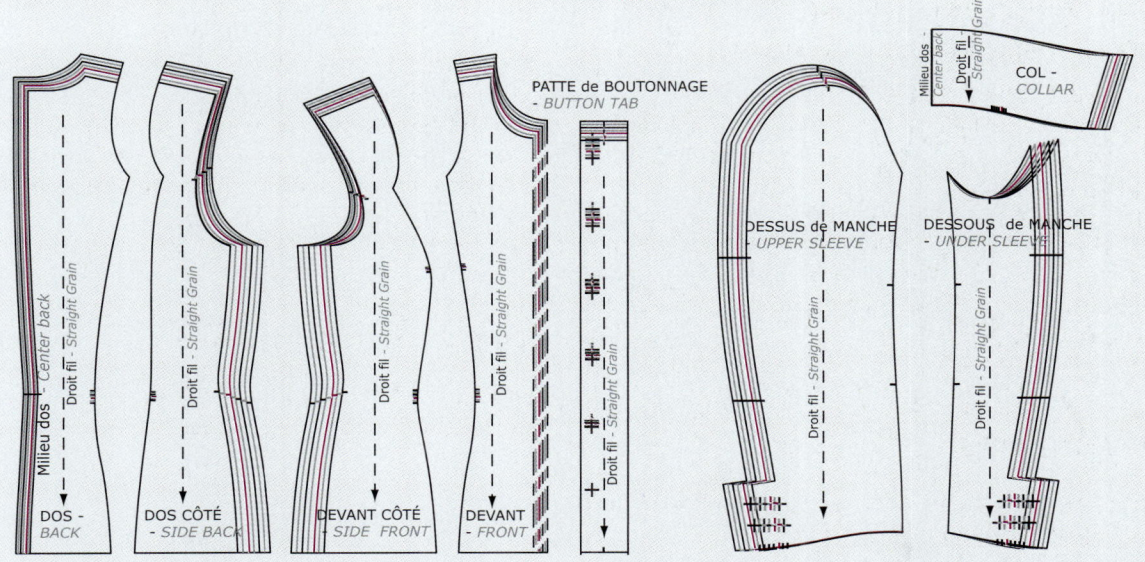

113

MODÈLE / MODEL

TAILLEUR AVEC PINCES CÔTÉS

SUIT JACKET WITH SIDE DARTS

Préparation

- Contrôler les lignes d'assemblages du modèle (les lignes de côtés, les emmanchures avec la tête de manche, etc.).
- S'assurer que les crans de montage du modèle correspondent aux crans de montage de la manche.

Préparation

- Verify the model's construction lines (side lines, armholes compared with sleeve cap, etc.).
- Verify that model construction notches correspond with the construction notches of sleeve.

Réalisation

Le modèle se grade en utilisant la même logique que le *Corsage à pinces*, p. 46 et la *Manche tailleur*, p. 82.

Corsage devant

GRADATION DE LA PINCE CÔTÉ

La pince côté se forme non loin du saillant de poitrine et se ferme sur la ligne de côté. C'est le volume de la pince poitrine qui passe dans la pince côté. Cette pince est donc travaillée de la même façon que la pince poitrine : son extrémité se déplace de 2,5 mm vers le côté.
Sur la ligne de côté, la profondeur de pince évolue de 3 mm par taille. Elle se fera sur le bord de pince supérieur.
Attention : les lignes de côté (pince fermée) de la Taille Inférieure à la Taille Supérieure doivent évoluer en parallèle à la ligne côté de la Taille de Base.

Realization

This model is graded using the same logic as the *Darted bodice*, p. 48 and *Suit sleeve*, p. 82.

Bodice front

GRADING THE SIDE DART

The side dart begins not far from the bust point and closes at the side line. The volume of the bust dart passes into the side dart. This dart is thus treated the same way as the bust dart: Its end shifts 2.5 mm towards the side.
On the side line, the dart depth evolves 3 mm per size. This evolution takes place on the upper edge of dart.
Attention: the side lines (closed dart) of the Smallest Size to Largest Size evolve parallel to side line of Base Size.
Upper edge of dart point (diagonal grading): extend 9.5 mm (this line is not in the same direction as bottom edge, because of dart opening) and raise 3 mm (dart depth evolution).

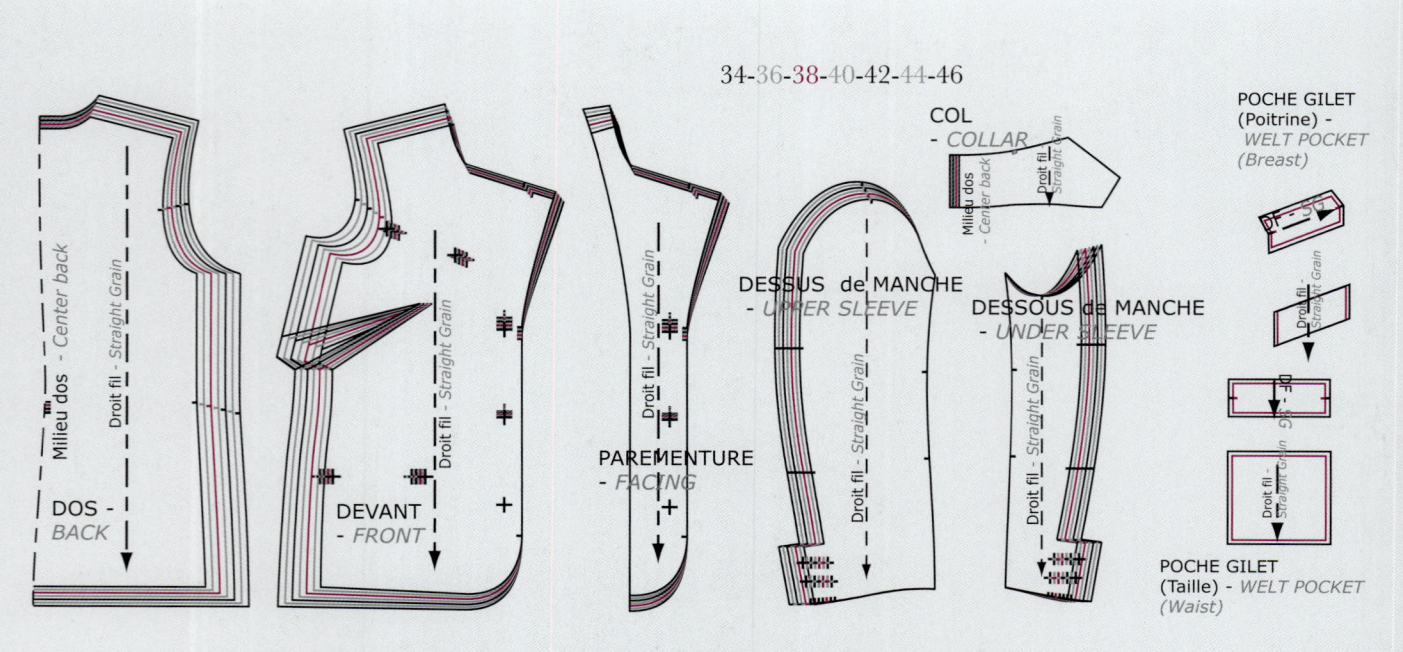

34-36-38-40-42-44-46

COL - COLLAR

DESSUS de MANCHE - UPPER SLEEVE

DESSOUS de MANCHE - UNDER SLEEVE

POCHE GILET (Poitrine) - WELT POCKET (Breast)

DOS - BACK

DEVANT - FRONT

PAREMENTURE - FACING

POCHE GILET (Taille) - WELT POCKET (Waist)

MESURES (en cm) / MEASUREMENTS (in cm)	TAILLES / SIZES							Évolutions de tailles (en mm) / Size evolutions (in mm)
	34	36	38	40	42	44	46	
1/2 tour d'encolure / 1/2 neckline measurement	17	17.5	18	18.5	19	19.5	20	5
Longueur d'épaule / Shoulder length	11.2	11.6	12	12.4	12.8	13.2	13.6	4
1/2 carrure devant / 1/2 front shoulder width	16	16.25	16.5	16.75	17	17.25	17.5	2.5
1/2 carrure dos / 1/2 back shoulder width	17	17.25	17.5	17.75	18	18.25	18.5	2.5
Tour d'emmanchure / Armhole measurement	37.5	38.5	39.5	40.5	41.5	42.5	43.5	10

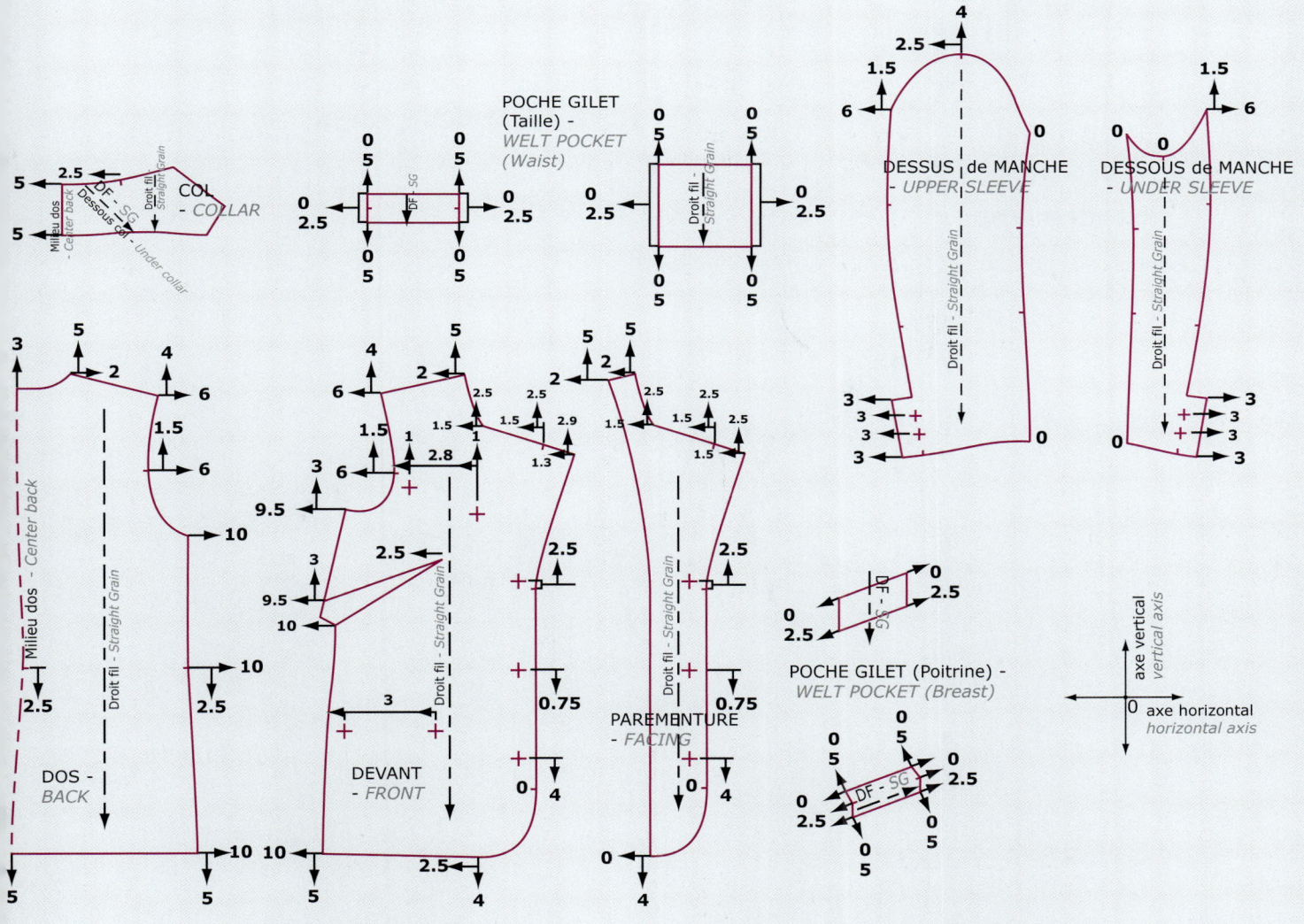

MODÈLE / MODEL

Point bord de pince supérieur (gradation oblique) : ressortir de 9,5 mm (ligne n'ayant pas la même direction que celle du bas, en raison de l'ouverture de la pince) et remonter de 3 mm (évolution profondeur de pince).
De ce fait, le point dessous de bras remontera de 3 mm afin de garder l'évolution de la ligne de côté.

Boutons et Boutonnières

Dans cet exercice, le tailleur évolue dans la longueur.
Le premier bouton suit l'évolution du point départ cassure (Ex : 2,5 mm).
Le dernier bouton suit l'évolution du bas de la veste (Ex. : 4 mm).
Pour trouver la valeur d'évolution de chaque bouton et boutonnière entre ses 2 boutons et boutonnières : diviser la totalité des évolutions extrêmes (1er bouton (2,5 mm) + dernier bouton (4 mm) par le nombre d'intervalles jusqu'au dernier bouton (2) = 3,25 mm (voir planche).
Note : il arrive que l'on rajoute dans les T > ou supprime dans les T < un ou plusieurs boutons pour garder le bon intervalle déterminé sur la Taille de Base.

Poches gilet + Fonds de poches

(cf. *Pièces utilitaires*, p. 37)
Les poches n'ont pas une évolution constante mais elles sont travaillées avec un groupement de tailles :
T.34 = T.36 = T.38 = T.40 = T.42 = 0 mm et T.44 = T.46 = 5 mm

Contrôle final

Apporter toutes les vérifications nécessaires (cf. *Méthodes générales de gradation*, p. 8).

Consequently, the underarm point raise 3 mm to keep the side seam evolution.

Buttons and Buttonholes

In this exercise, the suit evolves in length.
The first button follows the evolution of collar break point (Ex.: 2.5 mm).
The last button follows the evolution of bottom of jacket (Ex.: 4 mm).
To find the evolution amount of each button and buttonhole between these 2 buttons and buttonholes: divide the total of the extreme evolutions (1st button (2.5 mm) + last button (4 mm) by the number of intervals all the way to the last button (2) = 3.25 mm (see board).
Note: it may happen that we add in S > or take away in S < one or more buttons to keep the right interval determined by the Base Size.

Vest pockets + Pocket backs

(see *Functional pieces*, p. 37)
The pockets do not evolve constantly but are graded in groups of sizes:
S.34 = S.36 = S.38 = S.40 = S.42 = 0 mm and S.44 = S.46 = 5 mm.

Final verification

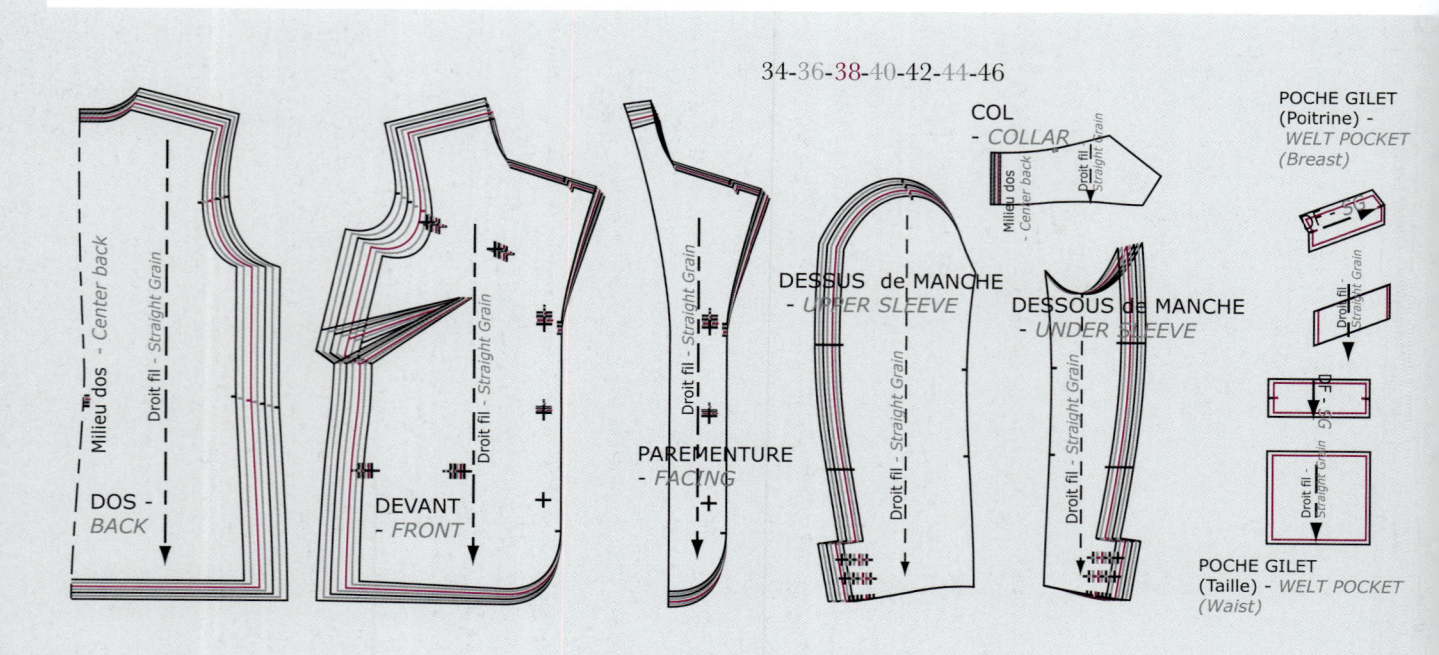

Apply all the necessary verifications (see *General grading methods*, p. 8).

34-36-**38**-40-42-44-46

DOS - *BACK*
DEVANT - *FRONT*
PAREMENTURE - *FACING*
COL - *COLLAR*
DESSUS de MANCHE - *UPPER SLEEVE*
DESSOUS de MANCHE - *UNDER SLEEVE*
POCHE GILET (Poitrine) - *WELT POCKET (Breast)*
POCHE GILET (Taille) - *WELT POCKET (Waist)*

MESURES (en cm) / MEASUREMENTS (in cm)	TAILLES / SIZES							Évolutions de tailles (en mm) Size evolutions (in mm)
	34	36	38	40	42	44	46	
1/2 tour d'encolure / 1/2 neckline measurement	17	17.5	18	18.5	19	19.5	20	5
Longueur d'épaule / Shoulder length	11.2	11.6	12	12.4	12.8	13.2	13.6	4
1/2 carrure devant / 1/2 front shoulder width	16	16.25	16.5	16.75	17	17.25	17.5	2.5
1/2 carrure dos / 1/2 back shoulder width	17	17.25	17.5	17.75	18	18.25	18.5	2.5
Tour d'emmanchure / Armhole measurement	37.5	38.5	39.5	40.5	41.5	42.5	43.5	10

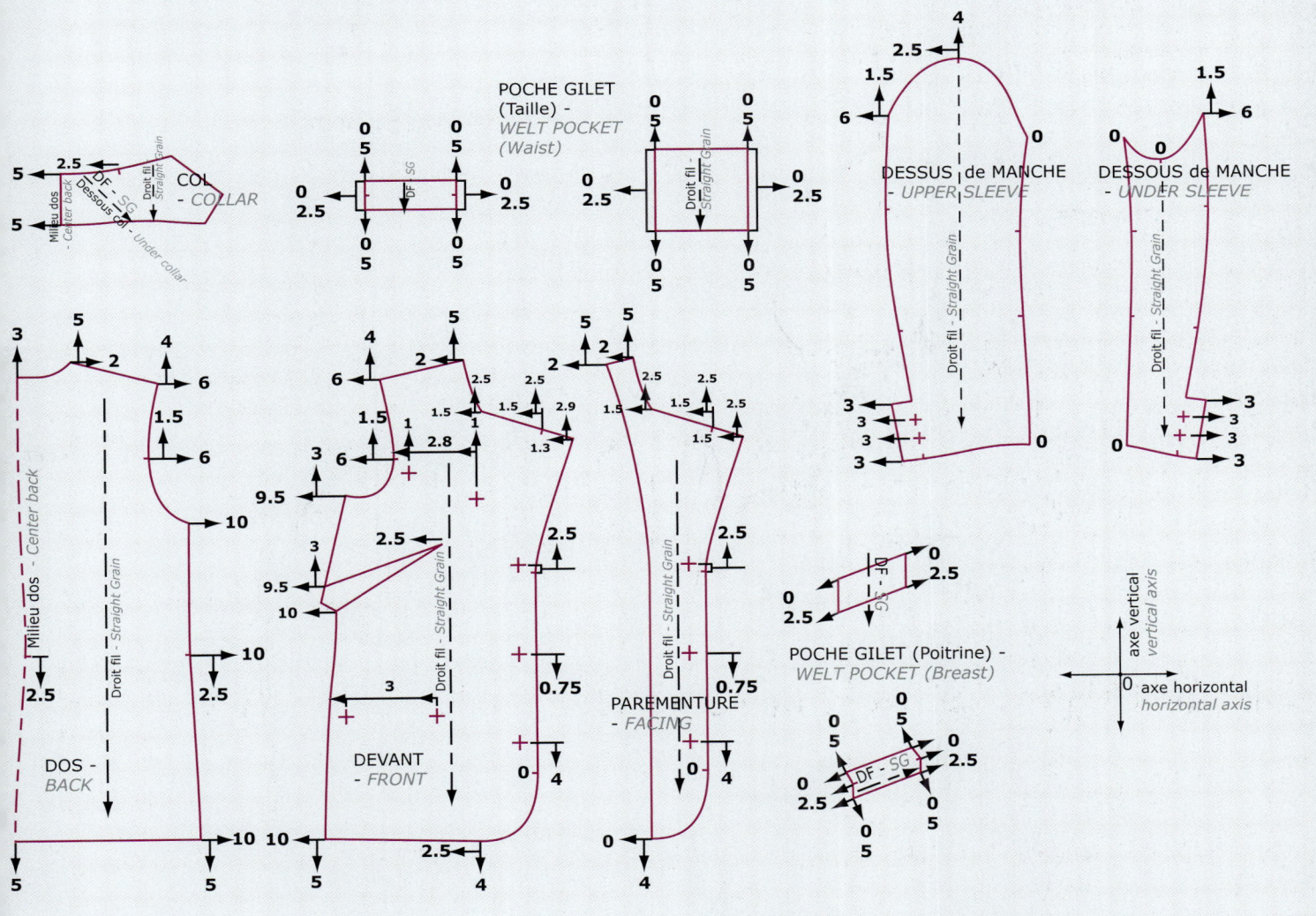

MODÈLE / MODEL

TAILLEUR AVEC DÉCOUPE PRINCESSE DEVANT

SUIT WITH FRONT AND BACK PRINCESS SEAMS

Note : le modèle se grade en utilisant la même logique que le *Corsage à pinces*, p. 46 ainsi que la *Manche tailleur*, p. 82.
Ce tailleur comporte une découpe princesse devant et dos (cf. *Découpe princesse - Méthode 1*, p. 68) avec un tassement sur celles-ci.
Sans tassement, les découpes se déplacent de 3 mm vers les côtés. Les milieux devant et dos vont ressortir de 3 mm. Les côtés devant et dos vont ressortir de 7 mm au lieu de 10 mm.

Note: this model is graded using the same logic as for basic *Darted bodice*, p. 48 and the *Suit sleeve*, p. 82.
This suit includes a princess seam on both front and back (see *Princess cut - Method 1*, p. 68) with stacking.
Without stacking, seams shift 3 mm toward sides. Center front and back extend 3 mm. Front and back sides extend 7 mm instead of 10 mm.

Réalisation

Sur la partie milieu devant, cette veste comporte un col tailleur (cf. *Col tailleur*, p. 92) avec une pince. Elle suivra la gradation du col.
Attention : les valeurs indiquées sur la planche tiennent compte du déplacement de la gradation en raison du tassement (3 mm).

GRADATION DES DÉCOUPES PRINCESSE
Seuls les points emmanchure-découpe subissent une évolution qui correspond à celle de la carrure devant et dos.

GRADATION DES CRANS TAILLE
Ce modèle est cintré à la taille au niveau des découpes et également des lignes de côtés.
Les crans de taille sur chaque découpe vont se déplacer à la verticale de 2,5 mm (vers le bas).

Realization

On the center front piece, this jacket includes a suit collar (see *Suit collar*, p. 92) with dart.
It will follow the collar grading.
Attention: the amounts indicated on board take into account the grading shift because of stacking (3 mm).

GRADING PRINCESS CUT
Only the armhole-seam points undergo an evolution which corresponds to that of front and back shoulder widths.

GRADING WAIST NOTCHES
This model is fitted at the waist thanks to the seams - and also at the side lines.
The waist notches on each seam shift vertically 2.5 mm (towards bottom).

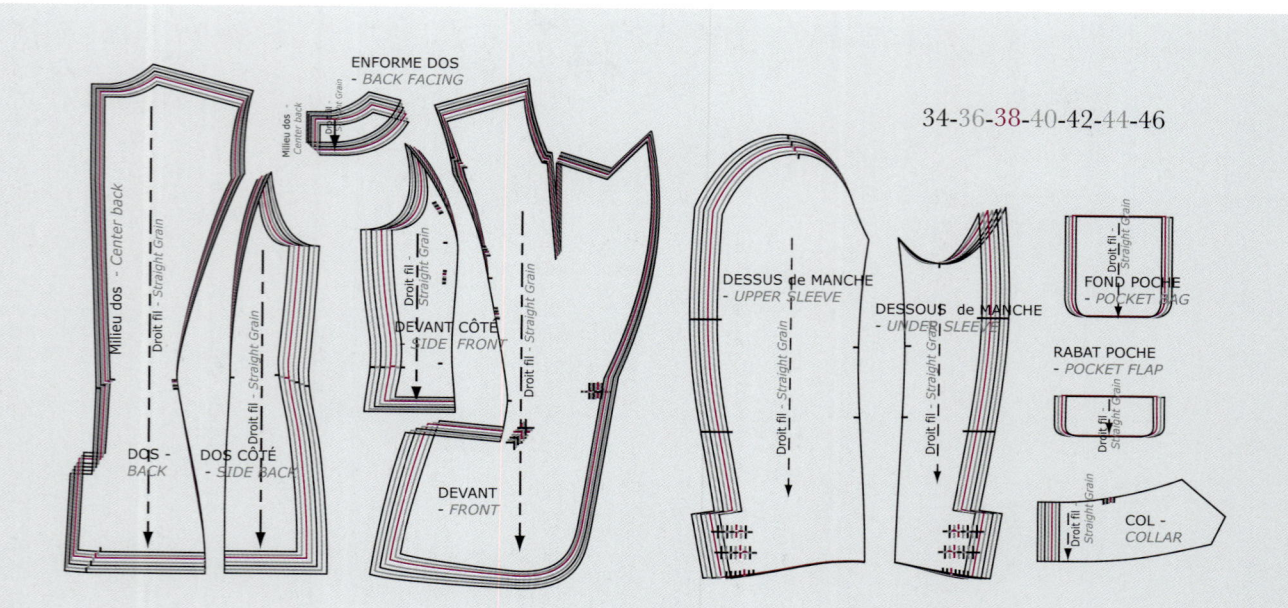

34-36-38-40-42-44-46

MESURES (en cm) / MEASUREMENTS (in cm)	TAILLES / SIZES							Évolutions de tailles (en mm) Size evolutions (in mm)
	34	36	38	40	42	44	46	
1/2 tour d'encolure / 1/2 neckline measurement	17	17.5	18	18.5	19	19.5	20	5
Longueur d'épaule / Shoulder length	11.2	11.6	12	12.4	12.8	13.2	13.6	4
1/2 carrure devant / 1/2 front shoulder width	16	16.25	16.5	16.75	17	17.25	17.5	2.5
1/2 carrure dos / 1/2 back shoulder width	17	17.25	17.5	17.75	18	18.25	18.5	2.5
Tour d'emmanchure / Armhole measurement	37.5	38.5	39.5	40.5	41.5	42.5	43.5	10

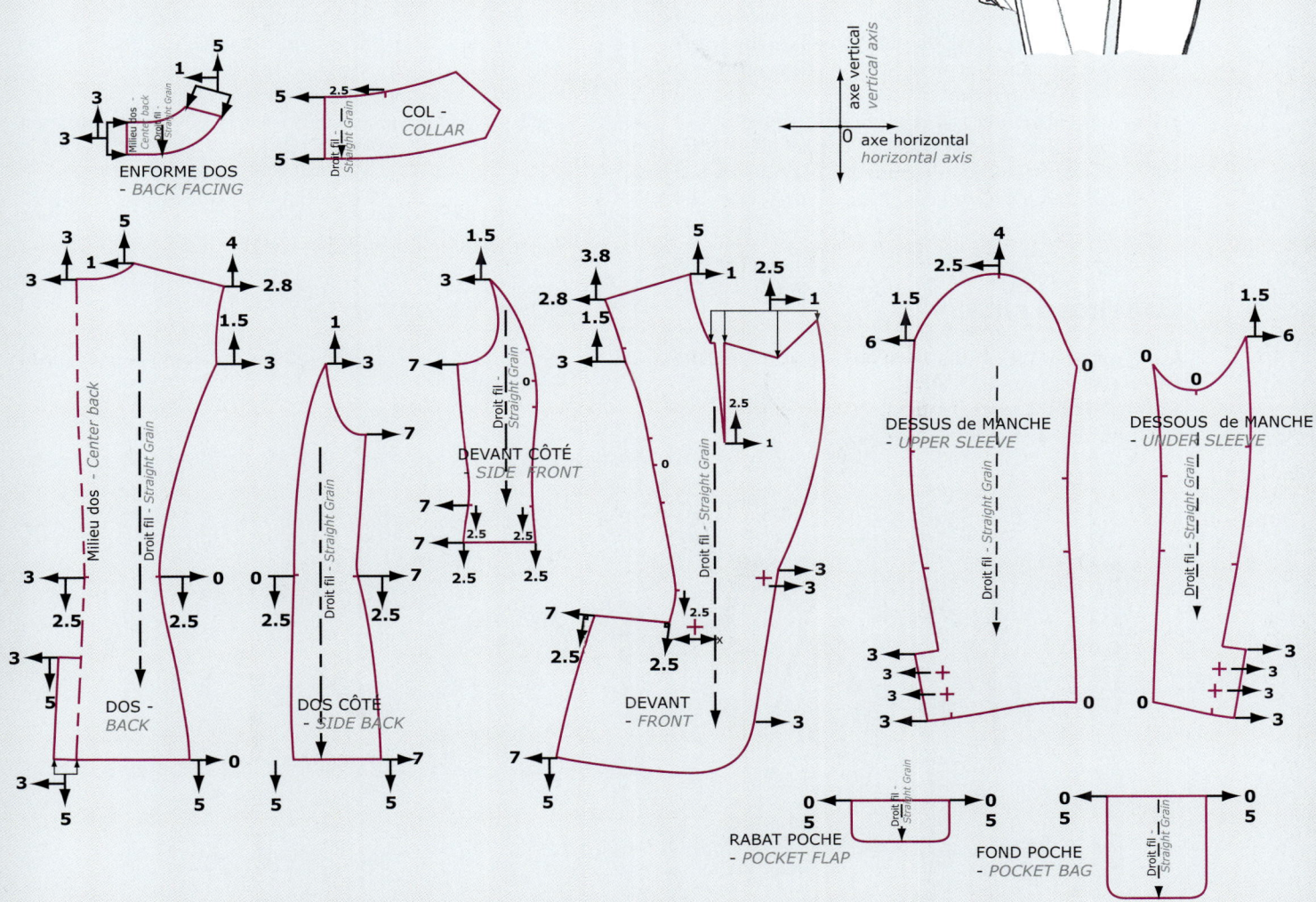

ENFORME DOS - *BACK FACING*

COL - *COLLAR*

axe vertical / *vertical axis*
axe horizontal / *horizontal axis*

DOS - *BACK*

DOS CÔTÉ - *SIDE BACK*

DEVANT CÔTÉ - *SIDE FRONT*

DEVANT - *FRONT*

DESSUS de MANCHE - *UPPER SLEEVE*

DESSOUS de MANCHE - *UNDER SLEEVE*

RABAT POCHE - *POCKET FLAP*

FOND POCHE - *POCKET BAG*

MODÈLE / MODEL

Corsage devant

Gradation de l'ouverture poche sur les devants (milieu et côté) : la taille descend de 2,5 mm. L'ouverture de poche suivra la ligne de taille.

Poche avec rabat

Cette poche fait partie des pièces utilitaires d'un modèle (cf. *Pièces utilitaires* p. 37).
La poche peut évoluer de 5 mm par taille ou bien avec un groupement de tailles.
Dans cette veste, la poche et son fond de poche sont gradés une taille sur 2. Exemple :
(T.34 = T.36 = 5 mm)
(T.38 = T.40 = 5 mm)
(T.42 = T.44 = 5 mm)
(T.46 = 5 mm)

GRADATION DU POINTAGE DU RABAT DE POCHE

Le pointage du rabat de poche doit rester dans l'alignement de l'ouverture de poche. Il progresse à l'horizontale ainsi qu'à la verticale (en « X » et en « Y »).
Les nouvelles lignes de la poche doivent être parallèles à celle de la taille de base. Ainsi, on obtient une évolution « x ».
Attention : tenir compte de l'évolution de la poche choisie (avec ou sans groupement de tailles).

(En informatique, la pièce sera présentée avec la ligne ouverture de poche à l'horizontale. Il sera plus facile de porter les valeurs sur les points de la ligne et également sur le pointage de la poche en x et y.)

Contrôle final

Apporter toutes les vérifications nécessaires (cf. *Méthodes générales de gradation*, p. 8).

Bodice front

Grading of pocket opening on fronts (center and side): The waist drops 2.5 mm. The pocket opening follows the waist line.

Pocket with flap

This pocket is part of the model's utilitarian pieces (see *Functional pieces*, p. 37).
The pocket can evolve 5 mm per size or else evolve for a group of sizes.
In this jacket, the pocket as well as its back are graded one out of every 2 sizes. Example:
(S.34 = S.36 = 5 mm)
(S.38 = S.40 = 5 mm)
(S.42 = S.44 = 5 mm)
(S.46 = 5 mm)

GRADING THE POINT OF POCKET FLAP

The pocket flap and its points must keep in line with the pocket opening. The flap increases both horizontally and vertically (in "X" and in "Y").
These new lines must be parallel to that of the base size. Thus we obtain an "x" evolution.
Attention: take into account the evolution of the pocket selected (whether or not sizes are grouped).

(On the computer, the piece will be presented with the pocket opening line placed horizontally. In this method, it will be easier to add amounts to the line's points as well as to the points of the pocket (x and y).

Final verification

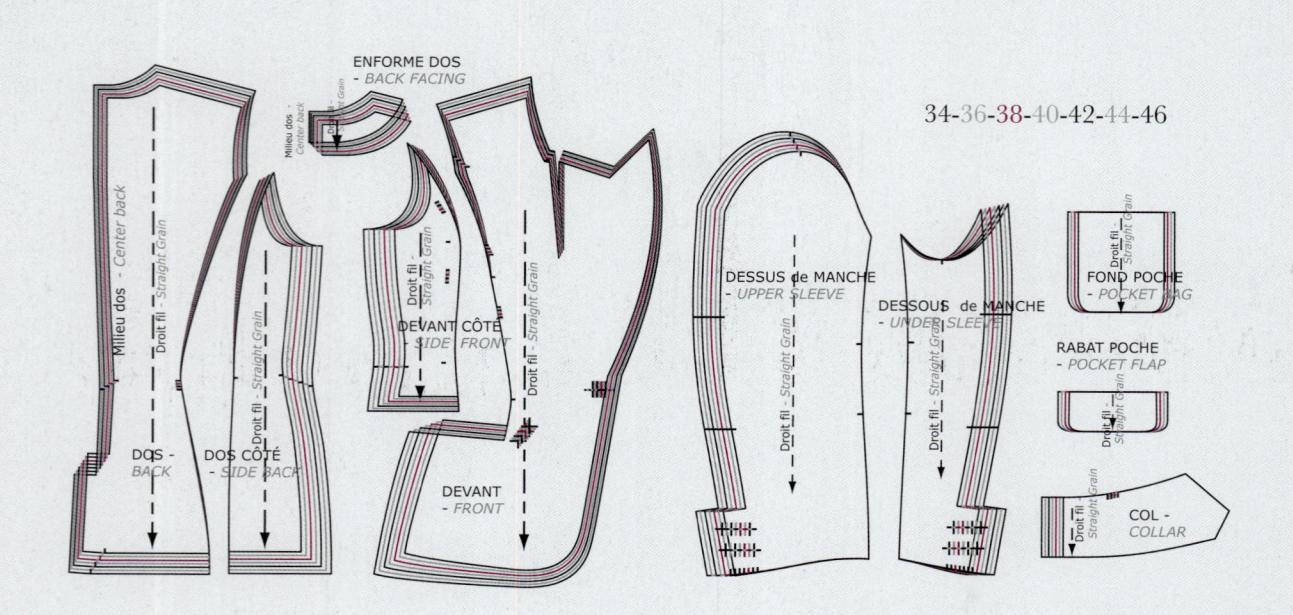

Apply all the necessary verifications (see *General grading methods*, p. 8).

34-36-**38**-40-42-44-46

ENFORME DOS - *BACK FACING*
Milieu dos - *Center back*
Droit fil - *Straight Grain*
DEVANT CÔTÉ - *SIDE FRONT*
DOS - *BACK*
DOS CÔTÉ - *SIDE BACK*
DEVANT - *FRONT*
DESSUS de MANCHE - *UPPER SLEEVE*
DESSOUS de MANCHE - *UNDER SLEEVE*
FOND POCHE - *POCKET BAG*
RABAT POCHE - *POCKET FLAP*
COL - *COLLAR*

MESURES (en cm) / MEASUREMENTS (in cm)	TAILLES / SIZES							Évolutions de tailles (en mm) / Size evolutions (in mm)
	34	36	38	40	42	44	46	
1/2 tour d'encolure / 1/2 neckline measurement	17	17.5	18	18.5	19	19.5	20	5
Longueur d'épaule / Shoulder length	11.2	11.6	12	12.4	12.8	13.2	13.6	4
1/2 carrure devant / 1/2 front shoulder width	16	16.25	16.5	16.75	17	17.25	17.5	2.5
1/2 carrure dos / 1/2 back shoulder width	17	17.25	17.5	17.75	18	18.25	18.5	2.5
Tour d'emmanchure / Armhole measurement	37.5	38.5	39.5	40.5	41.5	42.5	43.5	10

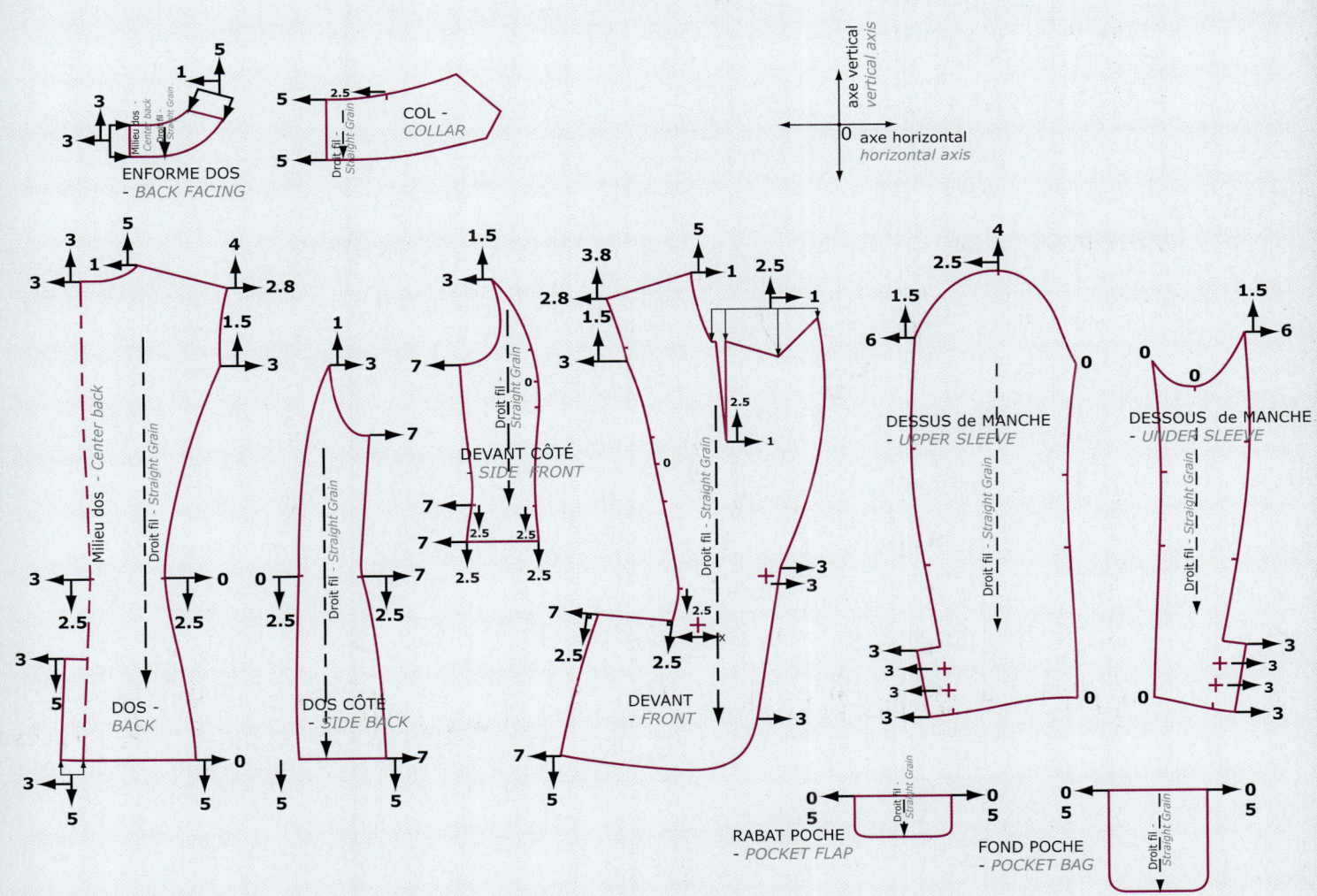

MODÈLE / MODEL

BLOUSON JEANS

JEAN BLOUSON

Note : pour travailler la gradation du blouson, utiliser les principes du *Corsage à pinces*, p. 46, la poche (p. 37), la *Découpe bretelle* - Méthode 1, p. 64, la *Manche basse avec poignet*, p. 80, le *Col chemisier*, p. 96, la *Chemise à empiècement devant et dos avec couture d'épaule*, p. 110, pour les empiècements et la ceinture (p. 38). Sans tassement, la découpe devant milieu se déplace de 2,5 mm vers le côté et celle du devant côté de 4 mm. Un tassement s'effectue sur la découpe devant côté et la découpe dos.

Note: to grade this blouson, it is necessary to apply the methods of the *Darted bodice*, p. 46, pocket (p. 37), *Strap cut* - Method 1, p. 64, *Low sleeve with cuff*, p. 80, *Shirt collar*, p. 96, *Shirt with front and back yoke with shoulder seam*, p. 100, for yokes and waistband (p. 38).
Without stacking, the center front seam shifts 2.5 mm towards the side and the side front seam shifts 4 mm. Stacking is done on the side front seam.

Réalisation

Realization

Corsage devant

Bodice front

GRADATION DE LA DÉCOUPE MILIEU DEVANT
La découpe se déplace de 1,5 mm vers le milieu devant (4 mm (tassement) - 2,5 mm (évolution de la découpe milieu devant sans tassement) = 1,5 mm).

GRADING CENTER FRONT SEAM
The seam shifts 1.5 mm towards center front (4 mm (stacking) - 2.5 mm (evolution of center front seam without stacking) = 1.5 mm).

GRADATION DE LA DÉCOUPE DEVANT CÔTÉ
Le tassement s'effectuant sur cette ligne, la gradation ne portera que sur le déplacement de l'empiècement (2,5 mm vers le haut) et sur le bas du blouson (5 mm vers le bas).

GRADING SIDE FRONT SEAM
Stacking will be done on this line, the grading is only done to shift the yoke (2.5 mm towards top) and at the bottom of blouson (5 mm towards bottom).

Empiècements devant et dos

Front and back yokes

On peut choisir de grader ces deux pièces avec ou sans déplacement de 4 mm.
Pour plus de facilité, l'exercice proposé est donné avec un déplacement, le même que le corsage. Ainsi, les valeurs données sur celui-ci seront reprises sur les empiècements devant et dos.

We can choose to grade these two pieces - with or without shifting them - by 4 mm.
To make it easier, the exercise proposed is given with the same shift as for the bodice. Thus, the given amounts will be used for the front and back yokes.

MESURES (en cm) MEASUREMENTS (in cm)	TAILLES / SIZES							Évolutions de tailles (en mm) Size evolutions (in mm)
	34	36	38	40	42	44	46	
1/2 tour d'encolure 1/2 neckline measurement	17	17.5	18	18.5	19	19.5	20	5
Longueur d'épaule Shoulder length	11.2	11.6	12	12.4	12.8	13.2	13.6	4
1/2 carrure devant 1/2 front shoulder width	16	16.25	16.5	16.75	17	17.25	17.5	2.5
1/2 carrure dos 1/2 back shoulder width	17	17.25	17.5	17.75	18	18.25	18.5	2.5
Tour d'emmanchure Armhole measurement	37.5	38.5	39.5	40.5	41.5	42.5	43.5	10

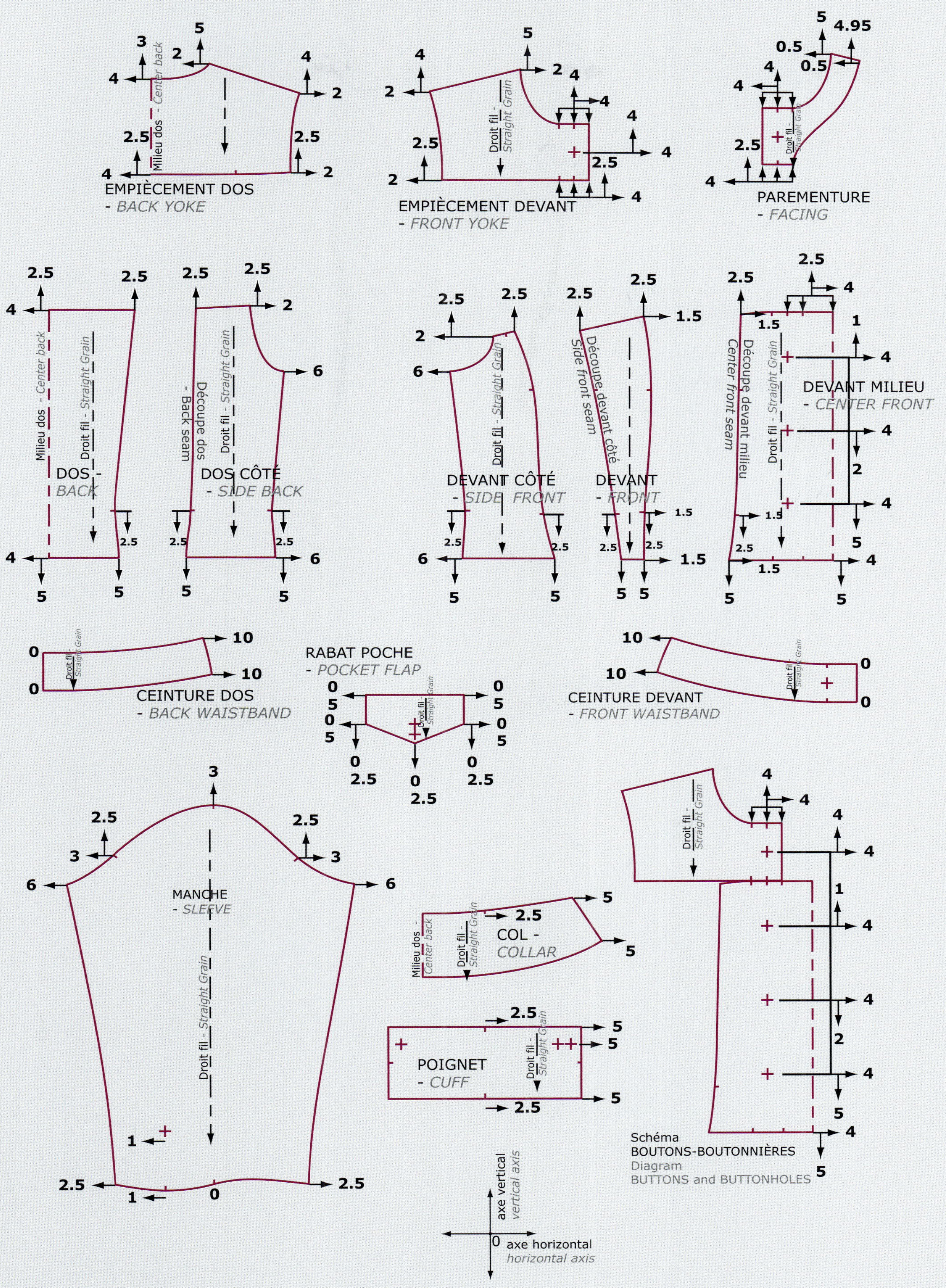
EMPIÈCEMENT DOS
- BACK YOKE
Milieu dos - Center back
EMPIÈCEMENT DEVANT
- FRONT YOKE
Droit fil - Straight Grain
PAREMENTURE
- FACING
DOS -
BACK
Milieu dos - Center back
DOS CÔTÉ
- SIDE BACK
Découpe dos
- Back seam
DEVANT CÔTÉ
- SIDE FRONT
DEVANT
- FRONT
Découpe devant côté
Side front seam
Découpe devant milieu
Center front seam
DEVANT MILIEU
- CENTER FRONT
CEINTURE DOS
- BACK WAISTBAND
RABAT POCHE
- POCKET FLAP
CEINTURE DEVANT
- FRONT WAISTBAND
MANCHE
- SLEEVE
COL -
COLLAR
POIGNET
- CUFF
Schéma
BOUTONS-BOUTONNIÈRES
Diagram
BUTTONS and BUTTONHOLES
axe vertical
vertical axis
axe horizontal
horizontal axis

MODÈLE / MODEL

Rabat de poche

Il peut évoluer de 5 mm par taille ou bien avec un groupement de tailles (cf. *Pièces utilitaires* p. 37).
Dans ce blouson, le rabat et son fond de poche sont gradés une taille sur deux.
Le rabat évolue dans la hauteur de 2,5 mm, une taille sur deux.
Exemple :
(T.34 = T.36 = 5 mm)
(T.38 = T.40 = 5 mm)
(T.42 = T.44 = 5 mm)
(T.46 = 5 mm)
Les crans du rabat de poche suivent la progression de la ligne d'empiècement devant.

Boutons et boutonnières

Dans ce blouson, les boutons et boutonnières se répartissent entre l'empiècement et le devant du vêtement.
- Le premier bouton suit l'évolution du point encolure-milieu devant : 4 mm.
- Le dernier bouton suit l'évolution du bas du blouson : 5 mm.

Pour trouver la valeur d'évolution de chaque bouton et boutonnière : ajouter ou soustraire au point à grader la valeur d'évolution du pointage précédent par le nombre d'intervalles (3).
Exemple :
- 1er pointage : 4 mm (évolution de l'encolure milieu devant)
- 2e pointage : 4 mm - 3 = 1 mm
- 3e pointage : 1 mm - 3 = - 2 mm
- 4e pointage : 5 mm (évolution bas du blouson)

Contrôle final

Apporter toutes les vérifications nécessaires (cf. *Méthodes générales de gradation*, p. 8).

Pocket flap

It can evolve 5 mm per size or in a group of sizes (see *Functional pieces*, p. 37).
In this blouson, the flap and its pocket bag are graded every two sizes.
The flap evolves 2.5 mm in height every two sizes. Example:
(S.34 = S.36 = 5 mm)
(S.38 = S.40 = 5 mm)
(S.42 = S.44 = 5 mm)
(S.46 = 5 mm)
Pocket flap notches follow the increase of the front yoke line.

Buttons and buttonholes

In this blouson, buttons and buttonholes are placed on both yoke and front of garment.
- The first button follows the evolution of the neckline-center front point: 4 mm.
- The last button follows the evolution of the blouson's bottom edge: 5 mm.

To find the evolution amount of each button and buttonhole:
At the grading point, add or take away the evolution amount of the pointing preceded by the number of intervals (3).
Example:
- 1st pointing: 4 mm (evolution of center front neckline)
- 2nd pointing: 4 mm - 3 = 1 mm
- 3rd pointing: 1 mm - 3 = - 2 mm
- 4th pointing: 5 mm (evolution of blouson bottom)

Final verification

Apply all the necessary verifications (see *General grading methods*, p. 8).

MESURES (en cm) MEASUREMENTS (in cm)	34	36	38	40	42	44	46	Évolutions de tailles (en mm) Size evolutions (in mm)
1/2 tour d'encolure 1/2 neckline measurement	17	17.5	18	18.5	19	19.5	20	5
Longueur d'épaule Shoulder length	11.2	11.6	12	12.4	12.8	13.2	13.6	4
1/2 carrure devant 1/2 front shoulder width	16	16.25	16.5	16.75	17	17.25	17.5	2.5
1/2 carrure dos 1/2 back shoulder width	17	17.25	17.5	17.75	18	18.25	18.5	2.5
Tour d'emmanchure Armhole measurement	37.5	38.5	39.5	40.5	41.5	42.5	43.5	10

EMPIÈCEMENT DOS
- BACK YOKE

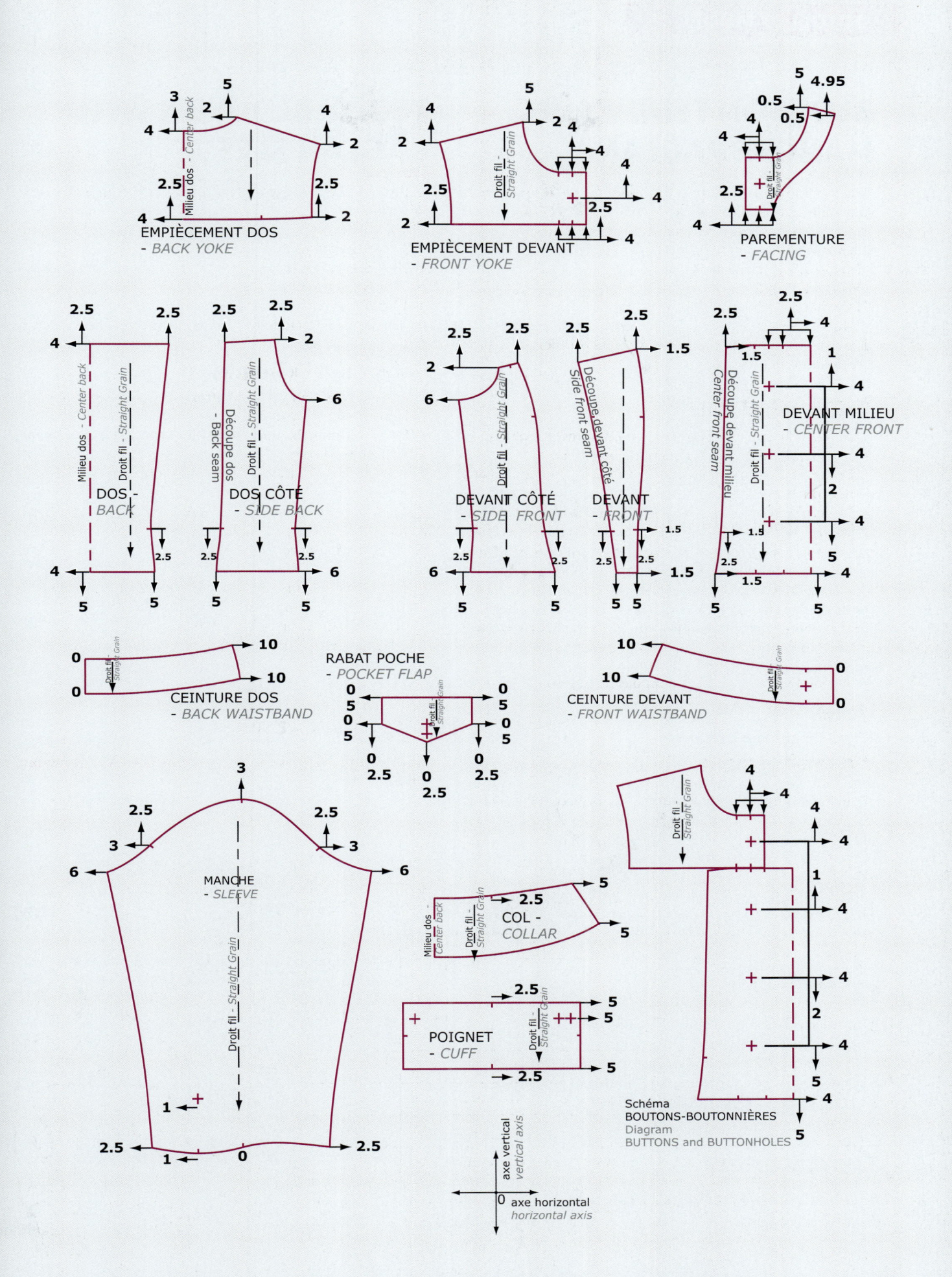

EMPIÈCEMENT DEVANT
- FRONT YOKE

PAREMENTURE
- FACING

DOS - BACK

DOS CÔTÉ - SIDE BACK

DEVANT CÔTÉ - SIDE FRONT

DEVANT - FRONT

DEVANT MILIEU - CENTER FRONT

CEINTURE DOS - BACK WAISTBAND

RABAT POCHE - POCKET FLAP

CEINTURE DEVANT - FRONT WAISTBAND

MANCHE - SLEEVE

COL - COLLAR

POIGNET - CUFF

Schéma BOUTONS-BOUTONNIÈRES
Diagram BUTTONS and BUTTONHOLES

axe vertical / vertical axis
axe horizontal / horizontal axis

MODÈLE / MODEL

BLOUSON TEDDY AVEC MANCHE RAGLAN

Note : le modèle se grade en utilisant les mêmes principes que le *Corsage à pinces*, p. 46, pour le corps et la *Manche raglan*, p. 84. Ce blouson est fabriqué en chaîne et trame pour le corps et les manches et en côte 2/2 pour les col, ceinture et poignets.

Réalisation

GRADATION DE LA DÉCOUPE (CORSAGE ET MANCHE)
La valeur donnée sur le point d'encolure dépendra de son emplacement (plus ou moins basse). Il est important de bien vérifier les longueurs entre le corsage et la manche. Le contrôle sera identique sur la couture dessus de manche.

Corsage devant
GRADATION DU BAS DU BLOUSON : le (la) patronnier(ière) gradeur(deuse) peut décider de ne donner une évolution constante, dans les longueurs des modèles (dans les blousons, manteaux…) qu'à partir de la Taille de Base. Les Tailles Inférieures à celle de Base auront comme longueur celle de la Base. Il sera donc proposé de porter 5 mm dans la longueur du blouson, et ce à partir de la T.38.

Corsage dos
Même logique que sur le devant.

POCHE PASSEPOILÉE : dans ce blouson, le choix se portera sur une gradation fixe dans toutes les tailles. Seuls, les pointages de cette poche se déplaceront proportionnellement à l'évolution de la ligne de côté = 3 mm et descendront de 0 jusqu'à la TB et de 2,5 mm pour les autres Tailles Supérieures.

Poignet
Le poignet étant en côte 2/2, le poignet évolue de 5 mm pour une évolution de 10 mm sur le bas de manche (cf. *Manche basse avec poignet*, p. 78).

Col
Suivant la même logique que le poignet en maille, le col peut n'évoluer que de la moitié de l'évolution de la 1/2 encolure = 2,5 mm ou de l'évolution entière = 5 mm (voir planche). Ce contrôle se fera au moment de la mise au point de la tête de série (cf. *Processus de collection* p. 5, 6 et 7).

Contrôle final

Apporter toutes les vérifications nécessaires (cf. *Méthodes générales de gradation*, p. 8).

TEDDY BLOUSON WITH RAGLAN SLEEVE

Note: the model is graded using the same principles as the basic *Darted bodice*, p. 46, and *Raglan sleeve*, p. 84. This blouson is in a woven fabric for the body and sleeves and a 2/2 ribbing for collar, waistband and cuffs.

Realization

GRADING SEAM (BODICE AND SLEEVE)
The given amount on neckline point will depend on its place (more or less low). It is important to verify lengths between bodice and sleeve. The control will be the same on upper sleeve seam.

Bodice front
GRADING BOTTOM OF BLOUSON: the patternmaker-grader can decide whether or not to give a consistent evolution in model lengths (for blousons, coats…) beginning from the Base Size. Smaller Sizes than the Base Size will have the same length as the Base Size. We propose adding 5 mm to the blouson length beginning with S.38.

Bodice back
The same logic as for front.

WELT POCKET: in this blouson, the choice is made for a fixed grading in all the sizes. But the pocket points will shift proportionally to the side line's evolution = 3 mm and will taper to 0 for the BS and 2.5 mm for the Larger Sizes.

Cuff
Since it is in 2/2 ribbing, the cuff evolves 5 mm for a 10 mm evolution at the sleeve bottom (see *Low sleeve with cuff*, p. 78).

Collar
Following the same logic as for the knit cuff, the collar can evolve only half the evolution of the 1/2 neckline = 2.5 mm or a complete evolution = 5 mm (see board).
This verification will be done when the size run is finalized (see *Collection process*, p. 5, 6 and 7).

Final verification

Apply all the necessary verifications (see *General grading methods*, p. 8).

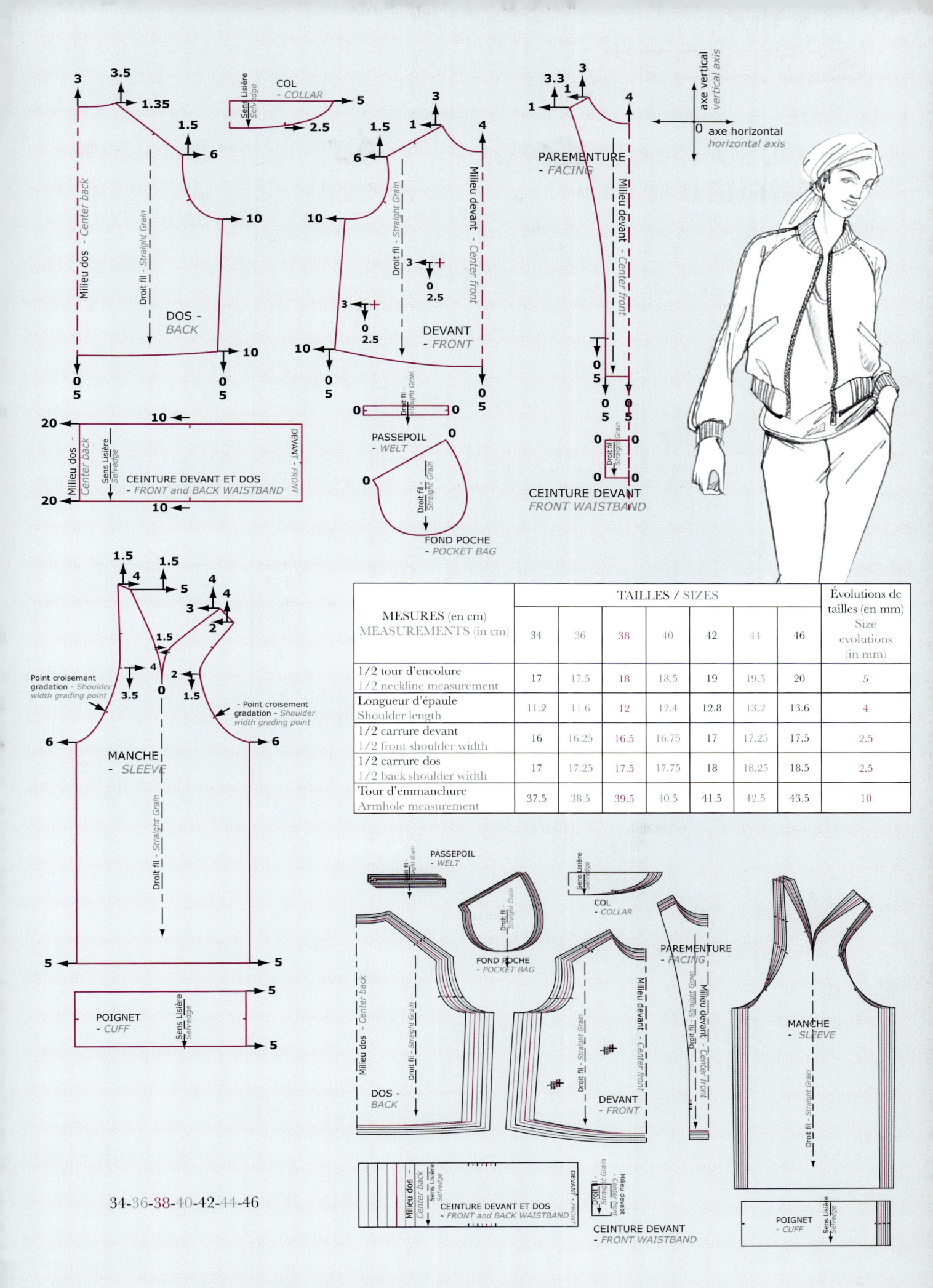

MESURES (en cm) MEASUREMENTS (in cm)	TAILLES / SIZES							Évolutions de tailles (en mm) Size evolutions (in mm)
	34	36	38	40	42	44	46	
1/2 tour d'encolure 1/2 neckline measurement	17	17.5	18	18.5	19	19.5	20	5
Longueur d'épaule Shoulder length	11.2	11.6	12	12.4	12.8	13.2	13.6	4
1/2 carrure devant 1/2 front shoulder width	16	16.25	16.5	16.75	17	17.25	17.5	2.5
1/2 carrure dos 1/2 back shoulder width	17	17.25	17.5	17.75	18	18.25	18.5	2.5
Tour d'emmanchure Armhole measurement	37.5	38.5	39.5	40.5	41.5	42.5	43.5	10

34-36-38-40-42-44-46

127

ESMODEDITIONS

À PROPOS DE L'AUTEUR
Modéliste dans l'industrie textile, puis formatrice pour la société LECTRA, Nathalie Coppin dispense actuellement les cours de CAO de modélisme à l'école ESMOD Paris. Elle était donc la plus à même d'écrire cet ouvrage sur les méthodes de gradation.

ABOUT THE AUTHOR
A patternmaker in the clothing industry and then a trainer for the LECTRA company, Nathalie Coppin currently gives all CAD classes in patternmaking at ESMOD Paris. She was thus the best person to write this book on methods for grading.

À PROPOS DE L'ÉCOLE
Créée en 1841 par Alexis Lavigne, tailleur-amazonier de l'Impératrice Eugénie, l'école ESMOD a perpétré depuis, son savoir-faire à travers son réseau international. Une méthode unique, revisitée, actualisée et adaptée à chaque culture dans un réseau de 14 pays. Esmod International bénéficie d'une vision planétaire unique des métiers de la mode.

ABOUT THE SCHOOL
ESMOD is the oldest and most renowned fashion design school in the world, with schools established around the globe. Founded in 1841 by Alexis Lavigne, master tailor for Empress Eugénie, ESMOD's International network has been transmitting "French Expertise" that foresees current events and has evolved to meet the market's needs for over 170 years.

ESMODEDITIONS

Dans la même collection ■ Also available

DEVENIR MODÉLISTE
BECOME A PATTERN DRAFTER

Le vêtement féminin, TOME 1 *Les bases de jupes, corsages, chemisiers et robes*	**Women's garments, VOLUME 1** *Bases for skirts, bodices, shirts and dresses*
Le vêtement féminin, TOME 2 *Les bases de tailleurs, manteaux et pantalons*	**Women's garments, VOLUME 2** *Bases for tailored suits, coats and trousers*
La maille en coupé-cousu *Les bases du vêtement féminin*	**Cut-and-sew knits** *Women's garment bases*
La lingerie féminine *Les bases de soutiens-gorge, culottes et corsets*	**Women's underwear** *Bases for bras, panties and corsets*
La gradation de la lingerie féminine *Les bases d'évolutions de taille en taille*	**Grading women's underwear** *Basic size evolutions*
Le vêtement d'enfant *Les bases de la layette à l'adolescence*	**Children's garments** *Bases from layette to teens*
La gradation du vêtement d'enfant *Les bases et tableaux évolutifs des tailles de la layette à l'adolescence*	**Grading children's garments** *Bases and chart size evolutions from layette to teens*
Le vêtement masculin *Les bases du vêtement de ville et de sport*	**Men's garments** *Bases for city and sport garments*
La gradation du vêtement masculin *Les bases d'évolutions de taille en taille*	**Grading men's garments** *Basic size evolutions*

Directrice de collection : Claire Wargnier.
Graphisme : Julia Martiano.
Équipe pédagogique ESMOD PARIS / ESMOD Paris teaching staff: Patrick Laffray.
Traduction des tableaux de mesures / Translation of measurement charts: Cristina Labat, Carine Zeppellini, Nils-Christian Ihlen-Hansen, Équipe Esmod Tokyo et Esmod Osaka, Équipe Esmod Beijing, Équipe Esmod Séoul, Équipe Esmod Munich et Berlin.

Le code de la propriété intellectuelle du 1er Juillet 1992 interdit expressément la photocopie à usage collectif sans autorisation des ayants droits. Or, cette pratique s'est généralisée notamment dans les établissements d'enseignement, provoquant une baisse brutale des achats de livres, au point que la possibilité même pour les auteurs de créer des œuvres nouvelles et de les faire éditer correctement est aujourd'hui menacée.

En application de la loi du 11 mars 1957, il est interdit de reproduire intégralement ou partiellement le présent ouvrage, sur quelque support que ce soit, sans l'autorisation de l'Éditeur ou du Centre Français d'exploitation du droit de copie, 20 rue des grands Augustins, 75006 Paris - France.

© Copyright 2012 Esmod Éditions
ISBN 978-2-909617-35-0
6e édition - Dépôt légal : Mai 2012
Impression : brunocigoi@mac.com

www.esmod.com
esmod.editions@esmod.com
30, avenue Jean Lolive 93500 Pantin FRANCE
Tél : / Ph : 0033 (0)1 42 33 93 36